松本藩兵
大久保隊兵
因州兵
原田留三郎
宇津進之亟
原六郎
横川渡
平津惇治
大久保隊兵
足立勘四郎
藤田民衛
野々山義勇

下野の戊辰戦争《しもつけのぼしんせんそう》

増補改訂版　下野の戊辰戦争

下野の戊辰戦争 目次
Contents

増補改訂版

はしがき

旧著『下野の戊辰戦争』が発刊されたのは平成一六年（二〇〇四）であるから、刊行後二〇年が過ぎた。この間旧著は栃木県の歴史書としては異例の売れ行きで増刷を重ね、多くの読者に迎入れられた。それに伴い、県内各地はもちろん県外からも講演依頼と現地調査の機会を得た。県外とは、遠く京都府山国《やまぐに》地方や埼玉県行田市・茨城県水戸市等で、県内は宇都宮市・日光市・栃木市・那須塩原市・さくら市・小山市・真岡市・芳賀町等々である。優に七〇回を数えたろうか。中には戊辰戦争に無縁と思われた鹿沼市からも、同市の状況を語って欲しいという依頼があった。そうすると調べ直さなければならない。依頼者の紹介で市内に残る名主日記を読ませていただいた。「慶応四戊辰年　日記　秋」（福田邦久家文書）と記された綴りには梁田からから始まり小山・宇都宮・日光・今市・大田原・藤原、最後に会津落城まで下野内外の戦いが全部書かれている。もちろん、旧幕府軍・新政府軍共々鹿沼宿通過にあたり人馬役を課したから、宿泊に際しては宿内二か所に篝火が焚かれるなど、同宿もまた戦争と無縁でないことがわかった。

こうして旧書には書かれなかった様々な新史実が増えていき、知見も増大していった。そうすると「はじめに」で書いた「栃木県の戊辰戦争を振り返ると、史実そのものが忘却の彼方に追いやられ、県民も語り継ぐことを止めたかのようである。しかし、それはあくまでも表面的であって、個々の史実を調べていくと今なお掘り起こしの必要性を痛感するし、各地の史跡は片隅に追いやられても、その存在を必死に主張している」という記述はこれで良かったのかと言う問いが湧いてくる。

これを決定的に深めたのが令和四年（二〇二二）一二月の再調査の時であった。東北新幹線の車内席に無料配付されている月刊誌『トランヴェール』が、翌五年二月号で下野の戊辰戦争について特集を組むというのである。四〇万部も発行している同誌に掲載されるということは、下野の戊辰戦争がようやく一般に認知されてきたという感慨を持つものであったが、カメラマンやライター達を案内するなかで宇都宮市と壬生町の境界近くに建つ「戊辰役戦死之墓」を紹介した時、これ以上劣化を防ぐべく地域住民によって雨覆がかけられ、傍に新たな碑が建てられていた。読むとこの地で戦死した旧幕府軍死者二四名の名が刻まれていた。え！、誰が、なぜ建てたのか。と戸惑いながら無名の旧幕府軍兵士死者名を刻んだのは日本で初めてではないか。そんな驚きであった。詳細は新たに書き加えた最終章をお読みいただきたいが、このような驚きは他にもあった。戊辰戦争は関係者や地域住民によって間違いなく語り継がれている。漠然とした期待が確信に変わった一瞬であった。

今回は、この二〇年間の追加調査や研究の中で新たに得た知見を元に数項目を書き加えた。また従来の記述を補足した部分もある。間違いを訂正したというのではなく、考察が深まり書き直した方が良いと判断したからである。戊辰戦争を調べていくと、徴兵令施行後の日本軍隊に引き継がれていった弱点—例えば輜重《しちょう》兵の軽視など、アジア・太平洋戦争の最大悲劇インパール作戦などに連なる問題点も見いだせるし、民衆を巻き込み多くの死傷者を出したのに政府軍死者だけしか顕彰しなかった明治政府の姿勢等、現代に繋がる様々な課題を見いだせる。どの戦争もそうだが、戊辰戦争は近代日本の誕生を告げる戦いであったが故に、その考察は古くて新しい課題でもあり史実探求は今日でも依然として必要である。

令和六年（二〇二四）七月一五日

はじめに

平成一〇年（一九九八）、秋田県角館《かくのだて》町（現仙北《せんぼく》市）でシンポジウム「戊辰戦争一三〇年、in角館」が「いま戊辰戦争を問い直す」のテーマで開催された。武家屋敷が建ち並ぶ「みちのくの小京都」は戊辰戦争の激戦地の一つでもあったが、幸い戦禍から免れ今日に伝統的な街並み景観を残した。シンポジウムでは、福島県会津若松《あいづわかまつ》市長や山口県萩《はぎ》市長など戊辰戦争にかかわる九首長が、自己の地域からみた戊辰戦争を論じあった。報告集のはしがきで、角館町長は「勝者は常に敗者の歴史に目を閉じるものであり、敗者はその苦しみを心にして生きていくものであるとすれば、戊辰戦争後の東北の歴史はその苦しみの中の歴史でもあった」と記したが、「東北」という言葉そのものが戊辰戦争のまっただ中、新政府側が用いた造語であり、いわゆる「東夷《とうい》・北狄《ほくてき》」に由来し差別意識を心底にはらむと指摘する識者もいる（岩本由輝『東北開発一二〇年』）。シンポジウムでは敗者故の正義面だけを美化するのではなく、それぞれの立場に耳を傾けようとする姿勢が反響を呼んだ。

護国神社は本来、戊辰戦争における「官軍」側の戦死者を祀ることから始まったものだが、新潟県護国神社にはその墓域に「戊辰役東軍慰霊碑」が昭和六三年（一九八八）に建てられた。東軍とはいうまでもなく旧幕府軍とか奥羽越列藩同盟《おううえつれっぱんどうめい》軍を指す。碑は「皆様は賊軍という云われなき汚名を蒙《こうむ》り、遺体は放置されて永く山鴉野犬《さんあやけん》のついばみに任《まか》せられ、濤声《とうせい》に雪冤《せつえん》の悲歌を奏《かな》で、松籟《しょうらい》に怨念《おんねん》の鬼哭《きこく》を託して来られました」と慰霊があまりにも遅きに失したことを詫びつつ「昔の頑《かたく》なな順逆論《じゅんぎゃくろん》」を否定したのである。題辞は時の県知事であるから、長岡藩の河井継之助《かわいつぐのすけ》や米百俵の再評価の気運もあるが、県内各地で死者を平等に扱ってきた県民感情の反映であろう。かっての奥羽越地方を中心に戊辰戦争の捉え直しが進められている。

栃木県の戊辰戦争を振り返ると、史実そのものが忘却の彼方に追いやられ、県民も語り継ぐことを止めたかのようである。しかし、それはあくまでも表面的であって、個々の史実を調べていくと今なお掘り起こしの必要性を痛感するし、各地の史跡は片隅に追いやられても、その存在を必死に主張している。復元の動きが高まる宇都宮城をとってみても、滅亡は戊辰の戦火で焼けたことが契機となっている。下野の戦争を戊辰戦争全体の中に位置づけた大町雅美氏の労作『戊辰戦争』以来、研究分野では大きな前進がみられたものの、今なお歴史教科書の戊辰戦争地図に栃木県は戦地として記されていない。本書が学術書の体裁ではなくビジュアルな方法を採り、民衆の視点を意識したのも、多くの県民に読まれそれぞれに論じあい、語り継いでいただきたいからである。町の美しさは歴史によって磨かれ、そこに住む人たちの誇りによって護られるが、町が焼かれたという負の遺産さえ、語り継ぐことによりいつしか正の遺産に転化することは各地の事例を待たず、宇都宮空襲の遺産そのものが雄弁に物語っている。

平成一六年（二〇〇四）一月五日

【凡例】

一、史料引用は読者の便宜を考え、なるたけ口語訳にした。
一、難読文字はできるだけルビを振ったが、判読不明な人名はそのままにした。
一、各戦闘要図は大山柏『戊辰役戦史』、田辺昇吉『戊辰秘話　日光山麓の戦』・『北関東戊辰戦争』の要図を参考にしつつ、大幅に簡略化した。
一、本署内地図は簡略化してあり、道路の色分けは紫色が有料道路、桃色が国道、緑色が主要地方道、黄色が一般道、灰色がその他を表す。

下野の戊辰戦争要図

―旧幕府・会幕軍の動きと戦闘地

（赤は旧幕府軍、緑は会幕軍の戦闘日）

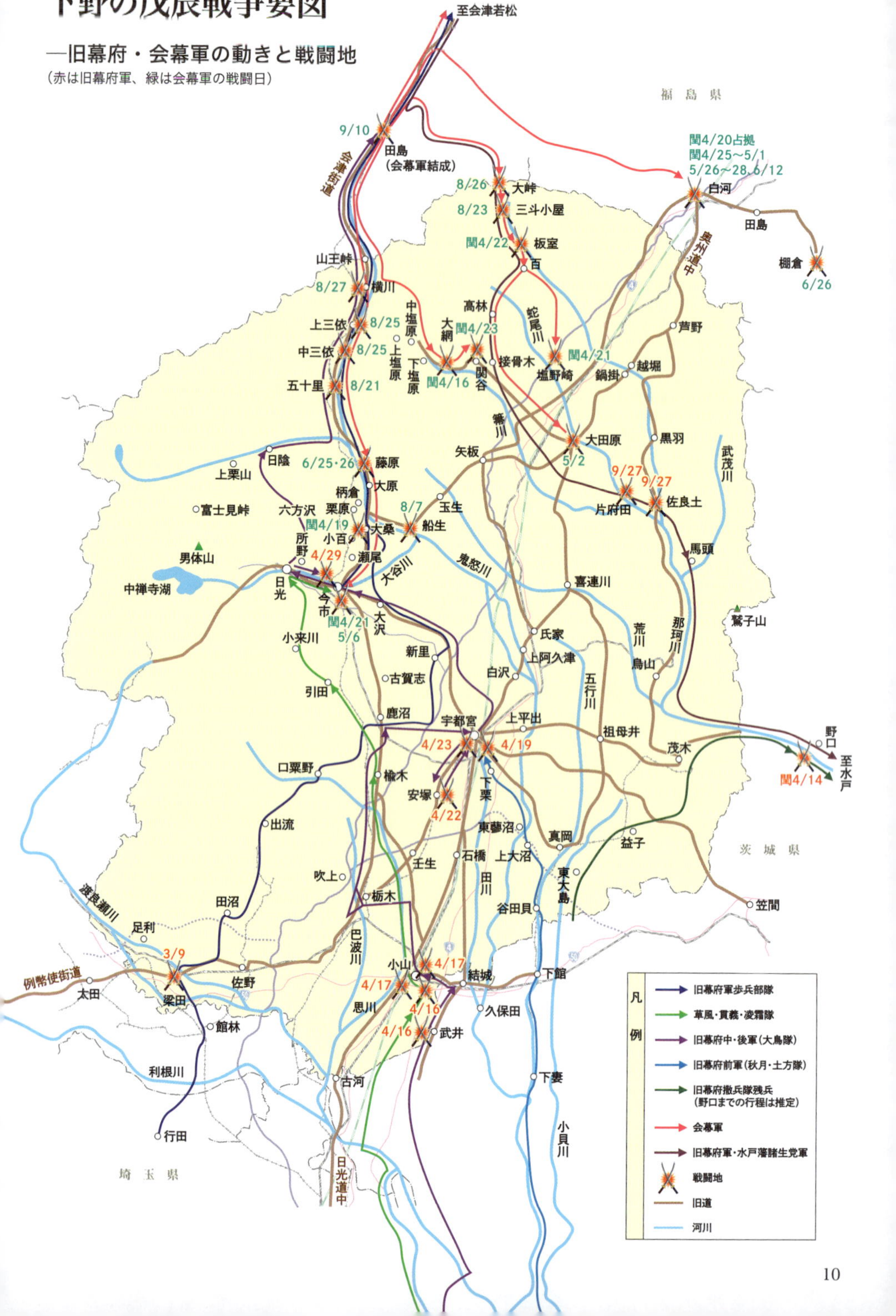

戊辰戦争の展開

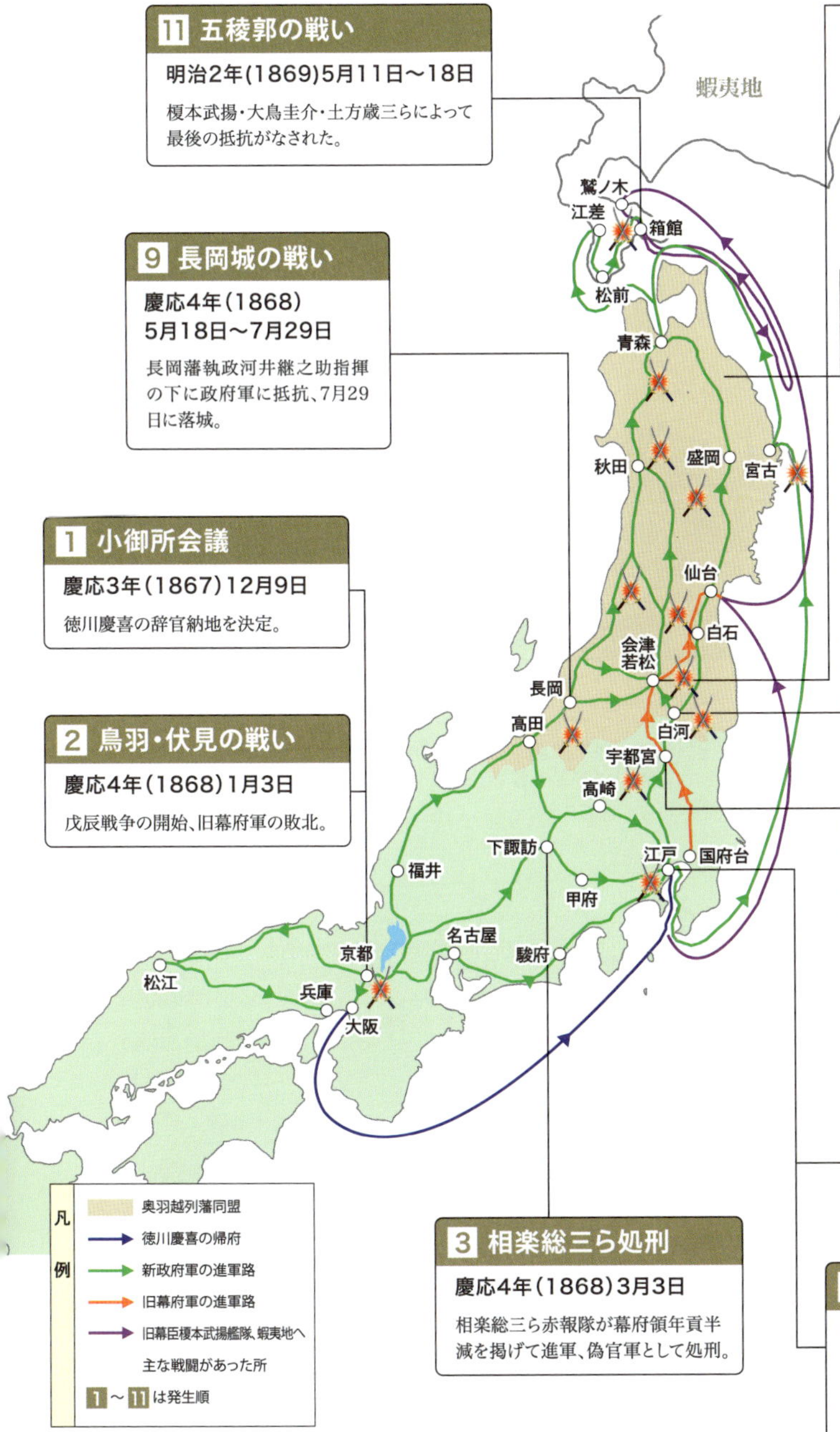

1 小御所会議

慶応3年（1867）12月9日

徳川慶喜の辞官納地を決定。

2 鳥羽・伏見の戦い

慶応4年（1868）1月3日

戊辰戦争の開始、旧幕府軍の敗北。

3 相楽総三ら処刑

慶応4年（1868）3月3日

相楽総三ら赤報隊が幕府領年貢半減を掲げて進軍、偽官軍として処刑。

4 江戸城無血開城

慶応4年（1868）4月11日

江戸総攻撃に際し、徳川慶喜の水戸蟄居などを条件に西郷隆盛・勝海舟の会見で無血開城。

5 下野国の戦い

慶応4年（1868）4月16日～8月27日

江戸開城に憤激した大鳥圭介は下総国国府台で旧幕府軍を結成し日光へ進軍。小山・宇都宮・今市等で戦闘。

6 白河城争奪戦

慶応4年（1868）閏4月20日～7月15日

白河城は慶応4年3月時点で領主不在であった。古来から白河の関は奥州の関門であり、会津若松にも通じていた。今市からの会津街道が膠着状況になると白河城を巡る争奪が激しく戦われ、会幕軍は700名近い戦死者を出した。

7 奥羽越列藩同盟

慶応4年（1868）5月6日

仙台・米沢両藩の提唱により東北25藩・越後6藩による反政府同盟が成立。なお秋田藩は7月5日新政府軍下に入る。

8 上野戦争

慶応4年（1868）5月15日

上野寛永寺に布陣した旧幕臣らの彰義隊を新政府軍が攻撃。

9 長岡城の戦い

慶応4年（1868）5月18日～7月29日

長岡藩執政河井継之助指揮の下に政府軍に抵抗、7月29日に落城。

10 会津の戦い

慶応4年（1868）8月20日～9月22日

京都守護職だった松平容保の居城がある会津若松を中心に激戦。白虎隊や娘子軍の悲劇を生んだ。

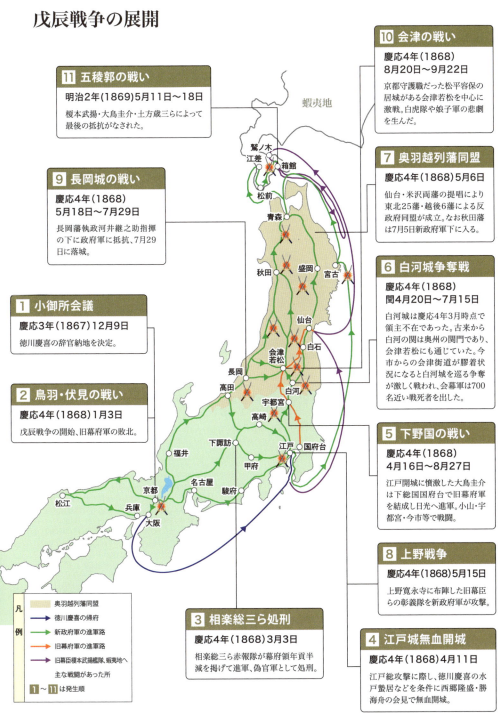

11 五稜郭の戦い

明治2年（1869）5月11日～18日

榎本武揚・大鳥圭介・土方歳三らによって最後の抵抗がなされた。

参考文献　『ビジュアルワイド図説日本史』東京書籍、大山柏『補訂戊辰役戦史』上・下巻、時事通信社

戊辰戦役 母成峠古戦場

左側面に
東軍　大鳥圭介・田中源之進・丹羽丹波・土方歳三　以下八百名
西軍　板垣退助・伊地知正治・谷　千城・川村純義　以下三千名

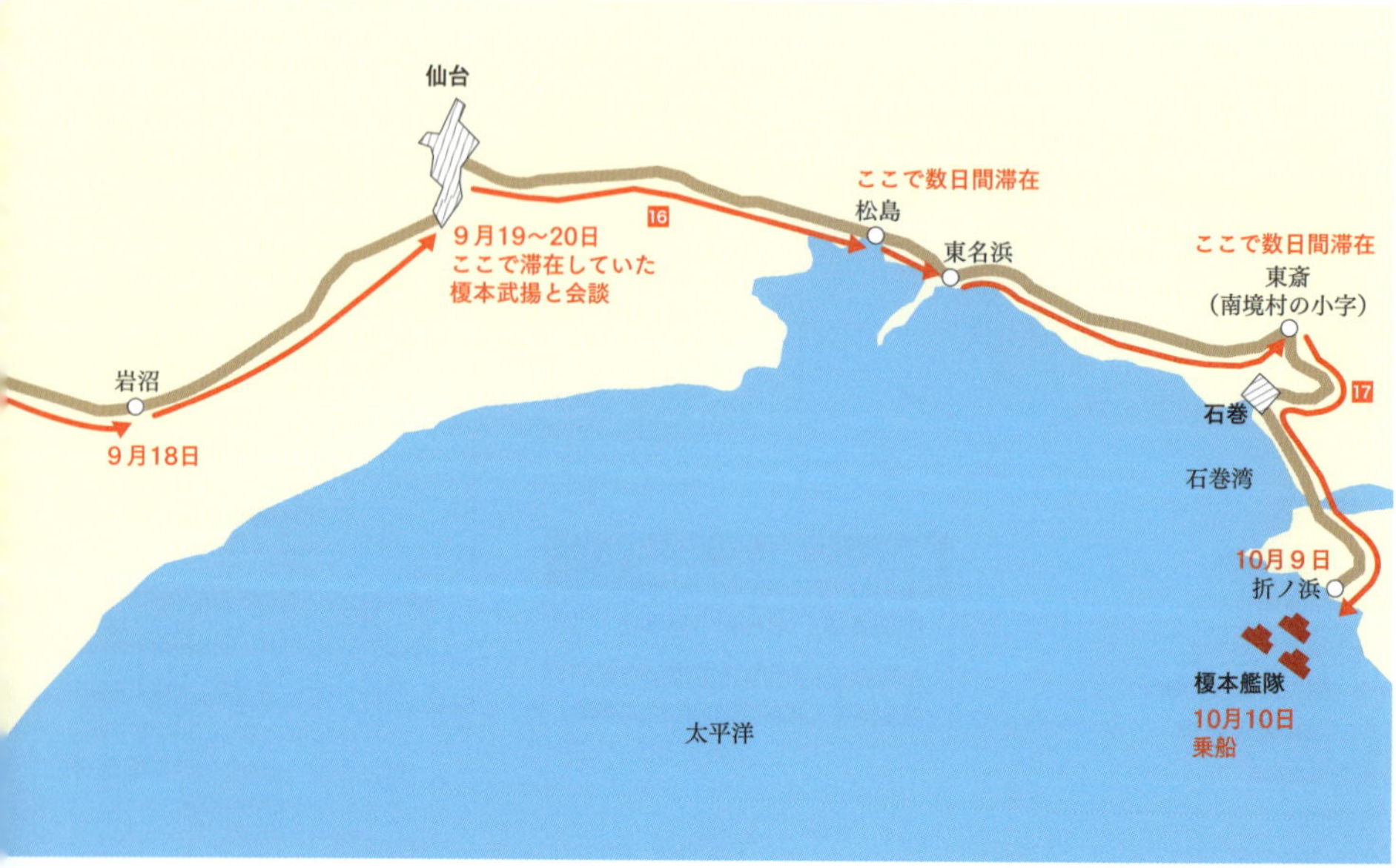

大鳥圭介隊、会津から仙台への逃走路

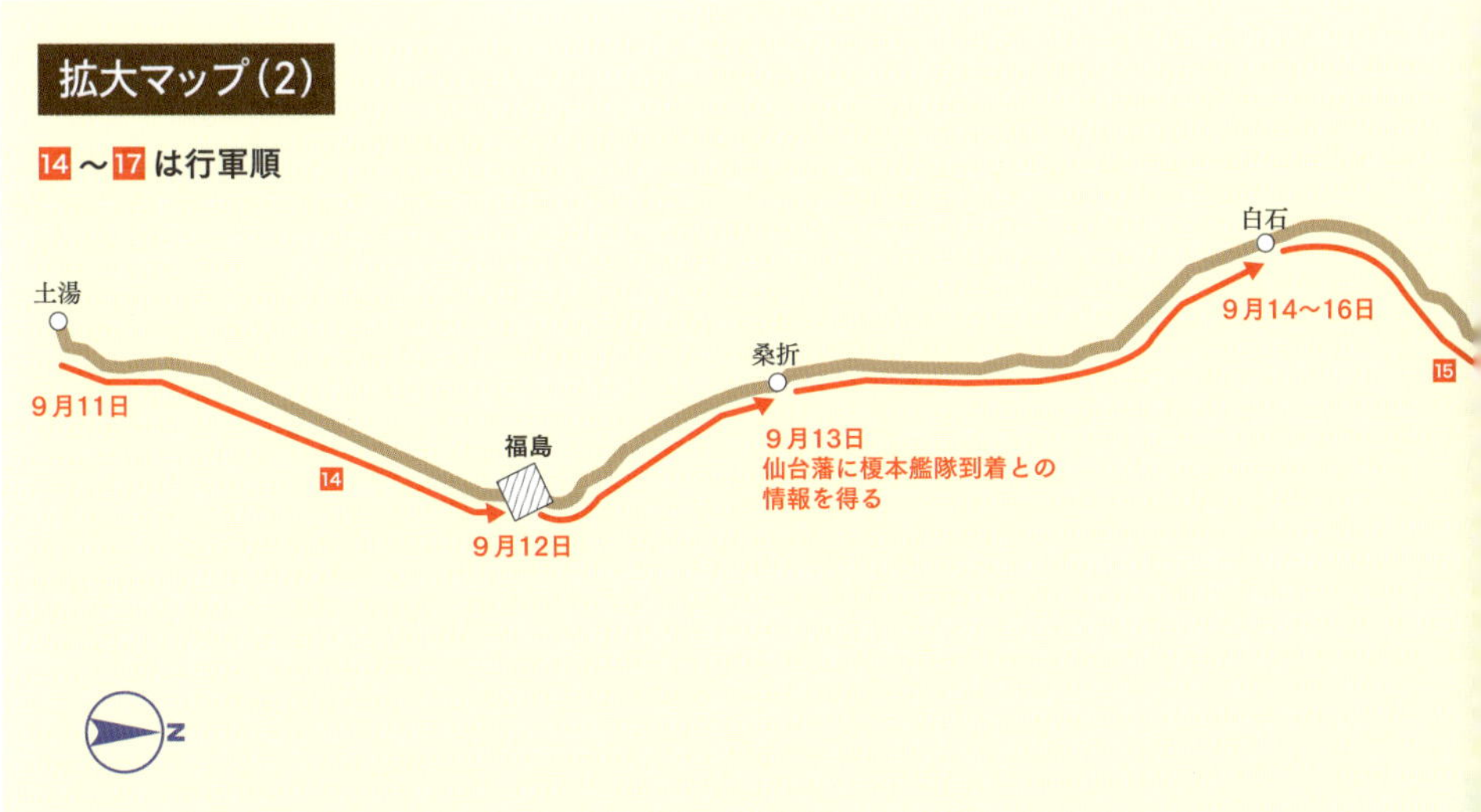

参考文献　大鳥圭介『幕末実戦史』宝文館、『復古記』第十四冊 内外書籍

Ⅰ　戊辰戦争

鳥羽・伏見戦跡碑（京都市）

戊辰戦争とは、慶応四年（一八六八）の正月三日に起きた鳥羽・伏見の戦いから、翌年五月箱館《はこだて》戦争までの総称をさす。戊辰の役ともいわれ、栃木県日光市付近では会津戦争などという言い方で伝わる。慶応四年（九月より明治元年）が干支《えと》で戊辰の年にあたるので、この呼称がつけられている。

慶応三年（一八六七）一二月九日、王政復古のクーデターによって成立した新政府は、天皇のもと総裁（皇族）、議定《ぎじょう》（公卿《くぎょう》・諸侯《しょこう》）、参与（廷臣・藩士）の三職によって構成される政府であったが、実質的政務は薩摩《さつま》・土佐・安芸《あき》・尾張・越前などの列藩の諸侯と藩士によって決定され、諸藩連合政権というべきものであった。その夜の小《こ》御所会議《ごしょかいぎ》で、討幕派は徳川慶喜《とくがわよしのぶ》を政権から排除するとともに内大臣辞任と所領返上（辞官納地《じかんのうち》）を要求した。

これに対して徳川慶喜は、王政復古のクーデター直後、京都から大坂城に

会津藩戦死墓（福島県白河市）

退いたものの、対外的には自分が主権者であることを強気に声明していた。というのは、倒幕派が新政府の主導権を得たように見えても、戦乱を回避しようと考える公議政体派—政治の実権を幕府から天皇のもとの諸侯会議に移し、慶喜をその議長にという立場からの発言力が次第に強くなり、辞官納地問題も当初の方針が緩和されていき、慶喜が政府の一員として復活できるような途も見えつつあったからである。そのために薩長討幕派は状況の打開を戦争に求め、薩摩藩は江戸市中騒乱などでさかんに軍事挑発をした。すでに同藩は江戸・関東地方で攪乱《かくらん》工作を進めていたが、同年一一月末、下野の出《い》流山《ずるさん》での挙兵（出流事件）はこの一環であった。一二月二五日、江戸取り締まりの任にあった庄内《しょうない》藩を主力とする旧幕府軍隊は、薩摩藩邸を襲撃してこれを焼き払ったが、挑発に乗せられた行動で一触即発の軍事危機が迫っていた。

　こうして慶応四年正月三日、京都南郊の鳥羽・伏見で戦闘が開始された。幕府側の兵力ははるかに優勢であったにもかかわらず、その夜のうちに勝敗は見えた。旧幕府軍が頼みとする淀《よど》藩すら新政府軍に内応するに至って、まったくの敗北に終わった。薩摩・長州を主力とする新政府軍の勝利は政治情勢を一変させた。天皇親征を押し出して討幕派が新政権の主導権を握り、「朝敵《ちょうてき》」追討のため諸道鎮撫《ちんぶ》の軍隊を派遣した。形勢をみていた近畿以西の諸大名は新政権の側につき、次第に諸道周辺の諸藩まで新政府に忠誠を誓っていった。また三井《みつい》・小野《おの》組など京坂の大商人たちも多くは政府支持の立場を表明し、軍費三〇〇万両を調達した。諸外国は旧幕府・新政府の双方から働きかけを受けて協議を重ね、戦乱の長期化に伴う国内市場の荒廃を回避するため、一月二五日に局外中立を宣言したが、これも新政府には有利に働いた。

　大坂から船で江戸に逃れた徳川慶喜は、大名の大部分が新政府支持に回ったことを知り、二月一二日上野《うえの》寛永寺《かんえいじ》に謹慎した。新政府軍は、東海・東《とう》山《さん》・北陸の三道から江戸を目指し三月一五日を江戸総攻撃の日と決めた。しかしこの日を前に西郷隆盛《さいごうたかもり》と勝海舟《かつかいしゅう》が会談し、四月一一日に江戸は無血開城された。北関東の諸藩はこれらに相前後して恭順か、それとも抗戦かの去就《きょしゅう》が問われだし、結城《ゆうき》藩のように藩内抗争に発展したところもあったが、多くは自藩第一主義を採って恭順路線になびいた。下野国内で三月末時点までに恭順を表明した藩は、黒羽《くろばね》藩が最も早く続いて足利・大田原・宇都宮・佐野・吹上《ふきあげ》の諸藩であった。

この間、新政府の措置を不満とする主戦派の幕府兵は、江戸を脱走し周辺地域で新政府軍に抗戦した。古屋作《ふるやさ》久左衛門《くざえもん》の衝鋒隊《しょうほうたい》、近藤勇《こんどういさみ》の甲陽鎮撫《こうようちんぶ》隊《たい》などである。各隊の抵抗は、折から関東各地で発生した一揆・打ちこわしとともに諸藩の地域権力を弱体化させた。主戦派の中でも主力部隊であった大鳥圭介《おおとりけいすけ》の軍勢が、日光を目指し北上を開始すると北関東が戊辰戦争の第二場面となり、四月中旬から五月初旬にかけて下野を中心に激しい攻防が繰り広げられた。小山から宇都宮、そして日光市今市や大田原へと戦局は北上していったが、宇都宮と二度にわたる今市の攻防で新政府軍が勝利したことは、これ以降の戦争の帰趨《きすう》を占うものとなった。さらに五月一五日の彰義隊鎮圧（上野戦争）により、江戸市中はもとより関東全域がほぼ新政府軍の支配下に入り、新政府は関東以西を掌握した。五月二四日には、徳川将軍家（田《た》安亀之助《やすかめのすけ》）を駿河《するが》静岡藩七〇万石の城主に移し徳川氏処分を決着させ、新政府の断固たる措置を内外に示した。

一方、東北諸藩は朝敵とされた会津藩を救済するため協議を重ねていた。だが新政府から派遣された奥羽《おうう》鎮撫総督軍に不信をつのらせ、ついに二五藩が同盟を結んだ。ここに越後《えちご》の長岡《ながおか》藩など六藩も加盟して、五月六日には奥《おう》羽越列藩同盟《うえつれっぱんどうめい》へと発展した。同盟は七月に仙台藩領白石《しろいし》に公議府を設け、上野戦争後に行方をくらませていた上野寛永寺の輪王寺宮公現法親王《りんのうじみやこうげんほっしんのう》を盟主に擁立、仙台・米沢《よねざわ》両藩主を総督とする組織を構築した。当初は平和的解決を基本的立場としていたが、政府軍の攻撃を受けて北越・東北戦争が本格化すると攻守軍事同盟へ性格を変えて行った。六月からは白河《しらかわ》・平《たいら》・会津・庄内の各地で戦闘が繰り広げられたが、次第に同盟軍は苦戦を強いられ秋田・三《み》春《はる》・相馬《そうま》藩など同盟から脱落する藩が出た。八月二〇日からは会津攻撃作戦

船岡公園新政府軍墓地（新潟県小千谷市）

碧血碑—旧幕府軍戦死者追悼碑（北海道函館市・函館山）

が始まると仙台・米沢両藩が相次いで降服し、九月二二日には会津若松が落城し同盟は敗北崩壊した。会津戦争には会津街道口から宇都宮・黒羽・大田原藩兵も包囲陣の一隊を形成した。長岡城攻防をめぐる北越戦争も、七月末には結着がつき、八月初めには越後地方はすべて新政府軍によって平定された。東北戦争は、戦闘期間、死傷者数、兵器物量の投下等どれをとっても戊辰戦争のなかで最大規模の戦争であった。一例を挙げると閏《うるう》四月二五日から五月一日への白河城争奪戦で、東北諸藩軍は七〇〇名もの戦死者を出している。新政府はこの戦争を勝ちえたことにより、日本全体の支配を決定づけた。

江戸開城後、旧幕府軍海軍副総督榎《えの》本《もと》武揚《たけあき》は新鋭軍艦開陽丸《かいようまる》等を指揮して江戸湾に停泊していた。徳川家の処分を見届けると、八月一九日品川沖を出航した。途中、仙台に寄港して東北戦争で敗走した兵を集め、一〇月初旬蝦《え》夷《ぞ》地へ向かった。一〇月二〇日、箱館から四〇キロも離れた寒村鷲ノ木《わしのき》に上陸、ただちに箱館に進軍し難なく箱館と五稜郭《ごりょうかく》を占領した。すでに蝦夷地は雪に埋もれ、季節は厳寒に向かっていた。一二月一五日、投票により総裁榎本武揚以下の幹部を選出し、天皇政権を認める代わりに旧徳川家臣らによる地方領国建設の許可を新政府に要望した。新政府に敵対するものではなかったが拒絶された。あけて明治二年（一八六九）、旧幕府軍は松前《まつまえ》・江差《えさし》を制圧したが軍事的疲弊は現前の事実であった。北上しつつある新政府軍に危機感を強め、三月陸奥《むつ》国宮古《みやこ》湾に艦隊を送り海戦に挑んだが、壊滅的な打撃を受けた。五月一八日、雪どけを待って開始された政府軍の五稜郭攻撃に敗北を喫し、榎本をはじめ幹部は東京に収監された。ここに箱館戦争を以て戊辰戦争は終結したのである。

戊辰戦争は幕藩制国家に代わる統一国家のあり方をめぐって、相異なる構想を持った政治勢力が激突した戦争との見方が有力である（佐々木克『戊辰戦争』中公新書）。戦争を経過することによって真の意味で全国的統一政権が誕生したのであり、討幕派はこの戦争を強硬に遂行し、勝利することによって維新政権の主体を形成した。またこの戦争や戦争の北上と呼応して起きた世直し一揆により、北関東や東北の各藩は特に権力が決定的に弱体化し、幕藩体制解体の方向に追い込まれた。維新政府が真っ先に取り組んだ版籍奉還《はんせきほうかん》から廃藩置県《はいはんちけん》への政策は、占領地の軍政から民政に移行する中で温められていったものである。戊辰戦争を通して封建制度が終焉《しゅうえん》し、近代的中央集権国家樹立が急速に進み、政治的・社会的秩序も回復していったことこそこの戦争が持った最大の意義といえよう。

五稜郭（函館市観光課提供）

II 下野各地の戦い

Chapter 2 Shimotsukekakuchinotatakai

1

Shimotsukeno
Boshinsensou
Chapter 1

梁田の戦い

慶応4年3月9日（新暦4月1日）

新政府軍、旧幕府歩兵部隊へ暁の奇襲

梁田宿の現状（足利市梁田町）

館林藩の勧めで転進

文久元年（一八六一）、西欧諸列強の軍事力を知った幕府は、遅ればせながら軍制改革を急いだ。幕府直属の常備軍を編制しようとする構想である。常備軍は歩兵・騎兵・砲兵で構成され、主力となる歩兵は旗本知行地《はたもとちぎょうち》から農民を兵賦《へいふ》（役所が兵士を集めて使役すること）として徴発することとした。歩兵部隊は同年に起きた天狗党鎮圧に大きな力を発揮したが、兵力不足は否めず、村側も兵賦を送り出すことを嫌ったから、兵賦金納化や幕府による直接雇用化が進んだ。その結果、江戸市中から集められ、中には浮浪人や無宿人・博徒《ばくと》も混じった。屯所内の鬱屈《うっくつ》した状況もあって、時々市中で暴行事件を起こし市民の批判を浴びた。

慶応四年（一八六八）二月七日未明、その歩兵部隊が江戸三番町の屯所を脱走し、北に向かったのである。鳥羽伏見の敗戦、慶喜《よしのぶ》の江戸帰還、恭順表明という情勢に見切りをつけた二〇〇〇の兵は、元江戸火消しのリーダーのもと出羽庄内藩《でわしょうない》を目指した。千住《せんじゅ》関門を突破し、羽生《はにゅう》陣屋（埼玉県羽生市）から下野に入り、例幣使《れいへいし》街道を北上した。脱走が相次ぎ兵力は五分の一に激減したが、日光奉行所役人との交渉で日光領を逸《そ》れ佐久山《さくやま》（大田原市）に達した。

一方、江戸からは脱走兵説得のため、旧幕府歩兵差図役《さしず》古屋佐久左衛門《ふるやさくざえもん》や会津藩士天野新太郎《あまのしんたろう》が後を追った。勝海舟《かっかいしゅう》から一任された古屋は佐久山で追いつき、談判の結果、指導者三名の首を

刎《は》ね、真岡代官山内源七郎《やまのうちげんしちろう》より融通した金一〇〇〇両を脱走兵に分配し、帰省か忍城《おし》での謹慎を指示した。天野に連行された三〇〇の脱走兵が忍城に着いたのは二月二四日、忍城は現在の行田市《ぎょうだ》（埼玉県）にあり、譜代大名松平忠誠《ただざね》の居城であった。

処理報告のため江戸に帰府した古屋は、勝と会見し、脱走兵の引き取りと信濃国《しなの》の幕領二四万石の鎮撫《ちんぶ》を申し渡された。その際、古屋には歩兵奉行を、古屋の盟友今井信郎《いまいのぶお》、内田荘司《うちだしょうじ》へは歩兵差図役頭取の役職を与え、歩兵第六連隊約六〇〇名、大砲六門を付属させた。勝が本気で信濃の鎮撫を考えていたかは疑わしく、抗戦分子をできるだけ江戸から遠ざけておきたいというのが本音のようであった。

第六連隊を引き連れ忍城に着いたのは三月四日、ここで脱走兵を組み入れ陣容を建て直した。羽生陣屋にいた関八州取締出役《かんはっしゅうとりしまりしゅつやく》渋谷鷲郎《しぶやしゅうろう》や川越藩士も合流したから九〇〇名を越える部隊となった。信州中之条陣屋《なかのじょう》（長野県上田市）を目指そうとした矢先、江戸に向けて進軍してきた東山道軍は既に碓《う》氷《すい》峠を越え、先鋒軍は上州高崎（群馬県）に到着していた。新政府軍の接近を知った忍藩は動揺、古屋に移動を懇願した。羽生陣屋へ転進した歩兵部隊は、八日交戦を回避し、館林《たてばやし》（同）を目指した。あわてた館林藩は後難を避けるため軍資金を提供し、間道沿いに梁田《やなだ》（足利市）行きを勧めた。同藩は、その裏で使者を熊谷《くまがや》の新

梁田の戦闘要図（3月9日）

〈四斤山砲《しきんさんぽう》〉山岳戦に用いる大砲という意味で、四斤とは四キログラムという砲弾の重量を指す。分解して持ち運びができたため、日本の地形に適し戊辰戦争の主力砲となった。最大射程距離 1,000 メートル。

〈臼《きゅう》　砲《ほう》〉大砲の形が臼に似ているので、この名が付いた。弾道が逆U字状を描くため、土塁や城壁など障害物の向こう側にいる敵を攻撃する際など近距離の射撃戦に威力を発揮した。山岳の多い日本では、持ち運べる携臼砲が使用された。

政府軍本営に飛ばしたから、梁田宿が戦場と化すことになった。

2時間で決着

梁田宿は旗本知行所で、例幣使街道の宿場町として繁栄していた。旅籠《はたご》屋は幕末に約三〇軒を数え、娼妓《しょうぎ》などを多数抱えていた。館林藩の斡旋《あっせん》という安堵感もあってか、本陣《ほんじん》や旅籠に分散宿泊した旧幕府軍は僅かしか歩哨《ほしょう》を立てず酒宴を催した。そこに深夜、熊谷を発した新政府軍奇襲部隊二〇〇余が、一八キロの夜道を突っ走った。太《おお》田《た》を経て未明には梁田西方二キロの上《かみ》渋垂《しぶたれ》村（足利市）に着いた。軍議の結果、三方から敵を包囲し、奇襲攻撃を掛けることとした。

新政府軍は、下《しも》渋垂村（同）北方にある供養塚《くようつか》（梁田小学校敷地内）に本隊（薩摩四番隊・大垣藩一小隊）を構え、南裏手から長州一小隊が、北方からは迂回《うかい》した薩摩一小隊が三方から包囲奇襲することとした。本隊が西正面から銃砲撃を開始し、朝食準備中の梁田宿に突進した。兵士数や兵器の性能において、旧幕府軍は勝っていたものの、寝起きを襲われたため戦線を立て直すのに時間がかかった。本陣中本屋《なかもとや》に宿泊していた古屋総督は宿東部の後軍に逆襲を命じた。内田荘司率いる後軍は、旅籠十数軒に兵火を放って北側の堤防上から反撃を開始した。宿場内の新政府軍本隊はにわかに守勢に立たされ後退し始めたが、渡良瀬川沿いを下ってきた薩摩一小隊が、堤防上の背後から攻撃したため戦況は再逆転し、旧幕府軍は渡良瀬川を越えて東に逃げた。

こうして午前七時からの戦闘は、二時間で決着がついた。防戦のため、旧幕府軍は宿舎一〇数軒に兵火を放ち、寺一宇と民家四〇軒が焼失し、死者一名・負傷者四名を出した。新政府軍の損害は戦死三名、負傷一〇名に対し、旧幕府軍は戦死六三名、負傷七五名を出した（『衝鋒隊史』、『復古記』では死者一一三名）。旧幕府軍は、渡良瀬川を越え田沼から鹿沼、さらに会津街道を北上し会津に入った。そこで隊列を整え「衝鋒隊《しょうほうたい》」を名乗った。いかなる障害も突き抜け戦わんという意味で、その後「一に衝鋒・二に桑名《くわな》」と謳《うた》われ、会津側精鋭部隊として各地を転戦していくことになる。

梁田宿の面影を残している長福寺脇の堀（足利市梁田町）

参考写真01

「戦死塚」（足利市梁田・長福寺）

新政府軍兵士の遺体は、本陣の置かれた熊谷宿報恩寺《ほうおんじ》に埋葬されたが、六四名の旧幕府軍兵士の屍《しかばね》は、宿役人たちが片づけて渡良瀬川堤防脇の砂地に埋葬した。土を盛り墓標を建てただけものであったが、近在の村人の墓参が絶えず、「老若男女、踵《きびす》を接して群集し線香団子《だんご》を供えた」（『明治戊辰梁田戦蹟史』）とある。理由は「願望に効験《こうけん》あり」と信じられたためであるが、当初は兵武塚《へいぶつか》と呼ばれていた。非業《ひごう》の死を遂げた死者の霊を鎮め祀り、その霊にあやかるという御霊信仰の成立である。

「帰命頂礼《きみょうちょうらい》戦死塚、頃は慶応四年の春、桃と桜の争いが、弥生九日早天に、花よ盛りと乱れあい、その物音の怖ろしさ、天を暗ます砲煙の、煙と消えし人々を、ここに祀りて戦死塚」（原本ひらがな）と梁田の女性達は和讃《わさん》を唱えた。

新政府は、朝敵の墳墓《ふんぼ》崇拝は以ての外として出店等を撤去させたが、村人は近くの川石を掘り出して「戦死塚」という碑を建てた。その後渡良瀬川の洪水により塚の一部がえぐられる事態が生まれた。若き日戦闘に加わった維新元勲で内相樺山資紀《かばやますけのり》の後押しもあって、明治四三年（一九一〇）に星宮神社の東に碑を移し、遺骨は長福寺に会葬し埋骨所と呼んだ。やがて碑も、昭和六年（一九三一）同寺に移建され、今日に至っている。

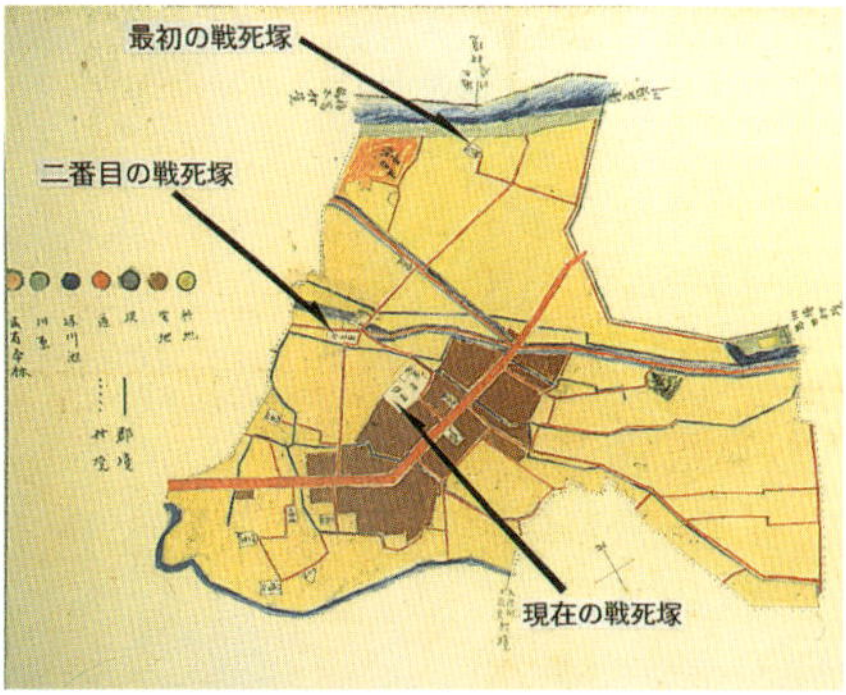

戦死塚の移建を伝える絵図（梁田公民館内）

参考写真02

「明治戊《戊》辰梁田役東軍戦死者追弔碑」（足利市梁田町・長福寺）

追弔《ついちょう》碑の裏面には「大正十三年九月、当時従軍《じゅうぐん》衝鋒隊士、従四位勲三等内《うち》田万次郎建之《だまんじろうこれをたてる》」とあり、さらに尽力者として真下菊五郎《ましたきくごろう》ほか四名の名が刻まれている。前年、真下により『明治戊辰梁田戦蹟史』が刊行されたのを機に、建立したと推定される。内田万次郎は歩兵差図役頭取内田荘司の次男。父とともに従軍し各地を転戦、十五歳であったため五稜郭《ごりょうかく》落城で薩摩藩預かりとなった。のち特赦《とくしゃ》を得て大蔵省理財学校の官費生となり、卒業後印刷局に奉職した。

参考写真03

会津藩士柳田勝太郎墓碑（足利市久保田町・崇聖寺）

会津藩士柳田勝太郎《やなぎだかつたろう》は、旧幕府軍の中で軍監《ぐんかん》の地位にいた。軍監とは総督の古屋佐久左衛門から見て、第五位の地位にあるから、兵士を監督する将士である。梁田の戦いで銃創を被り戦死した柳田の首級を、部下の兵士が付近の農民に埋葬を依頼して立ち去った。後年になって父が探し当て、加子《かこ》村崇《そう》聖寺《しょうじ》に改葬し、御霊は北会津郡の当家墓所に祀った。村人には歩兵大将の墓とだけ語られ、いつしか柳田家でも墓の所在は忘れられたが、たまたま『梁田戦蹟史』を読んだ一人娘真子が、墓の所在が確認できた喜びとして大正一四年（一九二五）に碑を建立した。碑は「衝鋒隊軍監柳田勝太郎之墓」と印刻されており、墓誌には建碑尽力者として真下菊五郎の名も見える。また、京都守護職の藩主松平容保《まつだいらかたもり》に従い京師守衛にあたった時に詠んだ歌、「そよと吹く風のたよりを聞くならば花はみやこに散るとこそ知れ」が記されている。享年三四歳。

参考写真04

「戌(戊)辰戦役幕軍之墓」（足利市下渋垂町・自性寺）

下渋垂村で戦死した幕府軍兵士を、村人が自性寺《じしょうじ》に埋葬した。のちに碑が建立されたが、建碑年月は不詳。なお、現在この碑は寺門入口にある。

参考写真05

梁田戦争弾痕の松（足利市福富町・梁田公民館）と旧旅籠

梁田の戦いで、砲弾の傷跡を留める「弾痕《だんこん》の柱」は、宿の中程にあった明保乃屋《あけぼのや》の大黒柱である。昭和五九年（一九八四）に取り壊されたため、その一部が足利市立梁田公民館に展示されている。その明保乃屋の前に中田屋という旅籠があり、庭内の松に砲弾が突き刺さった。家主転居の際に、由緒《ゆいしょ》ある松として保存が持ち上がり、梁田小学校に寄贈された。のちに校庭内の招魂社《しょうこんしゃ》に移植されたが、校庭整備のため、昭和四八年に梁田公民館敷地内に招魂社ともども移し替えられ今日に至っている。弾痕にはセメントを詰めた跡が残る。

当時の明保野乃屋

セメントを詰めた跡（矢印の部分）の残る「弾痕の松」（梁田公民館敷地内）

弾痕の柱（梁田公民館蔵）

文献紹介

真下菊五郎『明治戊辰梁田戦蹟史』（大正一二年）

群馬県出身の現役陸軍歩兵中尉真下菊五郎が公務の合間を縫って調査、研究したもの。戦闘の真相を究めるべく、政府軍と旧幕府軍兵士はもとより戦闘を見聞した民衆や軍夫の証言を丹念に拾い集めている。戊辰戦争を軍事史だけでなく、民衆史からの考察にも役立ち、総じて史料的価値が高い。

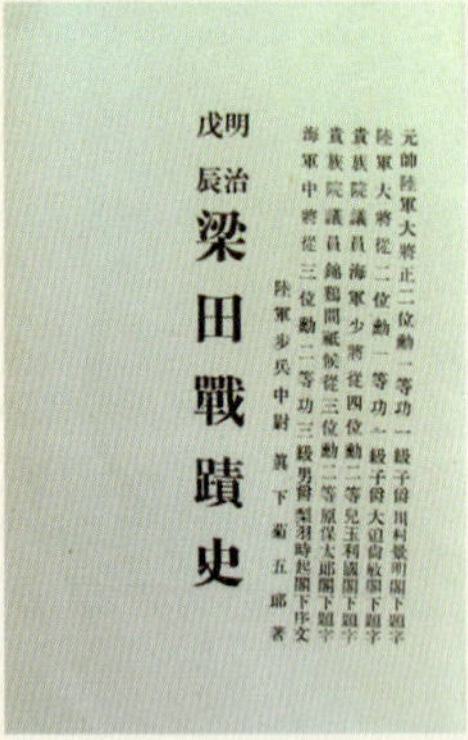
元帥陸軍大將正二位勳一等功一級子爵川村景明閣下題字
陸軍大將從二位勳一等功一級子爵大迫尚敏閣下題字
貴族院議員海軍少將從四位勳二等兒玉利國閣下題字
貴族院議員錦鷄間祗候從三位勳二等原保太郎閣下題字
海軍中將從三位勳二等功三級男爵梨羽時起閣下序文
陸軍歩兵中尉　眞下菊五郎　著
明治戊辰
梁田戰蹟史

人物紹介

古屋佐久左衛門《ふるやさくざえもん》（1833～1869）

古屋佐久左衛門は、天保四年（一八三三）筑後《ちくご》国御原郡古飯村、高松與吉《たかまつよきち》の次男として出生、勝次と称した。実弟は幕末維新期の医師として活躍した高松凌雲《りょううん》。一九歳で江戸に遊学し、洋学を修める。やがて幕府御家人古屋家の婿となり、佐久左衛門と改称。神奈川奉行支配定役《しはいじょうやく》と通訳を兼務。沼間新次郎《ぬましんじろう》（守一《もりかず》）らと英国歩兵操典を翻訳し、神奈川警備兵を訓練。慶応二年（一八六六）の兵制改革で歩兵差図役に任命され、四年には脱走兵の鎮撫を通して歩兵奉行。梁田の戦い以降、会津に向かい、そこで衝鋒隊を組織し北越・信州・北海道を転戦し精鋭部隊として名を馳せた。明治二年（一八六九）五月、箱館五稜郭の戦いで重傷を受け、実弟で医師高松凌雲（一八一七～七九）の治療を受けるも六月死亡。享年三七歳。凌雲は、戦中箱館で病院を開き、敵味方分け隔てなく負傷者一三〇〇名を手当てした。

コラム
Column

幕府軍の名が付いた慰霊碑

戊辰戦争慰霊碑や墓碑において、幕府軍関係は「戊辰戦役墓」等と幕府軍の名を刻まずに祀られたものが多い。一見するとどちらのものか分からないが、政府軍関係者の場合は出身藩名が記されているから、ないものが幕府側と分かる。新政府成立直後、幕府軍と書いては建碑申請がしにくかった事情があり、書かなかったのではなく書けなかったのが真相である。

梁田地区の慰霊碑は、「戦死塚」「明治戌(戊)辰梁田役東軍戦死者追弔碑」「衝鋒隊軍監柳田勝太郎之墓」「戌(戊)辰戦役幕軍之墓」の四基で、いずれも幕府軍関係墓碑である。特徴は、「戦死塚」を除き東軍、衝鋒隊、幕軍を堂々と名乗っていることである。調べると第二基以降は大正一三年(一九二四)、大正一四年、年不詳となっている。第二基と第四基はともに戊が戌と誤刻されているから、両者は同時期のものと推定される。もし、この推定に間違いがないとしたら、本県においては大正末年になってようやく幕府軍とか東軍を名乗れるようになったことを物語る。直接的な理由は、陸軍歩兵中尉真下菊五郎が『明治戊辰梁田戦蹟史』(大正一二年)が刊行され、多くの読者を得たことにあろう。

しかし、私は変化の遠因を大正七年(一九一八)の原敬《はらたかし》内閣出現に見いだしている。周知のように、原敬は岩手県出身であった。由来は「白河以北《しらかわいほく》、一山百文《ひとやまひゃくもん》」で、平民宰相と呼ばれたが、彼の号は「一山《いちざん》」であった。由来は「白河以北、一山百文」で、維新以後政府関係者が東北を卑下する際に好んで使った言葉だ。その中の一語をわざわざ使用したことに原の政治的原点―東北人として屈辱を跳ね返そうとする気概―を見る思いがする。彼は戊辰戦争についてある時、こう書いた。

盛岡にて戊辰殉難者の五十年祭を営みける時、祭文を求められ、余は、戊辰戦争は政見の異同のみ、誰か朝廷に弓をひく者あらんやと云いて、その冤《えん》を雪《そそ》げり
（「原敬遺徳顕彰碑」）

原の史観が妥当かどうかは別にして、少なくても官賊二元史観を克服しようとしたことは間違いない(写真：岩手県立図書館庭園に建つ原敬碑文)。

岩手県立図書館庭園に建つ原敬碑文

トピックス
Topics

田崎草雲・誠心隊と梁田の戦い

田崎草雲《たさきそううん》は魅力的な人物である。それ故に、彼についての記述や伝記は多く、戊辰戦争との関わりでいえば、彼が組織した誠心隊の功績が良く語られ、次のような紹介は痛快極りない。

（梁田の）旧幕府幕軍は足利に行こうとしたが、斥候《せっこう》が姿を変えて足利の町にはいると、至るところに新式の装備をした士官風の部隊がおり、その数は二百以上と思われたので、兵を合わせれば数百名の部隊になるだろうし、また装備が優秀だからうっかり手は出せないと判断し、足利にはいるのを中止した。ところがこれは実はこの足利の部隊というのは誠心隊であって、前に述べたように、商工業の子弟が自分の財力で整えた装備が脱走軍の目をくらましたものだった（村上喜彦『明治百年　野州外史』）。

村上氏の記述は、須永金三郎『草雲先生』（大正二年）に依拠して記述し、異論も紹介したが、この部分は多くの人によって語り継がれ、現に地元公民館が作成した「梁田戦争関係略年表」には戦争前日、三月八日の項に史実として記されている。

これに対して『近代足利市史』第二巻（昭和五二年）は、梁田戦争のところで誠心隊との関わりに触れていない。おそらく事実として認定しがたいと判断したからであろう。菊地卓『慶応四年の田崎草雲』（平成一四年）は、近年の実証的な草雲研究として労作である。ここでは氏の研究成果を紹介したい。

氏は、誠心隊の動員令（草雲宛の来信集『芸窓雁影《うんそうがんえい》』所収）や荻野佐太郎の「盉斎《かさい》日記」の分析を通して、三月九日から翌日までの隊の動向を次のようにまとめた。足利藩の初谷修兵衛から田崎草雲宛てに大急用の動員令が出された。内容は佐野表へ脱走した旧幕府歩兵三、四〇〇人が暴行を働いている由、当所固めを申し付けるから誠心隊は勢揃いせよというもので、早速、召集のかかった誠心隊は善徳寺（足利市大町）に控え詰め、本町隊も「本町天王」（八雲神社）に集り非常時に備えた。一〇日、足利藩から草雲を含む二名の使者が梁田宿に派遣された。すでに長州・薩摩・大垣藩兵は引き払ったあとで、残留していた市橋家（近江国西大路《にしおおじ》藩）の者と面会し帰陣した。

氏は、兵力出動の目的を足利領・足利町の警備と治安の維持にあったとしたが、たしかに動員令が出された際に、旧幕府歩兵が足利町と反対方向の佐野表に向かっていることが知らされており、そのためか藩の対応は比較的落ち着いていて、敗残兵の取り締まりを重点に行ったことがわかる。上述の紹介文が九日ならば逆方向に逃げていくことになり、これはありえない。八日ならば動員前のことでつじつまが合わず、史実とはいえない。なお、氏は誠心隊員数についても精力的に掘り起こしをして八二名を確定したが、藩士数と比較して二〇〇名は多すぎるとしている。

このように、史実の確定は慎重に行う必要があり、評価を急ぐ余りひいきの引き倒しだけは慎みたい。

晩年の草雲（足利市教育委員会蔵）

トピックス Topics 田中正造と戊辰戦争

田中正造（一八四一〜一九一三）は自伝「田中正造昔話」（明治二八年、『読売新聞』掲載）に梁田宿における戦闘と両軍に対する対応を語っている。

将軍慶喜公は最早や東叡山に謹慎の身となり、脱兵等亦遁《またのが》れて江戸を去り、追ひ来る官軍を梁田宿に挟撃せんと欲せしも却《かえっ》て散々に打ち破られ、あるは頭、あるは腕、あるは腰抔《など》に負傷して、素足の儘《まま》、すごすごと落ち行く様の憐れにもみそぼらしく、心ある者の得て見過し難き所なれば、予は居村（小中村―筆者）を去らしめしが、後凡そ三時間許《ばか》りも経たるに、官軍は新勝の勢鋭く、又もや此處《ここ》迄追ひ来りしは、恰《あたか》も黄昏の頃なりき、扨《さ》て曩《さ》きに落ち行きし脱兵等は、小中村を経る僅か一里なる田沼及び其先宿の葛生といへるに宿泊し、官軍は予が居村に宿したることなれば、若《も》し脱兵等にして、夜陰に乗じて返撃《かえりうち》を為さむには、此村を挙げて修羅の巷《ちまた》となさざるべからず、予は此憂あるを恐る丶のみならず、且つは官軍勢をも安眠せしめむが為め、人夫を備ふて通行篝火を焚き以て非常を戒めしかば、官軍も無事なるを得、村民等も村内を戦場となすの厄を免れしを喜びぬ、斯《か》くの如く予が両勢に対するの処置、公平にして些の偏する所なき

（『田中正造全集第一巻』）

と、正造は両軍に対し公平で偏りない処置を執ったと記している。戊辰戦争から二八年も経った証言ははたして信じられるのか疑問を抱く方もあろうから、その点を吟味してみたい。先に紹介した真下菊五郎『明治戊辰梁田戦蹟史』にもこの件が記されている。「名主の田中正造翁が官軍宿陣の世話役をした」というタイトルで、幕軍の退却を手伝った後に一休みをしていたら、今度は官軍がやってきた。浄蓮寺泊というので一騒ぎになり、村から何人か人足を出した。小中村は田中兼三郎（正造）と篠崎茂右衛門・石井軍蔵の三人が名主で、それぞれが出向き手伝った。一向は馬二、三頭・兵士六〇人足らずで日光裏道を通っていった。とあり正造昔話の記述が間違っていないことが判る。これは同村川津平四郎氏の談であり、当時七四歳で一九歳の時の体験と証言している。

なお、「田中正造昔話」には、幕末期、小中村名主として領主六角《ろっかく》氏を相手とした六角騒動、維新期の東北での官吏生活と獄中体験、県議時代の県令三島通庸《みしまみちつね》との闘争など豊富な政治闘争が語られており総じて史料的価値が高い。

近年発見された六五歳時の田中正造（個人蔵）

トピックス
Topics

坂本龍馬を暗殺したと言われる今井信郎

晩年の今井信郎
（真下菊五郎『明治戊辰梁田戦蹟史』）

今井信郎《のぶお》〈天保一二年（一八四一）〜大正九年（一九二〇）〉は、旗本の子息として生まれ、幕府が設置した武芸訓練所である講武所《こうぶしょ》の師範代に就いた後、慶応三年（一八六七）五月、京都見廻り組へ入隊、同一一月一五日、京都河原町三条下《さんじょうくだ》るの近《おう》江《み》屋に中岡慎太郎《なかおかしんたろう》といた坂本龍馬《さかもとりょうま》を見廻り組が襲った。隊長佐々木只三郎《ささきただぶろう》、以下六名の隊士で、この中に今井信郎がいた。慶応四年一月の鳥羽・伏見の戦いに参加、敗れて江戸に戻ると幕府陸軍の訓練を担当していた古屋作久左衛門と共に脱走した幕府歩兵の鎮撫にあたり、後に組織された衝鋒隊《しょうほうたい》の副隊長となり、戊辰戦争では最後の箱館戦争まで戦い抜いた。

箱館で逮捕され、東京へ護送され明治三年（一八七〇）二月、刑部省の伝馬町《てんまちょう》牢獄へ移された。同じく捕らえられた元新選組隊士大石鍬次郎《おおいしくわじろう》が、「近藤勇が酒席で今井が龍馬を討ったと語っていた」と証言したため、今井は厳重な取り調べを受け自供した。伏見寺田屋で龍馬が幕吏を射殺した刑事犯との理由で、見廻組与力頭《よりきがしら》の佐々木只三郎らと公務で襲撃したこと、その際自分は見張り役として参加、手は出していないことを語った。九月、今井は禁固刑、静岡藩へ引き渡しという判決を受けた。口上書には「佐々木の指示により、佐々木と渡辺吉太郎・高橋安次郎・桂隼之介《かつらはやのすけ》の四人が実行犯、自分は階下にいた」とあるが、今井を除き、六名の者は全員鳥羽・伏見の戦いで戦死しており、裏付けをとることは出来なかった。明治五年（一八七二）、特赦《とくしゃ》により釈放され、一一年に帰農し、静岡県榛《はい》原《ばら》郡初倉村（現島田市）に住み村議や村長を務めた。やがて自らの罪業を恥じキリスト教信者となり、後半生はクリスチャンとして矯風《きょうふう》事業に貢献した。

明治四二年（一九〇九）一二月、大阪新報記者和田天華《わだてんが》の取材に応じ、同志三、四名と手筈して自分が坂本を斬ったと詳述し、明治三年の口述は自己防衛だったとした。大正五年（一九一六）脳卒中で倒れ、同九年（一九二〇）死去した。享年七七歳。それ故、本当の下手人は不詳として、現在の研究では京都見廻り組が坂本竜馬暗殺したと記述している。

新政府先遣隊の派遣と宇都宮藩の対応（慶応4年3月末日）

家老縣六石は東山道総督府に支援を乞う

会津勢古賀志山麓まで進出

慶応四年（一八六八）三月一四日、西郷隆盛・勝海舟による会談の結果、江戸開城が決まったが、北関東ではこの頃から旧幕府側の脱走兵が各地に出没して不穏な状況が作り出されていった。同時に各藩は去就《きょしゅう》について最終的な決断が迫られていた。新政府につくか幕府側につくかという選択である。

勤王派と佐幕派の対立に揺れていた宇都宮藩が、勤王で統一を見たのは三月二三日であった。藩論をまとめた中老縣信緝《あがたのぶつぐ》（六石《りくせき》）は、二九日武州板橋宿（東京都板橋区）の東山道総督府に宇都宮周辺の不穏な情勢を訴え援軍を願い出た。中老とは宇都宮藩独自の用語で一般的には家老に次ぐ職を意味する。以下意訳を紹介する。

現時点の情勢につきお尋ねなので申し上げます。今春以降会津藩が朝廷に背く行為を行い謹慎を命じられた。宇都宮藩は近隣の誼《よしみ》で朝廷に歎願の周旋をしたが、我が藩も謹慎処分となってしまった。最近になって、桑名藩や幕府歩兵の官軍に逆らう行動、あるいは水戸藩の重臣市川三左衛門の輩《やから》が領内に屯集し、近頃は旧宇都宮藩領で分家の戸田大和守領分である高徳村や大原村に会津藩が兵を派遣し、日光山守衛などと称えて今市宿に多数入り込み、あまつさえ館林藩が日光に設置した大砲を借り受けた風聞も聞こえる。なお又、今市御蔵の貯穀米も日光山に引き上げ

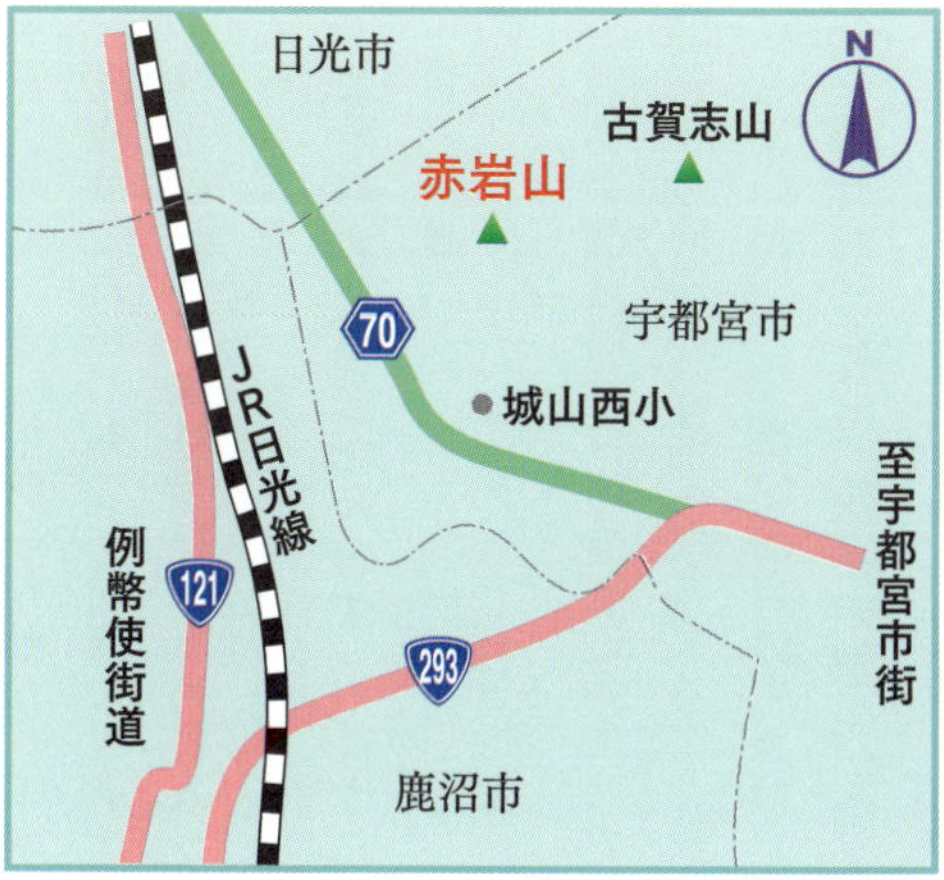

たようで、意味不明の行動だ。下総結城藩で内紛が起こった際にも会津藩士が加勢に駆けつけ、城内に入った模様だ。
（「宇都宮藩縣勇記歎願書」『復古記第一一冊』）

最初宇都宮藩は会津藩と近隣にある関係から同藩の謹慎を軽くするよう歎願していたが、宇都宮藩自体も謹慎処分を受けた。鳥羽・伏見の戦い以降、宇都宮藩の周辺は不穏な動きが相次ぎ、今は高徳藩領になっている旧宇都宮藩領には会津藩兵が入り込み、日光領今市宿にまで進出していることが取りざたされている。今市にある幕府米の貯蔵所にある貯穀米も何故か日光山に運ばれたようで、隣国結城藩の内紛にまで会津藩士が駆けつけているようで、我が藩にとっては実に不穏という内容である。

　宇都宮藩領のすぐ近くまで進出していたことは事実で、会津藩は日光山守衛と称して宇都宮藩領境の古賀志山嶺まで軍事進出していた。縣の歎願に同意した東山道総督府は武州板橋宿にいたが、四月一日に先遣隊として兵二〇〇名を援軍として派遣した。

　援軍は大軍監《だいぐんかん》に香川敬三《かがわけいぞう》（旧水戸藩士）、小軍監に平川和太郎《ひらかわかずたろう》（土佐藩士）、内参謀に祖式金八郎《そしききんぱちろう》（長州藩士）を配した。四月二日に江戸を発った香川隊は千住を経て粕壁《かすかべ》（春日部）へ宿営した。ところが南南東約二〇キロメートルにあたる下総流山《しもふさながれやま》（茨城県流山市）に近藤勇がいるとの知らせが入り、一隊を向かわせ捕縛した。さらに五日、小金井で二隊に分かれ、香川本隊は宇都宮へ、祖式支隊は結城に迂回し城を占領し新政府の管轄においた。

　その宇都宮は四月一日夜、下栗村《しもぐり》（宇都宮市）天王山《てんのうやま》に四〇〇〜五〇〇人の農民が屯集し世直《よなお》し一揆《いっき》が始まり、南西部を迂回し総勢三万人と増やしながら城下入口の滝《たき》の原《はら》で対峙《たいじ》するなど世直し一揆が吹き荒れていた。宇都宮藩は一揆鎮圧のため藩兵を各地に出動させ大いに疲れ果てていた。このような状況下、追い打ちをかけるように宇都宮藩は戊辰戦争の巻き込まれていくのである。

野州世直し一揆

　戊辰戦争の北上に呼応して、慶応四年三月末から四月初旬にかけ下野国の中央部で世直しを求める一揆が激しく吹き荒れた。世直しは、それまでの集団的訴願行動と違い、中下層農民や都市貧民が豪農・豪商に打ちこわしをかけながら自分たちの要求を通そうとしたことにあり、打ちこわされた家は野州全体で二〇〇軒を数えた。

　野州世直しは、三月二九日栃木街道沿いの安塚村《やすづか》（壬生町）、あるいは隣村石橋宿（下野市）で発生したとの二説があるが、どちらにしても助郷賃銭《すけごうちんせん》の不正割渡しに怒った農民が宿問屋《しゅくとんや》を襲撃したことが発端といわれる。確かに戊辰戦争の開始で、奥羽地方の諸大名は競って帰国を急ぎ、日光・奥州道中沿いの村々には田植え時に未曾有の助郷人馬役が課されていていて、農民への負担は普段の何十倍にも相当した。一揆が各地に波及する中で民衆側の要求は、①窮民救済、②質地・質物の即時返還、③金穀の供出、④横領者懲罰、⑤物価引き下げ、⑥上下無しの社会実現など六点に集約されていった。このうち①②⑥の要求は人々の社会的平等を願うものであり、封建体制そのものを否定する性格を有したため世直し一揆と呼ばれる。四月一日には宇都宮藩領でも世直しが勃発し、瞬く間に市域に拡大した。そして鬼怒川を挟んだ芳賀地方にも広がり、四日夜真岡町で打ちこわしが起こると、芳賀郡一帯に波及し、こうして下野国全域に波及していった。

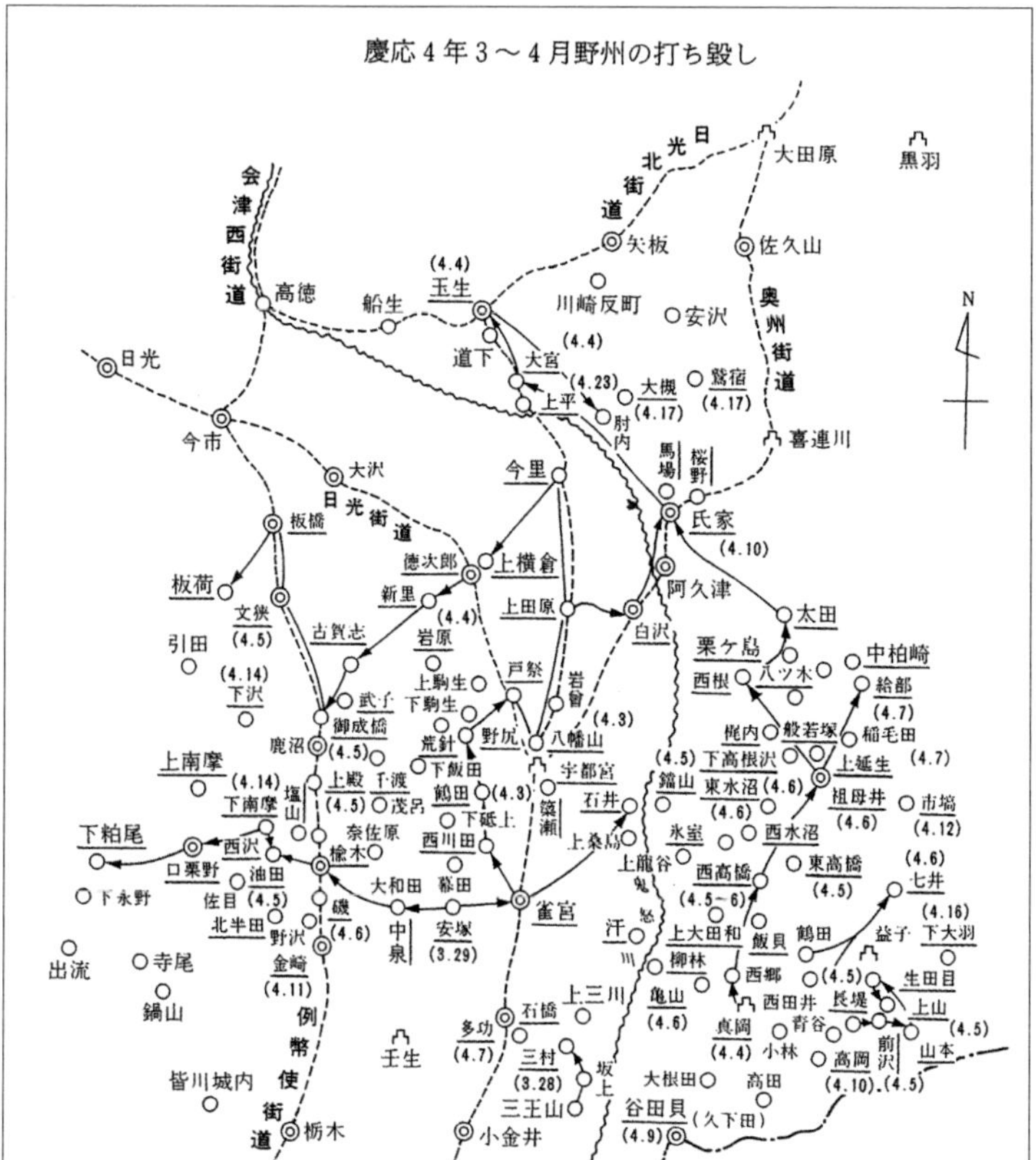

(注) 長谷川伸三「慶応期野州中央部の農民闘争」(大町雅美・長谷川伸三編著『幕末の農民一揆』雄山閣出版,1974年) 138頁の地図を一部修正した。

長谷川伸三『近世後期の社会と民衆』

コラム
Column

宇都宮藩領の世直し一揆と滝の原

宇都宮藩領の世直し一揆は、四月一日の夜、下栗村（宇都宮市）の天王山に四〇〇～五〇〇人の農民が旗を立て竹槍・竹笛を持って結集したことに始まる。

一揆勢は、近隣村々に参加強制の回状を出して隊列を倍加する一方、上桑島《かみくわじま》と石井村の近江商人（酒造兼質屋）に掛け合い酒食を供応させた。農民たちは、助郷問題の解決と物価引下げを図るべく、宿問屋や郷村取締役・有力商人を攻撃目標としたが、打ちこわしが始まり勢力も拡大していくと、要求内容も有力商人・豪農に対する金穀の放出や質物の無償返還、質地証文の破棄へと拡大し、一揆勢の行動にも組織化の動きがみられた。

一揆勢の動きをみると、まず東刑部《おさかべ》村へ南下し、そこから東汗《ひがしふざかし》・西汗村（上三川町）を経て長島村へと西進し、ついで上御田《みた》・上屋板村（宇都宮市）に北上したところへ、藩役人が説得のため駆けつけてきた。一揆勢は、それを拒否して南進し、日光道中雀宮《すずめのみや》宿の本陣や西川田《にしかわだ》村の郷村取締役宅を打ちこわしたが、後者の状況を記そう。

郷村取締役方は、苗字帯刀御免の侍身分扱いであるためか、同藩は鉄砲組などの足軽五〇人を引き連れ守りを固めたが、一揆勢は三千人もの多勢であり無勢はあきらかであった。仕方なく藩兵は同人と家族共々を引きつれ去ってしまったが、その後に同家は長屋門始め家屋・土蔵等が打ちこわされ、土蔵にあった諸帳面類はすべてが持ち出されて奪われてしまい、まことに筆舌に尽くしがたい有様であった。

こうして一揆勢は宇都宮城下を目ざして再び北上していった。

宇都宮における世直し一揆勢の結集地と経路
（宇都宮市西刑部町・伊沢精一家文書「伊沢半一郎日記」より作成）

大嶽浩良「下野の明治維新」より

総勢五〇〇〇人に拡大した世直し勢に対し、武装した藩兵が滝の原で待ち構えていた。藩は城下への進入を拒否する代りに一揆勢の要求を聞くという条件を出し、簗瀬《やなせ》村郷村取締役宅で交渉が行われ、糠《ぬか》・干《ほ》鰯《か》・酒・醤油などの二割値下げが決まった。

打ちこわしを受けた荒針村渡辺家（宇都宮市大谷町、母屋は宇都宮市指定文化財）と内扉の傷あと

しかし、一揆はこれで終わらない。藩西部に位置する村々が呼応し、城の北側にある八幡山に集合し、その数は三万人と膨《ふく》れあがった。余勢を駆って城下になだれ込もうとしたが、境を接する塙田村で藩兵による鉄砲が放たれ、世直し勢は散乱し、主流は田原村から白沢宿へと北進を余儀なくされていった。

白沢宿での打ちこわしのあと、一揆勢は二手に分かれ、一手は鬼怒川を越え氏家宿（さくら市）など塩谷郡の村々へ、主流をなした他の一手は日光道中徳次郎《とくじら》宿から鹿沼宿（鹿沼市）へ向かった。

幕末史に名を刻む「滝の原」

「さみどりすがし滝の原、栃の木かげの学び舎に」は県立宇都宮高校一番の校歌の出だしだ。昔、宇都宮高校一帯は「滝の原」と呼ばれ、校風は「瀧乃原精神」とか滝の原主義などという言葉で今でも受け継がれる。同高の所在地は滝の原三丁目五番七〇号であるが、ここでは滝の原という地名の由来を探ってみたい。

まず、校歌は昭和二三年（一九四八）に作られたもので、滝の原主義を打ち出したのは明治四〇年代の校長笹川臨風の時だ。創立は明治一二年（一八七九）、現在地に移転してきたのは明治二六年（一八九三）であるから、そこから十数年経って滝の原とか滝の原主義なる言葉が生まれていったと考えられ、現在の生徒指標の一つである「質実剛健」に引き継がれている。

まず、滝の原という地名は昭和五五（一九八〇）年につけられた宇都宮市の町名で、そんなに古くはない。もともとの由来はどこからかというと、明治二六年に移転してきた時の「河内郡姿川村大字鶴田」にある。鶴田の小字名を調べていくと「滝ノ原」が出てくる。一方、今の宇都宮市滝谷町という地名は、近世西原町の小字一覧に「不動北」「江曽境」「六道」「大谷道北」「戸祭境」などという字名と一緒に「滝谷《たきや》」が出てくる。まず「西原町は大変広い地域で、『角川日本地名大辞典　９栃木県』によれば、「古くは釜川より西南の方を西原、東北の方を東原と称したが、宇都宮城を築く時、鏡ヶ池を埋めて城下町をつくって以来、東原の形跡はなくなり、西原の地名のみが残ったといわれる」とあり、宇都宮城下町の南から西にかけての外縁に立地し、広い地域をなしていた。その一角に滝谷が位置したのである。

西原町の一部から独立し「滝谷町」が成立したのは昭和九年（一九三四）であるが、字名の滝谷は、もともと宇都宮の名所であった「七水《しちすい》」の一つ「滝の水」に由来していて、宇都宮は湧水の名所であった。滝の水は滝の井・稲鳴《なるみ》の井とも呼ばれ、現在は栃木街道と東北自動車道鹿沼インターチェンジ道交差点にある滝尾神社（旧滝権現）のことであった。

『栃木県神社誌』（栃木県神社庁編）によれば「創立年月日不詳であるが、当社の祭神は日光二荒山の祭神の分霊を奉祀せられたるものと思われる。（中略）境内は清泉湧出し旱天も涸れず厳寒も凍らず付近の者飲用水とした。清流流れるところ三伏の暑（極暑―筆者）さも忘れしめる。その水は流れて水田に注ぐ。宇都宮七水の一つなり」とあり、こんこんと水が湧き出ていた。

すなわち同社は旅人・通行人にとって一休みし疲れをいやし、喉を潤し元気づける場所であった。それゆえ宇都宮の世直し一揆が勃発した際、武装した宇都宮藩兵が城下への侵入を防ぐべく「滝の原」で待ちかまえたという事実や、宇都宮戦争Ⅲで一時、窮地に陥ちいった新政府軍が陽動作戦を使ってかろうじて滝権現付近まで退却したという事実は、前者は一揆勢に休憩させない、後者は傷をいやし再起のための休憩と理解できるのである。旅人が宇都宮町にたどり着く寸前の場所であり、小河川もない近隣水田への用水として貴重な役割を発揮していた。都市化する一方、車社会となり交通量が増えた現在、滝尾神社付近の景観は昔と一変してしまい、ひっそりと佇んでいるだけである。

滝尾神社池（湧水の名残り）

文献紹介

小林友雄『勤皇烈士縣六石の研究』（昭和一八年一〇月）

自序の冒頭が「下野は皇室に対する感激と感謝の念は深く」とあるように、典型的な皇国史観《こうこくしかん》で著述された著書である。アジア・太平洋戦争の戦局悪化が明白になった時点での発刊ということを留意し読まなくてはならない。縣家史料の多くは宇都宮空襲で焼失し、東京大学史料編纂所により翻刻されていた一部史料以外、今日では見ることができない。同書には焼亡した史料を使って記述した部分もあり、今日ではそれが役立つ。かかる事情が原因してか縣六石に関する研究書は、今日まで発刊されていないから、現在でも有用性を持った書物として存在し続けている。著者原本は現在筆者の手許にある。様々な経過を経て私の手許に来たが、不思議な縁としか言いようもない。

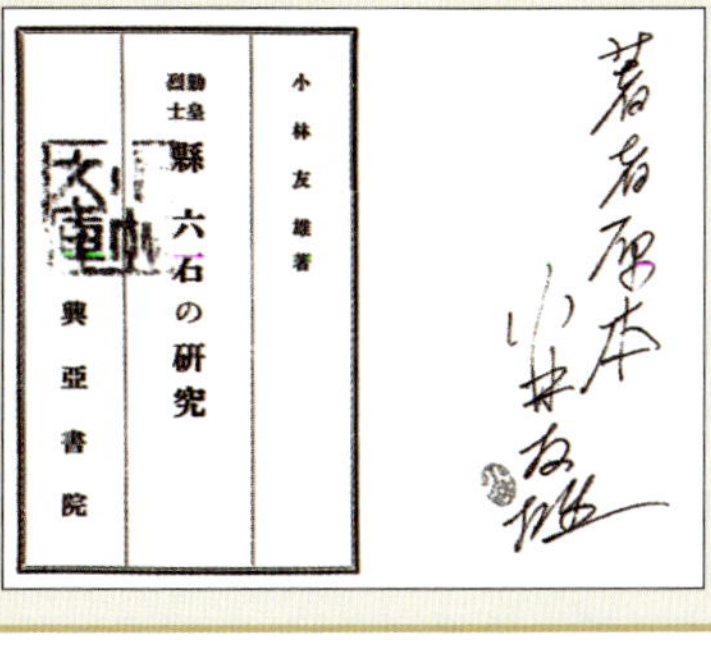

人物紹介

縣《あがた》 信緝《のぶつぐ》（1823～1881）

文政六年（一八二三）、宇都宮藩家老の家に生まれた。二一歳の時、脱藩して江戸の儒者大橋訥菴《おおはしとつあん》の塾で学ぶ。安政三年（一八五六）帰郷して勘定奉行雇《かんじょうぶぎょうやとい》となり、頭角を現す。

尊王攘夷の立場から坂下門外の変で連累者《れんるいしゃ》の赦免活動、山陵修補事業の推進、天狗党《てんぐとう》への応対など激動する幕末の情勢に指揮をとり、時には数度の家老職解任の憂き目にもあった。

戊辰戦争時には藩論を新政府支持でまとめ、落城後は奪回と領民救済に奔走した。維新後は宇都宮藩権大参事《ごんのだいさんじ》、司法省少判事を歴任。号は六石《りくせき》、晩年は勇記《ゆうき》と称した。国幣二荒山神社の降格問題が起きた際の奮闘ぶりも特筆に値する。

トピックス
Topics

宇都宮藩が新政府側についた藩内事情

宇都宮藩は譜代大名であり、大義名分論の立場をとれば幕府側に立つべきである。なのに何故、縣六石《あがたりくせき》（信緝《のぶつぐ》）は新政府側に援軍を求めたのか。これについて多くの研究者は自藩第一主義に立ったことを挙げている（大町雅美『戊辰戦争』）。自藩第一主義とは、本来の立場などかまうことなく藩が生き延びさえすればよいという選択だ。

幕末の動乱期、宇都宮藩は坂下門外の変や天狗党争乱時に何人かの攘夷派志士を出し、幕府から処分を受けたり、藩の中枢部から志士たちは批判も受けてきた。この時期の六石をみると、一時期脱藩もしてた彼が藩政に復帰したのは、安政七年（一八六〇）三二歳の時のこと。藩領荒蕪地《こうぶち》の開墾事業に携わり汗を流す一方、攘夷派志士との交流も持ち、山陵修復《さんりょうしゅうふく》の事業を発案している。順調に藩中枢まで上りつめたのではない、慶応元年（一八六五）まで三度にわたり罷免《ひめん》・謹《きん》慎《しん》・閉門《へいもん》の処分を受けている。二度目の処分は天狗党への対応であった。元治元年（一八六四）二月中老職に就任し、宇都宮に進軍してきた天狗党代表者と四月六日修道館で応接した。援軍を要請に対する天狗党に対し、返答は「和して同ぜず」（蜂起に理解はするが加盟はしない）であった。しかし幕府は天狗党を批判し追捕したから、縣六石にも責任を問うたのである。三度目は元治二年である。天狗党への対応や鎮撫《ちんぶ》姿勢が問われ藩主忠恕《ただゆき》の領地削減と隠居謹慎、さらに奥州棚《たな》倉《くら》（福島県東白河郡）への国《くに》替《がえ》が命ぜられた。これに対し六石は上京し赦免《しゃめん》運動を展開したが、この姿勢が問われ閉門となった。六石への処分が免ぜられたのは慶応三（一八六七）年九月であり、その六ヵ月後

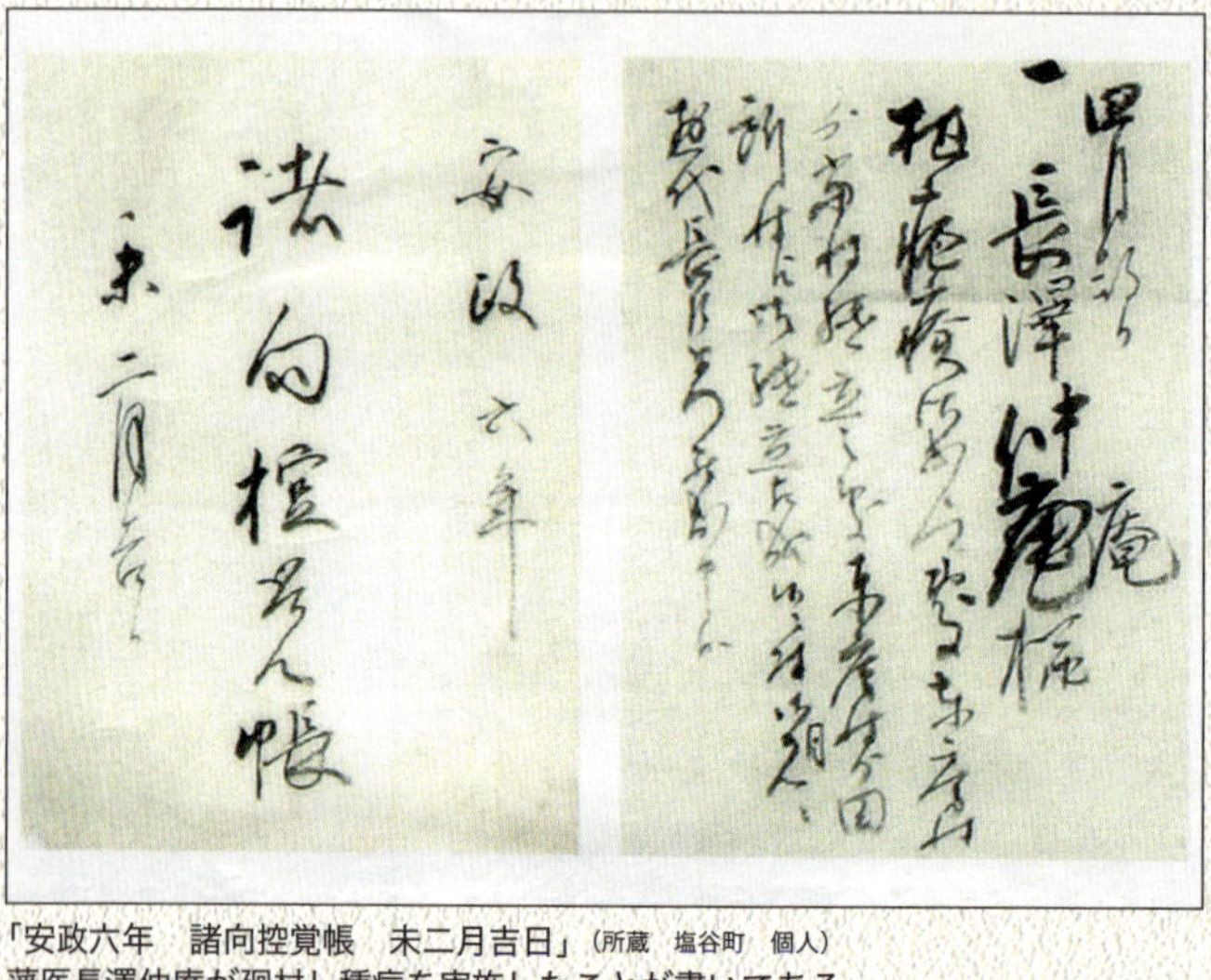

「安政六年　諸向控覚帳　未二月吉日」（所蔵　塩谷町　個人）
藩医長澤仲庵が廻村し種痘を実施したことが書いてある

の四年三月、藩論を尊王でまとめて板橋の総督府に出向いたのである。

そうすると攘夷運動にも理解しつつ、最後は尊王で藩内をまとめた六石をどう理解していくのかという難問である。これに対し私はもう少し藩内情勢を深く分析する必要があると考えている。二つの例を挙げよう。最近の調査研究で明らかになったことであるが、宇都宮藩でも天然痘に罹患せぬよう種痘《しゅとう》が行われていた。安政五年（一八五八）七月、江戸の宇都宮藩邸で藩主の子女三人に対し、お玉が池種痘所を設立した蘭方医伊東玄朴が接種していた。かかる実績をもとに、翌年四月からは宇都宮藩領村々で種痘が実施されたのである。しかも無料である。この背景には宇都宮藩医の何人かがお玉が池種痘所に出入りし、学んだ西洋医術を宇都宮城詰の藩医に伝授し、さらに彼らが在村医師を教育・組織化し村々を巡回しながら種痘を広めていったのである。藩主を先頭にした実績が確認されていくと、攘夷を叫ぶ藩士への批判勢力は確実に増加していったと推定できよう。医学を契機とした西洋文明へ信頼を持つ藩士たちの存在を私は仮に開明派を名づけるが、このような層も藩内には増加しており、そういう中で藩論をどう導いていくかが問われていたのである。

従来の幕末藩政史は古くから勤王―佐幕の二者択一で語られてきたが、もう一つの潮流である開明派の増大も忘れてはならないだろう。

二つめは、山陵修補事業に関わったことである。文久二年（一八六二）五月、家老間瀬和三郎忠至《ただゆき》は縣信緝に、朝廷に対し実効を挙げ、幕府にも忠勤を立てる事業はないものかと諮問した。縣は熟慮の末、傷んでいた天皇陵の修補を提言した。採用までに紆余曲折はあったが、決断してからの間瀬は実行の前面に立った。揺れ動く政治状況下、幕政は丁度朝廷・諸大名への宥和政策を展開していたため、藩の建議は許可され実行に入った。間瀬は戸田忠至と名乗り、山陵奉行に任ぜられ、慶応元年（一八六五）まで丸三年かけて一二〇余の調査と修補を行った。そしてこの間、忠至は激動の京都の政治状況を縣に伝え続けたのである。

戸田忠至像　72歳の時（明治十二年明治天皇御下命『人物写真帖』 宮内庁三の丸尚蔵館所蔵）
『歴史民俗資料館テーマ展「高徳藩 ―日本で最後にできた藩― 」』（日光市歴史民俗資料館）

トピックス Topics

会津藩、古賀志山嶺まで進出

下野の政治情勢は、宇都宮藩中老縣信緝の嘆願書で述べたように情勢認識は的確であった。三月下旬になると宇都宮藩領境の下岩崎村《しもいわさき》（日光領、鹿沼市）にまで会津藩勢が進出してきた。

一方、隣接する日光領では今市御蔵《おくら》を管理する真岡代官山内源七郎《やまのうちげんしちろう》が日光奉行新庄右近《しんじょううこん》と謀って、三月中旬、密かに蔵米五〇〇〇俵を日光山本坊へ運び込んでいた（「吉沢村名主日記」『いまいち市史』史料編・近世Ⅶ）。この件について縣は、意図が分からぬと、山内や新庄の真意をつかみかねていた。山内らから見れば、戦争の危機が迫る一方、関東にある二か所の陣屋（上州岩鼻《いわはな》・武州羽生《はにゅう》陣屋）が二月から三月上旬にかけ打ちこわされており、世直し勢から蔵米の確保を守る意図があった。四月に入ると、山内は新政府軍に跪伏《きふく》するし、新庄は新政府軍（土佐藩兵）の来晃直前に逃亡し、後に捕縛され江戸送りとなる。行動は相反するように見えるが、主体性の欠如という点では共通しており、二人はまるで波間に揺れる小舟のようであった。

話を戻し会津藩の動向に目を移すが、宇都宮藩領境の下岩崎村（日光山領、鹿沼市）に進出して来た会津勢は、宇都宮戦争が始まると同村に陣場を設営し、宇都宮道口に見張りと古賀志《こがし》山嶺に篝火《かがりび》人足を置いた。

（包紙）

「　御用元

御用書付　文挟宿　野村勇之進

小林長次郎

上下岩崎出張人数中　」

会津藩役人稲垣五兵衛様と一行の方々が文挟宿へ出張された。そして宇都宮道口の村境へ見張人足十人ほどを派遣した。官軍側がもし来たならば其段を宿方へ至急連絡するよう申し付ける。なお、種々の指示もあり村役人一人を旅宿まで出張《でば》らせてもらいたい、以上。

四月二十一日　文挟宿役人

下岩崎村御名主衆中

（「村境見張り人足差出し用状」『いまいち市史』史料編・近世Ⅶ、口語訳）

これは、文挟宿役人《ふばさみしゅく》が下岩崎村役人に差し出した用状である。文意は会津藩役人の指示があり、宇都宮道口村境へ見張り人足を出し、新政府軍が来たら至急通報せよというもので、注意したいのは、この用状が包紙からもわかる通り、野村勇之進・小林長次郎から指示が出ていることである。野村・小林は共に日光奉行所同心であり、明らかに日光奉行の同意あるいは黙認の下に会津藩が進攻したことを物語っている。見張りと篝火人足の実態は、以下の通りである。

四月二十一日

会津家中の稲垣五兵衛様より渡された赤白の旗二流を古賀志山嶺に立て、篝火を焚くよう指示された。また宇都宮道の村境へ見張人足十人ほど詰めるよう指示する。

隊長

原平太夫様

小隊長

赤羽主計様・伊与田源吾様

半隊頭

福田八十八様・飯河小膳様

二十四日

福田八十八様と一行が陣場所見分として来られた。白石にある陣場を見廻るので、下岩崎村へ役元を出陣させるようとのこと。今夜着くとのことであったが、急に文挟宿へ戻られ、同宿を引き上げていった。見張も即、引き払えとの日光出役からの用状があり、同夜午前二時頃引き払った。

（「見張并燎人足帳」（『いまいち市史』史料編・近世Ⅶ、同上）

四月一九日、宇都宮戦争が始まると下岩崎村に陣場を設営し、宇都宮道口に見張りと古賀志山嶺に篝火人足を置くことが決まった。見張りと篝火人足の動員命令が同村に下されたが、通知は日光奉行所役人の名で出されているから、明らかに日光奉行の同意あるいは黙認の下に会津藩が進攻したことを物語っている。

陣場に詰めた会津藩士は隊長原平太夫《はらへいだゆう》・小隊長赤羽主計《あかばねかずえ》・伊与《いよ》田《だ》源吾《げんご》・半隊頭福田八十八《ふくだやそはち》・飯河《いいがわ》小膳《こぜん》の面々であった。二一日には藩より渡された赤白の旗二流が古賀志山嶺の一角、赤岩山《あかいわさん》になびき、宇都宮に通じる村境には一〇名の見張人足が交代で詰め、夜には山頂で篝火を焚いた。

しかし四月二四日の夜、原隊長以下の兵士は急遽引き揚げた。前日の宇都宮戦争の結果が伝わってきたからである。情勢の急変を知った奉行所役人も、異変があればすぐ今市宿の出張先へ注進せよとの指示を残して帰っていった。宇都宮戦争が終われば戦局は日光山麓に移行することを農民たちは予感した。

赤岩山頂より宇都宮城方面を望む

3
Shimotsukeno
Boshinsensou
Chapter 3

小山の戦い

慶応4年4月16・17日（新暦5月8日・9日）

北関東における最初の遭遇戦

旧幕府軍、下野に進軍

慶応四年（一八六八）三月、西郷隆盛・勝海舟会談により江戸開城が決定し、四月一一日に江戸城が新政府に明け渡されると、憤慨した旧歩兵奉行大鳥圭介は伝習歩兵《でんしゅうほへい》四五〇名を引き連れ下総国府台《しもうさこうのだい》（千葉県市川市）に向かった。伝習歩兵とはフランス軍事使節団から訓練を受けた旧幕府陸軍の精鋭部隊で、ここに歩兵七連隊や桑名《くわな》藩兵も加わり総勢二〇〇〇余名の軍勢となった。軍議を開き総監に大鳥、司令官に会津藩士秋月登之助《あきづきのぼりのすけ》（本名江上太郎）、参謀には新選組土方歳三《ひじかたとしぞう》が就き、日光への進軍を決めた。

戦場となった下総武井付近の現状（茨城県結城市・大戦坊交差点）

多勢での進軍は人馬・宿泊に支障が出ると判断した大鳥は、隊列を二派に分けた。秋月・土方率いる前軍と大鳥率いる中・後軍とである。前軍は小金《こがね》町（千葉県松戸市）から戸頭《とがしら》村・水海《みつかい》道《どう》（茨城県）を進軍し、下妻《しもつま》・下館《しもだて》（同）では両藩に援兵や軍資金を強談して下野芳賀《はが》郡に向かった。その一部は久保《くぼ》田《た》河岸（茨城県結城市）を迂回したようで、ここにいた黒羽藩の斥候《せっこう》（敵状偵察兵）三名を捕縛している。久保田河岸には会津・二本松・黒羽・結城藩の藩蔵があり、それぞれの年貢米輸送を勤める七軒の河岸問屋があったから、対立諸藩の米蔵を抱えていた鬼怒川の一河岸は、一時ではあるが軍事緊張が走った。

中・後軍は松戸《まつど》宿（千葉県）から船《ふな》形《がた》村・仁連《にれ》宿・諸川《もろかわ》宿（茨城県）を通り下野小山《おやま》宿（小山市）に入った。宇都宮には新政府先遣隊が在陣していたから、下野での戦争が不可避となった。案の定、四月一六・一七日、小山宿で中・後軍は待ちかまえた新政府軍と砲火を交えた。

大鳥率いる中・後軍の北上を知った新政府軍香川隊は、宇都宮藩兵などを加えて陣容を整え、結城の祖式隊と小山で合流し迎撃しようと謀り、まず平川隊を古河《こが》方面に向け出撃させたのである。下野戊辰戦争の始まりである。

数少ない旧幕府軍の勝利

小山付近の戦闘は、四度にわたった。まず最初は、一六日午前の旧幕府別隊と平川支隊の交戦。二度目は、同日午後の大鳥軍本隊と祖式支隊の戦い。三度目は、一七日午前の大鳥軍本隊対香川本隊。最後は、同日午後の大鳥軍本隊と祖式支隊の戦闘である。

一・三・四度目は小山宿での三次にわたる戦闘である。二度目は下総武井《たけい》付近（茨城県結城市）での戦いであるが、一次戦の波及という性格があるため、これを含めて小山付近の戦闘という名称で一括りにしたい。

第一次戦は、大鳥や土方率いる前中後軍と別行動で北上して来た旧幕府草《そう》風隊《ふうたい》・貫義隊《かんぎたい》・郡上《ぐじょう》藩凌霜隊《りょうそうたい》が、古河に向け進軍中の平川支隊と小山宿の南端、結城街道で遭遇した戦闘であった。この情報は、当然のごとく北上中の大鳥中・後軍と結城の新政府軍祖式支隊にも伝わったが、祖式隊は中・後軍を

小山方面会戦要図（4月16・17日）

第４次戦で負傷した新政府軍兵士らが逃走した久保田河岸の現状（茨城県結城市）

阻止すべく武井に進軍して抗戦した。双方の戦いとも旧幕府軍が勝利した。

　第三次戦は最大の戦闘となった。宇都宮から来た香川隊には、宇都宮藩のほか岩村田《いわむらた》・彦根《ひこね》・壬生《みぶ》藩兵、それに平川支隊も加わわり小山宿で迎撃《げいげき》態勢をとった。しかし、大鳥は正面からの攻撃隊と東西両面からの迂回隊を用いる巧妙な作戦を採り、いずれも兵力と洋式戦術に勝る旧幕府軍側の勝利となった。

　第四次戦は、結城に残っていた祖式隊が、勝利の余韻に浸り休憩していた大鳥軍を攻撃をしたものの、逆襲を受けて敗走した戦いである。

　大鳥中・後軍が、間道《かんどう》を選んで目立たぬよう進軍してきたことからもわかる通り、日光道中小山宿での戦いは、あくまでも遭遇戦《そうぐうせん》であり、たまたま小山宿で起きた戦いといえよう。しかし、この戦闘は鳥羽伏見の戦い後、最初に起きた正規戦であり、宇都宮攻防の前哨戦になったこと、戊辰戦争を通して数少ない旧幕府軍の勝利であったことが特徴である。勝利した旧幕府側ではあったが、第四次戦において急襲を受けた際に駄馬《だば》が散逸し、積んでいた仏国製のランドセル（背嚢《はいのう》）を多数失った。これは供給不良な山地での戦闘に利用するはずであったから、徐々に影響を受けることとなる。

　第三次戦で勝利した旧幕府軍の記録を読むと、新政府側は小山宿を退却するにあたって、街外の一村に兵火を放ったとある。焼けたのは喜沢村《きざわ》（小山市）であった。三度にわたる小山宿内の戦闘では、激しい銃撃戦が展開された。死者数は史料によりまちま

ちで確定できないが、双方あわせて六、七〇名出た模様で、敗れた新政府側に多い（五〇名前後）。銃撃戦は、二六、七キロ離れた真岡の地でも「大砲の音、この辺に聞こゆ」と記されたぐらい、すさまじいものであった。

参考写真01

阿弥陀如来像と弾痕
（小山市中央町三丁目・常光寺）

小山宿での三度にわたる戦闘は銃撃戦が主であったから、後装施条銃《ごそうせじょうじゅう》（シャンスポー銃）を装備し、当時にあっては群を抜く戦力を保持していた旧幕府軍が優位にたった。常光寺《じょうこうじ》の阿弥陀如来像《あみだにょらいぞう》には弾痕が残り（矢印部分）、すさまじい銃撃戦を物語る。なおこの如来像は、平成二三年（二〇一一）に起きた東日本大震災で倒壊し、寺院内に移されたため現在は見学できない。

参考写真02

「彦根藩新組青木貞兵衛戦死之碑」（小山市本郷一丁目・天翁院）、「旧笠間藩士海老原清右衛門」（小山市城山町三丁目・光照寺）

小山宿の戦闘で死去した新政府軍兵士の墓所は、天翁院《てんおういん》に彦根藩士の墓（左）、光照寺《こうしょうじ》に笠間藩士の墓（下）「の二か所で、ともに一七日に戦死した。青木貞兵衛《あおきていべえ》は二〇名を率いる小隊長として奮戦したが、旧幕府軍に挟まれ白兵戦（刀剣での戦い）となり全員が討ち死にした。なお、光照寺には海老原《えびはら》清右衛門《せいえもん》の墓のとなりに従者安井《やすい》伊右《いい》衛門《えもん》の墓碑もある。

参考写真03

小山宿脇本陣（小山市中央町二丁目）

一七日午後、大鳥軍は本営を置いた小山宿の本陣《ほんじん》前に敵将七人の首級を晒《さら》し、次のような捨札《すてふだ》（罪状を記した高札）を記した。「三百年来の幕府の恩義を忘れ、将軍に敵するとは人面獣心《じゅうしん》の悪者である。天罰は逃れえず首を討ち取った。よって首を晒し、その罪を糺《ただ》すものである。幕府義士」（浅田惟季「北戦日誌節略」『復古記』第一一冊、口語訳）。新政府軍には、彦根や館林・笠間・壬生藩など旧譜代大名が配属しており、大鳥圭介からみれば幕府へ恩義ある立場で、本来ならば自分たちに付くべきだといいたかったのだろう。本陣は現在のほんざわ屋あたりと推定され、近くに脇本陣が残る。

参考写真04

「信州須坂銃兵墓碑」（結城市穀町・光福寺）

墓碑には山崎《やまざき》與作《よさく》（二八歳）、竹村《たけむら》源九郎《げんくろう》（五三歳）、中沢要作《なかざわようさく》（三四歳）、武田幸三郎《たけだこうざぶろう》（一八歳）、藤沢八作《ふじさわはっさく》（一八歳）、雨宮六五郎《あめのみやろくごろう》（三八歳）、壕内半平《ほりうちはんぺい》（三七歳）の名が刻まれている。銃兵（銃卒）とは歩兵のことである。

参考資料

「小山の戦い」（『戊辰戦記絵巻物』個人蔵）

一七日の小山宿第三次戦を新政府軍側から描いたもの。旧幕府軍は撤兵《さっぺい》戦術をとった。これは兵たちを静的な集団とは考えず、戦端が始まれば自在に隊形をくずし、土地の起伏、建物、樹木などあらゆる地物を利用して銃撃戦をおこなう近代戦法であった。

コラム

Column

官修墓とならなかった新政府軍兵士墓

茨城県結城市武井付近が戦場になったことから、死亡した新政府軍兵士は泰平寺《たいへいじ》（廃寺、同市武井）や光福寺《こうふくじ》に葬られた。泰平寺は館林藩戦死者墓で官修墓所《かんしゅうぼしょ》である。

官修墓所とは、政府により管理修繕がなされた墳墓で、通常「官軍」兵士の墓所はたいてい官修墓となっている。アジア・太平洋戦争後この制度は廃止されたが、「賊軍」と呼ばれた旧幕府軍の墓所と較べると、手厚く祀《まつ》られた。

ところで、光福寺には三基の兵士墓所があるが、官修墓の扱いは受けていない。それどころか、北向き地蔵がある無縁墓域《むえんぼいき》にバラバラに納められている。寺院関係者に聞いても、由来は不明であるため、以下は筆者の推論となる。

三基の墓碑は、「官軍土州上田楠次元永《うえだくすじもとなが》」（写真51頁上の向かって右側）「信州須坂藩士土屋助平度永《つちやすけべえただなが》」（同左側）そして「信州須坂銃兵山崎與作良知《やまざきよさくよしとも》ほか六名（名前略）」の者である（参考写真04）。

このうち上田楠次は、香川敬三軍に所属し下野に進軍中、下総流山《ながれやま》（千葉県流山市）で新選組の近藤勇《こんどういさみ》を捕縛したことで知られる。このあと祖式金八郎《そしききんぱちろう》支隊の軍監となって、一七日の第四次戦に負傷し、祖式とともに鬼怒川沿いの久《く》保田河岸《ぼたかし》へ逃走、ここで両者は離散したことが記録では知られていた。墓碑には「慶応四年四月一八日享年《きょうねん》三拾歳」とあり、翌日に死亡しているから、久保田近辺で亡くなった可能性が強い。軍監ともあろう者がなぜ官修墓に祀られなかったのか。答えは残

光福寺内の北向き地蔵のある無縁墓域

りの二基にある。

　二基には、墓碑の造立者と死者への思いが刻み込まれている。それぞれの側面には「官軍内参謀祖式信頼《のぶより》百拝」「官軍附属士官（あるいは銃卒）、戦死埋骸招魂《まいがいしょうこん》場所墓、嗚呼《ああ》悲哉可惜忠臣也《かなしいかなおしむべきちゅうしんなり》」とあって、祖式金八郎（信頼）が建立したことがわかる。祖式は、その後新政府軍に合流し、両毛地域の鎮撫を命ぜられた。占領地区の警備である。この時、管下の佐野藩への強引な軍費上納が総督府に知れるところとなって、官職剥奪《はくだつ》、長州への召還となった。両墓の建立は、この時期と考えられる。明治に入り官修墓が作られていく際に、処分を受けた者が作った墓は対象からはずされたのだろう。そしていつしか無縁墓域に集められ、今日あると推測するのだが。

官修墓になっていない墓（結城市・光福寺）

泰平寺の官修墓（結城市武井）

トピックス Topics 旧幕府軍の構成

ここで旧幕府軍を構成した諸部隊について振り返っておこう。江戸開城に不満を抱いた旧幕府軍は前、中・後軍の二隊の分かれて日光へ進軍した大鳥圭介隊だけではなかった。「梁田の戦い」で古屋佐久左衛門率いる歩兵第六連隊（後の衝鋒隊）はすでに紹介したが、同じ頃、若年寄格に任ぜられた近藤勇の甲陽鎮撫隊があった。近藤は同隊を率いて甲州に出動し、進軍してきた東山道軍先鋒土佐藩隊と衝突し大敗を喫したが、これらを含め以下の八隊が新政府軍と戦っている。

上野彰義隊墓所（東京都台東区・上野公園）

大鳥圭介追弔碑（東京都荒川区・円通寺境内）

①福田八郎右衛門の撤兵隊《さっぺいたい》……木更津《きさらづ》に屯集し、市川・船橋方面に進出し戦闘。

②渋沢成一郎《しぶさわせいいちろう》の振武軍《しんぶぐん》……田無《たなし》村に屯集し、飯能《はんのう》で戦闘。

③彰義隊……江戸に止まり上野で戦闘。

④榎本武揚率いる旧幕府海軍……新政府へ幕艦引き渡しを拒否し、江戸湾から仙台を経て函館五稜郭で交戦。

⑤大鳥圭介の伝習大隊……市川国府台に屯集、前軍、中・後軍の二隊に分かれて日光へ進軍。

⑥忠義隊・誠忠隊……大鳥麾下《きか》に入らず、下総岩井《いわい》で戦闘。

⑦草風隊・貫義隊・郡上藩凌霜隊……当初、大鳥軍に参加していないがほぼ行動を共にし、小山で戦闘後に大鳥軍に合流。

⑧新選組近藤勇隊……甲州勝沼での敗戦後、江戸に戻り、すぐさま流山に隠れる。

大鳥圭介軍はフランス軍事使節団から訓練を受けた伝習歩兵を中核とする。伝習隊は旧幕府陸軍の精鋭部隊で、ここ

近藤勇・土方歳三供養塔（東京都板橋区）

に歩兵七連隊や桑名藩兵も加わり総勢二〇〇〇余名の兵力を擁した。一般的に旧幕府軍といえばこの大鳥軍を指す。日光を去った大鳥軍は会津藩兵と合流したため、ここでは会幕軍の呼称を使う。会津戦争後、会幕軍は④の榎本武揚率いる旧幕府海軍に合流して箱館の五稜郭で戦った。

これ以外には、江戸上野で戦った③の彰義隊が有名であるが、これら諸隊と大鳥軍との関係はどのようなものであったのか。⑦の草風隊・貫義隊・凌霜隊は小山の戦い後、大鳥軍に合流したが、①の福田八郎右衛門の撒兵隊、②の渋沢成一郎の振武軍、③の彰義隊、⑥の忠義隊・誠忠隊関東の各地で個別的に戦っている。

常総地方（千葉・茨城県）を通行中の旧幕府諸隊を見てみると、大鳥圭介と①の福田八郎右衛門の撒兵隊は、市川ですれ違っているにもかかわらず連携をとろうともしていない。ともに旧幕府陸軍の洋式装備の精鋭部隊であるにも関わらず、統一部隊を志向しなかった点は、新政府軍が縦割りの指揮系統を持った統一的部隊を編制したのと好対照であった。そのため旧幕府軍各隊は個別的に撃破されていった。

軍規もまちまちで、大鳥軍の場合はある程度保たれていたようであるが、⑥の忠義隊・誠忠隊などは、通過地やその周辺村々で金策や食糧・物資の徴発を略奪に近い方法で行い、甚大な被害を与えた（飯島章「戊辰戦争期の常総地域」（『茨城県史研究』七七号）「戊辰戦争期旧幕府軍通行の一考察」（『交通史研究』四二号）。

しかし、これら諸隊は敗北の中から主力軍への合流を目指したようで、撒兵隊が下野を北上しようとして、常陸《ひたち》野口で宇都宮の新政府軍と交戦したことや、渋沢成一郎が榎本軍に加わったことはこのことを物語る（⑤～⑧の進軍図）。

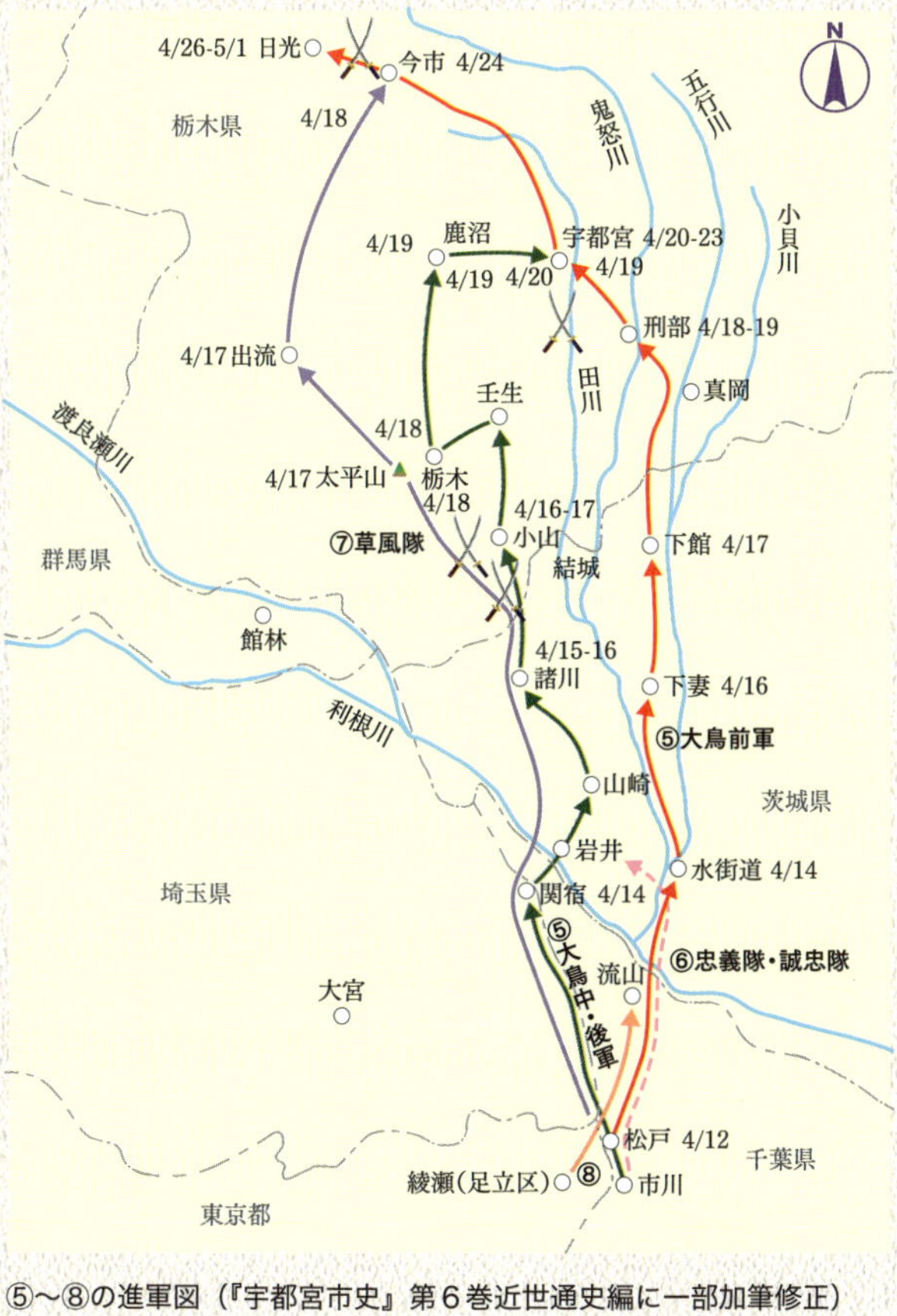

⑤～⑧の進軍図（『宇都宮市史』第６巻近世通史編に一部加筆修正）

トピックス
Topics

新選組隊長近藤勇の捕縛一件

　香川敬三をトップに宇都宮藩支援隊兵二〇〇名が板橋を発ったのは四月二日であった。同日粕壁(現在の埼玉県春日部市)に宿営したが、その夜流山（粕壁南南東二〇キロ）に旧幕兵と思しき部隊が駐留しているとの情報を得た。三日明け方、越谷《こしがや》（埼玉県）まで引き返し、そこから流山に向かって急進した。流山には甲州勝沼で敗戦した近藤勇・土方歳三らの甲陽鎮撫隊の敗残兵を主力に、新たに参加した者たちが駐在していた。近藤・土方は八王子で鎮撫隊が瓦解した後、江戸に隠れていたが、有力幹部の沖田総司《おきたそうし》が病死、原田左之助《はらださのすけ》も銃創化膿《かのう》で死去、他の幹部も離散して二人だけとなり、一二〇～三〇名の部下とミニエール銃や砲三門を持って、下総流山に駐留していた。

　派遣隊は利根川を渡り、午前七時頃流山に達し、兵を展開してその地を包囲した際、土方はかろうじて逃亡した。談判の結果、この集団の所持する小銃一一八挺と砲三門を提出せしめ、その長である大久保大和《やまと》と称する者を越谷の派遣隊本部に連行し、翌四日に板橋総督府に送致した。ところが総督府の薩兵の中に京都で近藤を見知った者がいて、彼に改めて検分させたところ「近藤勇に間違いなし」とのことで直ちに捕縛した。改めて吟味の結果、四月二五日板橋にて斬罪、首級は火酒《かしゅ》（蒸留酒）に漬けて遠く京都に送って梟首《きょうしゅ》（さらし首）にした（大山柏『補訂戊辰役戦史』）。

　ところで、この首級を京都まで運んだのが、那須郡大山田下郷（現那珂川町）出身の北島秀朝《ひでとも》（一八四二～一八七七）である。北島は水戸藩領大山田下郷篠尾《ささお》神社神官益子智定《ましこともさだ》の子として生まれ、独学で修養を積み一六歳で塾を開き村内の子弟を教育した。また水戸藩の馬頭郷校《ばとうごうこう》で学ぶ中、尊攘運動に挺身し、文久三年（一八六三）水戸藩主徳川慶篤《よしとく》の上洛に神官仲間と上京し西国の志士たちと交流。やがて尊王倒幕、開国へと転換し水戸を脱藩した香川敬三（当時は鯉沼伊織《こいぬまいおり》）とも交友を深めた。彼の紹介で隠棲中の岩《いわ》倉具視《くらともみ》邸に出入りし、信頼されて腹心として活躍、戊辰戦争が起きると総督府大監察の要職に任命された。東征軍の一員として近藤首級の運搬に当たったのである。なお、維新後は東京府大参事や長崎県令を務めたが、明治一〇年（一八七七）コレラ流行に感染し他界した（『栃木県歴史人物事典』）。

　藤田倉雄『県令北島秀朝』によれば、近藤の訊問に総督府小監察脇田頼三《わきたよりみつ》を主に、薩・長・土・因の諸藩の代表が参加したが、近藤の厳刑を強く主張したのは土佐藩で、谷守部《もりべ》（干城《たてき》）、安岡亮太郎《やすおかりょうたろう》（良亮《よしあき》）の近藤訊問は誠に厳しいものであったといわれる。薩摩藩代表平田《ひらた》九十郎《くじゅうろう》（宗高）は寛典論《かんてん》（寛大な処置）をとり、近藤をめぐって薩・土の対立があったが、結局は土佐藩谷守部の厳刑論が通り、慶応四年（一八六八）四月二五日、近藤は板橋庚申塚《こうしんづか》で処刑された。

　土佐藩代表の谷守部が近藤の厳刑を主張したのは、慶応三年一一月一五日に坂本龍馬・中岡慎太郎が刺客のために斃《たお》れたのは新選組の仕業だと強く信じていたからである。*同年一一月一九日付け岩倉具視宛て大久保利通《おおくぼとしみち》書簡にも「坂本はじめ暴発（不意な出来事―筆者）のこと、いよいよ新撰組に相違なき向きに聞え申候」とあるように、当時から近藤勇の新選組の仕業であると世間は認めており、谷も新選組が坂本・中岡を暗殺したとの怨恨《えんこん》を強く持っていた。

＊日本史籍協会叢書一一六『坂本龍馬関係文書二』（大正一五年発行）には「坂本龍馬暗殺事件」の項に谷干城の証言があり、この中で谷は今井信郎証言を批判し、新選組説を主張している。

北島は四月に入り、総督府の命により関東の情勢報告と大軍の派遣を奏請するため上京することとなり、そのかたわら近藤の首級を護送することになったのである。

○北島秀朝事蹟略ニ云

（前略）四月総督府随兵、岡田鑿之介《さくのすけ》ノ兵ニ命シテ近藤勇ヲ板橋駅外ニ斬リ、其首ヲ樽ニ納ム、秀朝ノ上京スルヤ傍ラ之ヲ護送スベキノ旨ヲ受ケ秀朝日夜兼行シテ、二条城太政官代ニ至リ委《つぶ》サニ東国ノ状ヲ奏シ、又賊首ヲ刑法官ニ出ス、樽ヲ開ケハ則《すなわち》首猶生《なま》ルカ如シ、百官見テ以テ奇トナス、是レ火酒《かしゅ》ヲ以テ之ヲ浸セバナリ、五月秀朝江戸ニ帰ル

（『復古記 東山道戦記』）

四月八日より三日間、以下の罪文とともに首級は三条河原に晒され、大坂千日前にも晒され、粟田口《あわたぐち》の刑場に埋められたという。

元新選組近藤勇事
大 和
此モノ凶悪之罪《きょうあくのつみ》亦アマタ有之《これあり》、上甲州勝沼、武州流山両所ニオテ、官軍ニ敵対セシ段、大逆《たいぎゃく》タルニ依テ如此《かくのごとく》令梟首者也《きょうしゅせしむものなり》
閏四月七日

（『復古記 第四冊』）

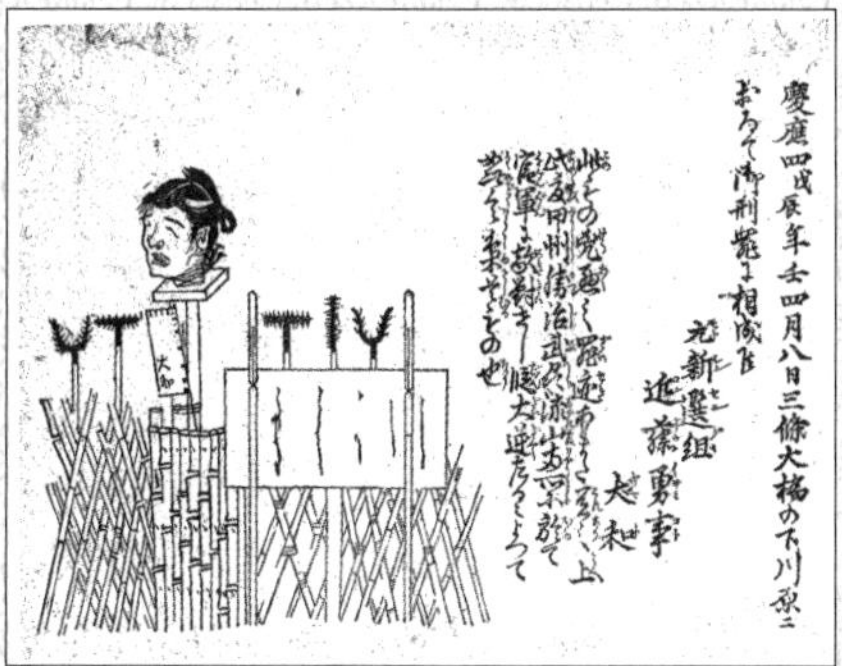

近藤勇梟首の瓦版（小島資料館蔵）
日野市ふるさと博物館編
『新選組のふるさと日野』平成 15 年（2003）

伝岡健三郎筆「近藤勇首級図」（京都市・霊山歴史館蔵）
京都国立博物館編「新選組」平成 15 年（2003）

文献紹介

太政官編纂『復古記』（内外書籍）（明治二二年）

戊辰戦争の基本史料で、原本は復古記《ふっこき》一五〇巻、復古外記《がいき》一四八巻からなる。慶応三年（一八六七）の大政奉還から明治元年（一八六八）の東征大総督《とうせいだいそうとく》解任までを編年的にまとめたものと、伏水口戦記《ふしみぐちせんき》など一一の戦記に分けて編纂されている。史料の大半は、太政官修史局の依頼により各藩が提出した戦役報告書である。新政府成立に対する功績上申書《こうせきじょうしんしょ》でもあるため、旧幕府軍を賊軍、新政府軍を官軍とする官賊史観の上に立つ勝利者側の記録である。

しかし、比率は少ないが旧幕府側の史料も収められていて、両者を比較吟味することにより全体像に迫ることは可能である。下野の戊辰戦争は、東山道《とうさんどう》戦記（『復古記』第一一冊）や白河口戦記（同第一三冊）に収められている。

人物紹介

祖式金八郎（1845〜?）

長州藩士。慶応四年（一八六八）二月東征大総督が置かれ、配下の東山道先鋒総督《とうさんどうせんぽうそうとく》兼鎮撫使《ちんぶし》が派遣されると、長州藩総隊長に任命された。四月宇都宮藩の要請で、東山道総督から香川敬三を大軍監とする先遣隊が派遣されると、内参謀《ないさんぼう》となった。宇都宮へ進軍中、小山で須坂・館林藩兵からなる支隊を率いて結城に向かい、内紛中の結城城を攻め佐幕派から奪還した。結城城にあっては下館藩などに軍資金の強要を行い、下野芳賀郡の世直し一揆鎮圧に出動し、リーダーを処刑した。小山付近の戦闘で敗走し、新政府軍に合流すると両毛地域の鎮撫を命ぜられた。佐野藩への強引な軍費上納が総督府に知れて、官職剥奪・長州への召還となった。この時に人夫《にんぶ》として従軍した農民は、「三四、五歳で風采《ふうさい》は立派だが、非常に短気だった」と評した（『明治戊辰梁田戦蹟史』）。しかし、祖式と下野の関係はこれで終わったわけではなく、明治四年（一八七一）に開設した宇都宮県の官吏名簿に名前を見せる。戊辰戦争時の縁を頼ってきたのだろうか。名簿には二八歳とあるから、戊辰戦争時はまだ二四歳の若さであり、一〇歳以上も年上に見せる風貌であった。

旧幕府軍の芳賀郡通過

慶応4年4月18日〈新暦5月10日〉

進軍途中の金策、大量の人馬役徴発

芳賀郡通過と民衆

江戸開城に憤慨した旧歩兵奉行大鳥圭介率いる旧幕府軍二〇〇〇名が日光へ進軍を決め、松戸から二派に分かれ北上したのは四月一一日であった。フランス軍事使節団から訓練を受けた陸軍精鋭部隊に桑名藩兵等も合流した部隊から構成された。

二派とは秋月登之助《のぼりのすけ》（会津藩士）・土方歳三《ひじかたとしぞう》（新選組）率いる前軍と大鳥《おおとり》圭介《けいすけ》麾《き》下《か》の中・後軍で、前軍は小金町（千葉県松戸）から布施村・戸頭《こがしら》村・守谷《もりや》・水海道《みつかいどう》・下妻・下館（以上、茨城県）を経て四月一八日、下野国芳賀郡に入った。中・後軍は松戸宿（千葉県）から舟形村・筵内《むしろうち》村・諸川《もろかわ》宿・仁連《にれ》宿（以上、茨城県）から下野小山宿へ向かい、ここで一六・一七日、宇都宮藩に在陣の新政府軍と砲火を交え、撃破したことは先述した。二派に分けた理由を大鳥圭介は「多勢の人員陸続《りくぞく》として進みては、人馬宿泊等に差支へ行進なし難き故」（大鳥圭介『幕末実践史』）とした。旧幕府軍の主力は大鳥率いるフランス式調練を受けた伝習大隊であったが、行軍にあたってはあくまでも人馬役と宿泊地を沿道の宿村と農民に求めたのである。それ故、下野の農民はまず旧幕府軍の人馬役というかたちで戊辰戦争に巻き込まれていった。前軍が芳賀郡を通過した状況は以下の如くで、旧幕府軍は陸軍勢という呼称で登場してくる（意訳）。

四月十八日、日の丸に東照大権現《とうしょうだいごんげん》と認《したた》めた旗を持って、陸軍勢は谷田《やた》貝《がい》町より宇都宮に向け三千人が通過した。その際近隣の村々に人馬千五百人を触宛て、当若旅《わかたび》村から人足二十二人を差し向けたところ、長《なが》田《た》村で方針を変えたようで大沼《おおぬま》村篠崎万右衛門方を本陣とし、軍勢は同村・上大沼村・長田村・柳林《やなぎばやし》村・勝瓜《かつうり》村の五か村を旅宿とした。兵粮方《ひょうろうかた》は篠崎宅として二斗焚《にとだ》きの釜八ツを用意し隣村から白米を集めてきたが、それでも不足し真岡町の酒

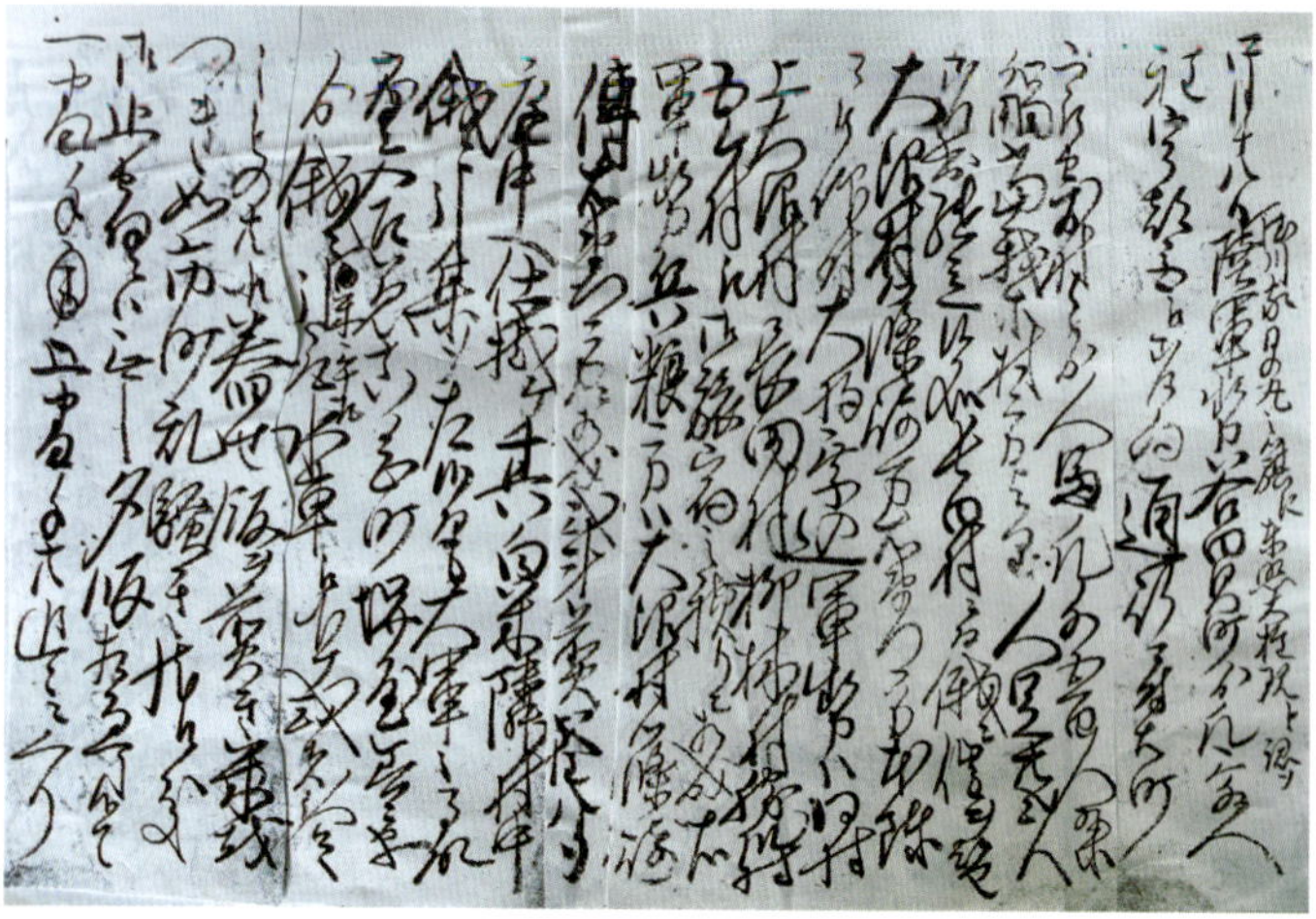

造家堺屋善兵衛《さかいやぜんべい》より米三十俵を供出させ、水車で米を舂《つか》せ、飯を焚《た》くという慌ただしさであった。

（『真岡市史　第三巻近世史料編』「若旅村名主雑風日記」左側写真）

これは芳賀郡若旅村（真岡市）の名主日記である。行軍してきた三〇〇〇名の旧幕府軍により、一五〇〇名もの人馬継ぎ立てと旅宿の準備が命ぜられた。あまりの突然さに村々は混乱した。ところが同夜、俄《にわか》に鬼怒川を渡河し、対岸の東蓼沼《ひがしたでぬま》村（上三川町）満福寺《まんぷくじ》に向かい、ここを本陣として宇都宮に向かった。

満福寺で儀式

大量の人夫《にんぷ》動員は、戦争に関する様々な目撃体験を伴うこととなり、多くの見聞を村々に伝達した。東蓼沼村満福寺に陣取った旧幕府前軍は、宇都宮攻撃の出陣に際し、ある儀式を行った。儀式とは軍神への手向《たむ》けである。

同四月十九日、（徳川勢は―筆者）蓼沼村満福寺前で黒羽藩の家来三人を処刑した。軍神へ手向けるためという。その足で総勢は繰り出し、宇都宮へ向かったが、官軍・宇都宮勢は平松村へ出陣していて、賊軍は下栗《しもぐり》村の山道づたいに簗瀬《やなぜ》村増渕五郎左衛門方へ火をかけ、それより分隊をなして進軍、市中の慈光寺《じこうじ》へ放火した。さらに二荒山へ火をかけ、十二か所が一斉に燃えさかり大火となった。

（真岡市・椿大家「慶応四年御用留」）

これは芳賀郡下大沼《しもおおぬま》村（真岡市）の農民の目撃であり、同郡若旅村の名主も次のように認めた。

十九日東蓼沼村満福寺門前、田の中において、益子村名主と黒羽藩兵、そして官軍方一人の計三人が陸軍勢によって打首となった。人足で出かけた者たちがこれを見届け伝えたのである。さてこの節は敵方と見掛けたならば、家来であろうが切り殺している。数万の軍兵が関東地方に徘徊しており、四方八方へ押し歩き、通りに面した家だろうがなんだろうが構いなく立ち寄り、特に大家・寺院などには敵方が籠ってないか探索している。
（「若旅村名主雑風日記」）

門前で打ち首にあったのは、益子村名主長棹速水《ながさおはやみ》、黒羽藩士鈴木庄作・新江壽《じゅ》三郎の三名で、益子村は黒羽藩の飛地であり長棹は領内河岸宰領《かしさいりょう》の任にあった。三名は藩の斥候《せっこう》（偵察者）として活動中、下総関本《せきもと》河岸で捕らえられ同寺まで連行されて来た。軍神への手向けは中世以来続く戦争慣行ではあっても、目撃した農民は人道的見地から批判の目を向けている。注意深く前者の日記を読むと、この日以来「賊軍」との呼称が使用されだしている。芳賀郡や河内郡農民に記録される両軍の初期呼称は、旧幕府軍が「陸軍勢」「徳川方」「公儀勢《こうぎせい》」「会津方」「彰義様」「東軍」と様々なのに対して、情報操作のためだろうか新政府軍の方は「カングンサマ」「御官軍方」とほぼ一定である。

芳賀郡の政治情勢

芳賀郡下の村々は、戊辰戦争の勃発をどうして知ったのだろうか。公的なルートは、三月初旬の黒羽藩や大田原藩から流された触《ふれ》によってである。

新政府は、戦争を有利に展開するために全国の大名に上洛を命じ、王臣であることを誓わせたが、去就《きょしゅう》の定まらぬ下野諸藩のなかで最も早く勤王へ踏み切ったのは、黒羽・大田原両藩であった。両藩とも芳賀郡下に飛地を有していたため、双方から慶喜追討など朝廷の沙汰書《さたしょ》（指図）が村々に伝達された。京都からの達書を下付するにあたり、自藩領だけでなく二里四方の村々役人を呼び出し対象としたため、幕府領や旗本知行地を含めて政府方針が示された。

旗本四給の東高橋村（芳賀町）の場合は、黒羽藩からであった。三月二日、同藩は出張役所である益子村陣屋に、飛地七か村を含む二八か村を招集して達書を与えた。内容は慶喜追討、天皇親征、東海・北陸・東山の三道軍の派遣を告げるものであったが、その中には次のような注目すべき触もあった。

今般御復古につき、これまで天領と称し来たり候徳川氏の采地《さいち》（領地のこと——筆者）、および賊徒の所領など、従前苛酷の弊政に苦しみ候やにつき、当年租税の儀半減に候あいだ、なおまた申し諭し兆民王化に服し候様、精々尽力仕るべく御沙汰の事
（『芳賀町史　史料編近現代』「慶応四年三月黒羽御役所御達書写」）

これは慶応四年（一八六八）一月一二日付けで、新政府が幕領に出した

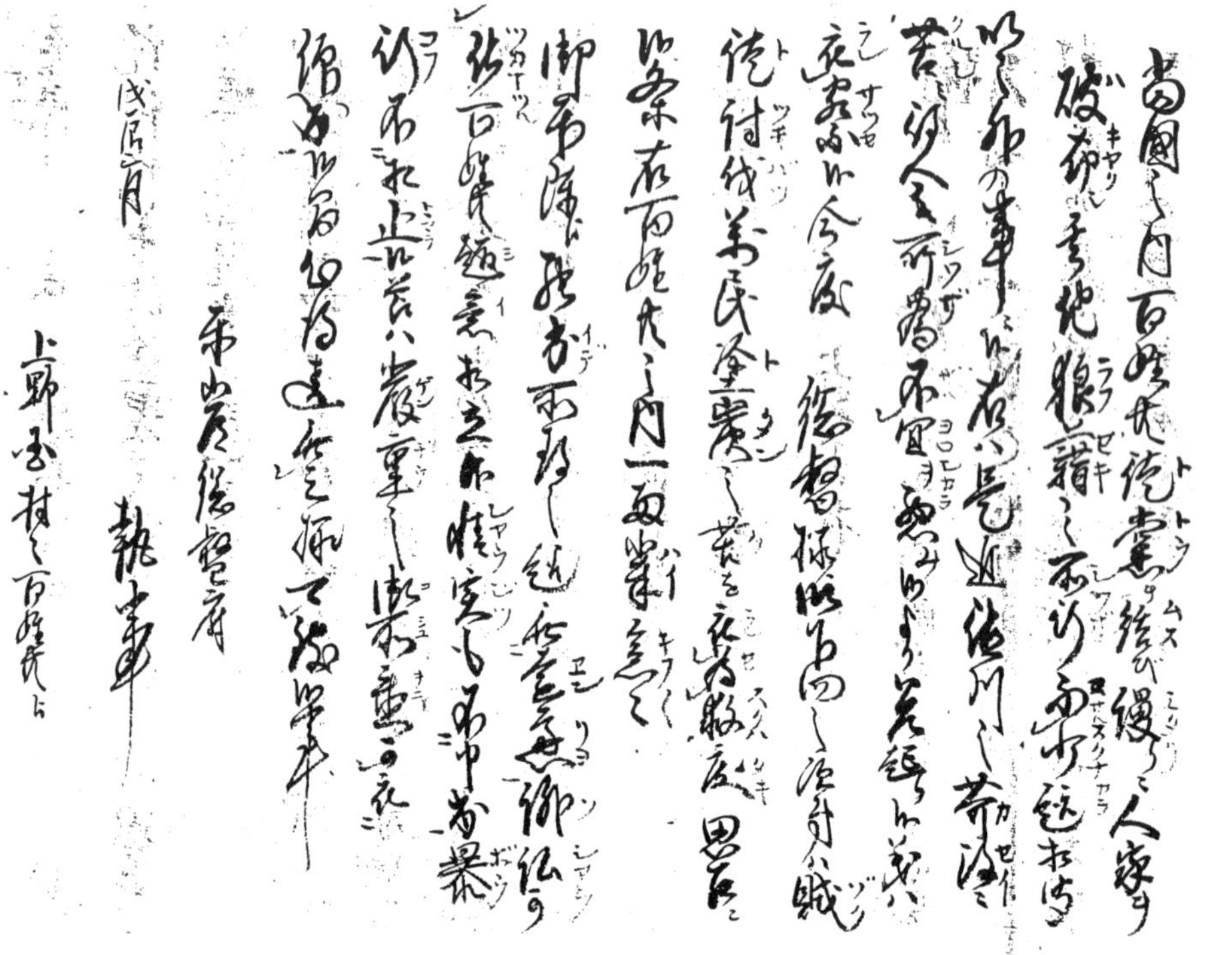

百姓一揆に理解を示す達書（真岡市下大沼・椿大家「慶応四年大田原役場廻状之趣」より）

年貢半減令である。三月時点で新政府は、さすがに年貢半減の意向を取り消してはいたが、芳賀郡下にはこの頃伝えられた。民衆を新政府側に引きつけるため意図的に残したのか、あるいは機械的に筆写したのかは不明であるが、少なくとも新政府に期待を抱かせたことは間違いなかった。

祖母井《うばがい》村（芳賀町）に陣屋をおく大田原藩は、三月一九日に藩主大田原鉎《とし》丸《まる》が東山道鎮撫使から巡邏《じゅんら》取締方を命ぜられた。取締方とは、自他領の区別なく郷村を巡警《じゅんけい》し、民生の安定を図る任務であり、芳賀郡では三月二〇日から巡邏《じゅんら》が始まっている。対象地域は、芳賀郡五九か村・塩谷郡三か村・那須郡一か村で、いずれも幕領か旗本知行所であった。この中には東高橋村も入っており、前回同様、京都からの達書も伝えられた。さすがに年貢半減令は消えていたが、今回は百姓一揆についての達書があった。

当国之内、百姓共徒党を結ひ漫《みだ》りニ人家ヲ破却シ、其他狼藉《ろうぜき》之所業不少《すくなからざる》趣《おもむき》相聞以之外《もってのほか》之事ニ候、右は是迄徳川之苛政《かせい》ニ苦ミ役人之所為不宜《よろしからざる》ヲ悪《にくみ》候より差起り候義と被察候《さっされそうろう》、今度総督様御下向之次第ハ、賊徒討伐万民塗炭之苦を被為救度《すくわせられたき》思召ニ候条、右百姓共之内一両輩急々御本陣へ罷出、所存之趣無遠慮《えんりょなく》訴訟可仕《つかまつるべく》、百姓共趣意相立候様取計致し可遣候、万一惑《まどい》を取り情実も不申出、暴行不相止候節は厳重之御処置可被仰出候間、心得違無之様可致候事

戊辰三月

東山道総督府

執事

上野国

村々百姓へ

別紙之通致布告候条、領主より写しを以最寄村々へ急々通達可致候事

戊辰三月

東山道総督府

執事

（『真岡市史　第三巻近世史料編』若旅村名主雑風日記）

内容は一揆を以ての外の所業として厳重な処罰を行うとしたものの、その一方で原因を幕府支配の苛酷さと役人の不正にあるとし、これからは遠慮なく訴え出るよう呼びかけたのである。農民と百姓一揆について理解を示す達書を示したことは、とりもなおさず新政府軍（東征軍）の進軍にとって、人心収攬《じんしんしゅうらん》が必要であったことを物語る。

かかる状況下、猛烈な物価高や人馬役の徴発等も重なり、前軍通過の一四日前に真岡町でも世直し一揆が勃発し、芳賀郡一帯に波及したのである。

コラム
Column

土方歳三、内藤隼人の変名で笠間藩への協力依頼

旧幕府前軍は下総国府台から日光に向け進軍する際、鳥羽・伏見の戦いで敗北した幕府軍の残党と見なされていたから、すでに新政府が成立していた状況下、堂々と公道を進軍してきたわけではない。あくまでも間道（脇道）を選び、司令官江上太郎は秋月登之助、参謀土方歳三は内《ない》藤隼人《とうはやと》と変名を自称した。明治政府が修史した『復古記』には旧幕府軍関係者から提供された史料も編纂されている。旧幕府兵士田中恵親《たなかさとちか》著「慶応兵謀秘録《けいおうへいぼうひろく》」には、後述する宇都宮戦争Ⅲを綴った文中に「伝習第一大隊ノ長秋月登之助並内藤隼太（人）八手負ニツキ日光山へ差送リ」（『復古記　第十一冊』）と記載されているように、少なくとも隊内では土方は内藤隼人と名乗っていた。宇都宮へと向かう途中、内藤隼人は笠間藩に向かって兵士加担と軍資金提供を呼びかけている。

以手紙《てがみをもって》致啓上候、然《しかれ》は過十八日、足下家来高崎庄右衛門と申者へ申入候通、重役内一人早々出張相成候様申入候得共、未御出向無之、如何《いかが》ノ思召ニ御座候哉、明廿一日中ニ宇都宮へ御出向相成候様、若《もし》出張無之候ハヾ、今日迄云々之御次第モ有之候間、袖速《じんそく》兵ヲ差向申候間、得貴意《きいをえ》候、右之段越中守殿へ早々被仰上候様致度候、先ハ如此御座候、以上

廿日午ノ刻

徳川陸軍隊秋月登之助

内藤　隼人

牧野越中守殿重役中

註　牧野越中守―笠間藩主牧野貞直

（『戊辰戦争全史』所収「内藤隼人」の書簡）

貴藩藩士高崎庄右衛門に申し入れたが貴藩重役はまだ宇都宮に到着していない。もし出向しないのであれば兵を向けることになろう。良く主君と相談されたし、というものである。このように旧幕府前軍は、途中隊列増強と軍資金を確保すべく常総各藩へ工作しながら下野へ進軍してきたのである。

土方歳三肖像写真（全身像）
明治時代、医者で野崎村（現東京都三鷹市）の名主であった吉野泰三の息子、泰之助が明治34年（1901）頃に北海道旅行の際に入手したと伝わる写真。現存する土方の全身像写真の中で最古のものである。
『四館共同企画展　幕末動乱 ―開国から攘夷へ』（土浦市立博物館、日野市立新選組のふるさと歴史館、壬生町立歴史民俗資料館、板橋区立郷土資料館）

文献紹介

『真岡市史　第三巻近世史料編』（昭和六〇年）

数ある市町村史史料編で、戊辰戦争や世直し一揆を記録した史料は多々ある。この中で私が一押しするのは、「若旅村名主雑風日記（慶応四年）」。今は亡き阿部昭氏が翻刻、解説したもので「終始一貫、この地域の民衆の立場からの観察によって、動乱のなかで軍夫動員されてゆく農民の姿や、その安否を気づかう家族のありさまなど、戦いの悲惨さを鮮烈に描いた記録」と評した。下部写真のように緊迫場面は何回も書き加えられていて、判読に苦労する。これを読み切った阿部氏の功績は大である。平成八年（一九九六）、早稲田大学文学部大学院深谷《ふかや》克己《かつみ》ゼミが現地に入り、再調査をし、一年間をかけて解読研究した。現地調査に私も同行し、後日院生のレジメを送付いただいたが、判読に苦労しつつ論議を深めていく様子が如実に窺える。このような臨場感溢れる史料と出会える機会はそんなにあるものではなく、今でも私の脳裡には鮮やかに焼き付いている。

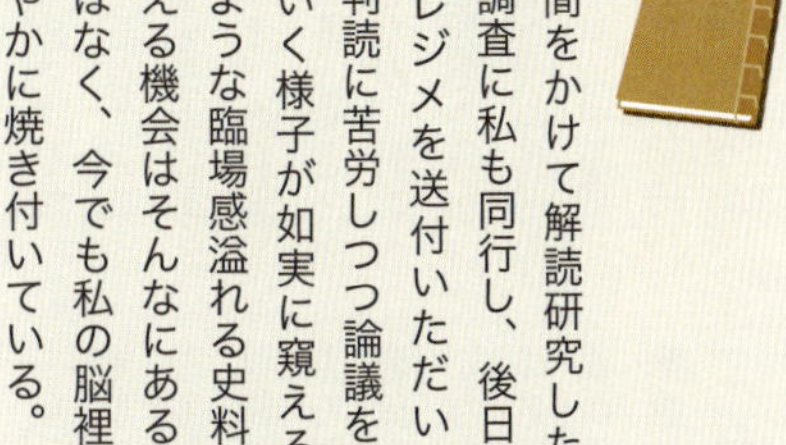

「若旅村名主雑風日記」（真岡市若旅　松本洋一家文書）

人物紹介

柳勘兵衛〈文政四年（一八二一）年～慶応四年（一八六八）〉

芳賀郡亀山村の名主として、元治元年（一八六四）には、芳賀郡内幕府領二六か村の惣代として〆粕《しめかす》代金払い下げ問題で真岡代官と闘争、入牢処分を受ける。慶応四年真岡地方の世直し一揆では、同村豪農を相手取り債務関係の破棄や金穀の放出などを貧農の立場から要求するなど指導性を発揮した。しかし、到着した新政府軍により捕縛され、名主役にもかかわらず徒党を結んだという罪で打ち首となった。墓は真岡市亀山にある。

トピックス Topics

結城藩姫君、芳賀郡東水沼村へ避難 ―

慶応四年（一八六八）一月、京都南郊の鳥羽・伏見における旧幕府軍の敗北後、新政府は東征軍を組織し、江戸に向け進軍を開始した。三月一四日、西郷隆盛・勝海舟会談が行われ、江戸は無血開城となったが、北関東地方では逆に不穏な政治状況となり、各藩は新政府への対応が問われだした。

宇都宮藩など多くの藩は御家護持のため「勤王」で藩論を統一していったのに対し、下総の結城藩は旧幕府派と恭順派に分裂してしまい、旧幕府派は藩主水野勝知《かつとも》を、恭順派は前藩主勝進《かつゆき》とその子勝寛《かつひろ》を擁して対立した。恭順派が藩主勝知の廃止を決議し新政府軍にその旨を願い出ると、江戸にいた藩主側は旧幕臣を結集した彰義隊などを引きつれ三月二五日結城城を攻撃し占拠した。藩主勝知は家督相続以来、国元には一度しか帰らず江戸藩邸住まいであった。藩主が自分の城を攻めるなど予想もしなかった国元では、帰城は希望するところとして道路や橋などを掃除して待ち受けていた。

結城藩は下野芳賀郡を中心に九か村の飛地を有しており、飛地領からも夫役《ぶやく》人足が徴発されていた。結城領である芳賀郡東水沼村《ひがしみずぬま》（芳賀町）の場合は、農民が三回にわたり結城口に徴集されたため、郡内ではいち早く戊辰戦争と関わりを持った。

子勝寛は危険を察知して江戸尾張藩邸へ脱出していたが、藩主の武力入城の結果、前藩主勝進は上総《かずさ》に逃れた。その途次、一時的ではあるが同藩領の芳賀郡八木岡《やぎおか》村（真岡市）に隠れたとの記録もある（「慶応四年谷田貝町打ちこわし覚」真岡市・竹村二郎家文書）。前藩主と同道してきたかどうかは不明であるが、若姫二人も芳賀郡内の結城藩領へ避難してきた。三月二七日は大沼村（真岡市）に逗留、二九日には東水沼村に到着し岡田八兵衛《おかだはちべえ》家に一泊している。八兵衛は姫君たちの慎ましやかな態度を「姫君やつぼみ開くも時世哉《かな》」と発句したが、御家存亡の危機に流離の生活を送る姫君へ深い同情を寄せた。藩主から逃亡者へ帰城命令が出たためか、三〇日に鐺山河岸《こてやまがし》（宇都宮市）より乗船し帰城の途についたが、岡田家とて決して安心できる場所ではなかった背景もある。この頃から、芳賀郡各地では豪農や豪商から施米《せまい》や施金を要求する民衆の動きがあり、地域有力者からみれば不穏状況となっていた。案の定、数日後に東水沼村でも激しい世直し一揆に晒されたのである。別れに際し岡田家は錦絵と巾着《きんちゃく》（布製袋）を頂戴したが、姫君の帰っていく結城城では新政府軍との戦いが待ち受けており、結城藩の混迷はさらに深まっていった。

岡田家とは

東水沼村の岡田家は、給部村綱川家と並び現芳賀町を代表する旧家である。岡田家に残る「岡田系譜」によれば、本姓は物部《ものべ》氏で芳賀郡の郡司《ぐんじ》であったというから相当古く、古代まで遡る。中世、信濃国の住人岡田四郎兵衛実清が男子のいなかった物部清満の一女と結婚してその名跡をついで岡田監物尉《おかだけんもつのじょう》と号し、芳賀氏の家臣となったとある。芳賀氏は宇都宮氏と密接な関係にあり、慶長二年（一五九七）に宇都宮氏が没落すると、岡田家は西水沼村和泉の地に帰農したと記されている。
『芳賀町史　通史編原始古代・中世』はこの系譜がどこまで史実を反映しているかを追い、岡田氏が芳賀氏の家臣であったことは、天正九年（一五八一）の官途状で確認できるとし、宇都宮氏の旧臣帳にも東水沼村岡田八兵衛の名で登場するとした。江戸時代に入ると同村の名主を勤め、万治二年（一六五九）には一三町歩を所持する大高持であったとした。岡田家が名を残したのは岡田宗山《そうざん》（?～一七二七）である。宝永四年（一七〇七）、鬼怒川河岸である板戸村から取水している板戸用水を分水し、二・二キロメートルの岡堀と五四〇メートルの掘抜（隧道）を開鑿し、東水沼にある唐《かろ》桶《け》溜《だめ》に導水し東水沼・西水沼の沢地帯に灌漑したのである。両村とも丘陵地帯であり水不足に苦しんでいたが、これを解決した恩人として名高い。

最初は宇都宮藩領であったが、享保五年（一七二〇）に幕府領、同一〇年（一七二五）から下総結城藩領に組み込まれた。こういう宇都宮氏の旧臣で地域の開発者、近世に入ると大高持で村役人を担ったからこそ、結城藩にとっては姫君の安全な避難地と考えたのであった。

用水の開削に貢献した岡田宗山
(『芳賀町史　史料編近世』)

岡田家（芳賀町東水沼）

トピックス
Topics

真岡地方の世直し一揆

芳賀地方における世直し一揆は、四月四日の夜から八日にかけて起きた。四日夜、真岡町において打ちこわしが勃発すると、ほぼ時を同じくするか、あるいは余波を受け、真岡の打ちこわし勢が流れ込むという形で郡北部・東部・南部の三地域に急速に広まっていった。このなかで世直し勢により打ちこわされたり、降参させられたりした家は六〇軒以上を数える。これらの家々は質屋が圧倒的であるが、ついで穀屋・酒造家・綿問屋・晒屋《さらしや》・醤油屋・村町役人などの富家であり、真岡木綿生産地帯を反映する商家も含まれていた。

同夜、打ちこわし勢の一派は真岡陣屋を襲ったが、代官はじめ家来である手附《てつけ》・手代《てだい》などはすでに逃亡したあとであった。だが「暴徒魁首《かいしゅ》謀《はかり》テ官軍至ルトヲ《(脅)》ヒヤカシ、真岡役所代官元締手附手代ヲ追ヒ去フシム(一揆のリーダーは新政府軍が来ると言いふらして、真岡代官所役人を役所から追い払った)」(『真岡市史三近世史料編』「修斉帳」、以下『市史』と略)との記録もあり、新政府軍の真岡付近までの進軍という軍事情勢を打ちこわし勢が巧みに利用しながらの行動であったことは間違いない。人数については、芳賀郡下でまとめると優に一万人を超える数であった。

三キロ北西にある亀山村の場合

四日夜、真岡町のほうから鐘や太鼓の音が聞こえると、当村の農民は村境に結集した。間もなく名主勘兵衛《かんべえ》が村内一の大高持・市郎左衛門宅に行き、降参して我々の前に出てきなさい、さもなくば打ちこわすと告げた。打ちこわしの対象は他にも二軒の長百姓《おさびゃくしょう》(有力農民)であった。打ちこわし勢の前に出てきた三人は、何だか分らぬが、とにかく穏便《おんびん》にしてくれとか、打ちこわしだけは見合わせてくれと示談を掛けあってきた。翌日、三軒は焚出しをし、降参の印として金八両、酒二駄が差し出されたが、同夜打ちこわし勢は要求を出していった。

亀山村の場合、真岡町の世直し勢と連携をとりながら展開したところに特徴がある。また、世直し勢のリーダーは名主役を勤める勘兵衛であった。村役人層の大半は世直し勢とは対極の位置にいたはずなのに、どうして彼は打ちこわし側についたのだろうか。一つには勘兵衛家の経済的地位である。確かに村役人ではあったが経営状況は小前層(一般農民)でも中位であり、生産者的性格において小前と利害を共通していた。もう一つは彼の政治的実践である。四年前、芳賀郡村々二六か村の惣代として肥料代値下げ問題で奔走し、代官所から入《じゅ》牢《ろう》処分を受けるという体験を有していたのである。このような背景が、彼を例外的に世直し側に組みこんだ理由ではなかったか。

ところで、芳賀地方の場合、打ちこわし勢が富家に要求したものは何だったのか。地域により若干の違いはあるが、共通したものとして物価の引下げ、金穀の供出、債務関係の引きのばしや破棄をあげることができる。これらは野州各地における世直し勢の要求と共通しているが、それ以外でとくに注目されるべきは亀山村の農民が市郎左衛門家に突きつけた次の一項目である。

一、割合物高割《わりあいものたかわり》、村持山其外小前へ請取候物頭割《あたまわり》ニいたし呉候様申之《くれそうろうようこれもうす》

（『市史』「亀山村百姓戊辰日記」）

割合物高割とは諸役負担を所持高に応じて納めたいということであり、村持山頭割とは村持山を農民に平等に分割せよということであった。年貢負担の軽減と富の平均化を求めたこの要求は、農民的土地所有の実現をめざしたという点で、世直しの理念を具体的に指し示したといえよう。

打ちこわしは五日未明まで続き、東郷《ひがしごう》村大前《おおさき》神社に屯集した世直し勢は、町方だけでなく近隣の村々をも結集させた。この世直し勢に対し同社神宮寺《じんぐうじ》を始め、一三か寺の僧侶や神官が仲裁に入った。六、七日と続けられ、つぎの二点で調停案が成立した。

①窮民に対する夫食《ぶじき》（食糧）・種穀・肥料などの助成は村役人が責任をもって行うこと。

②質物貸借の件については、近日中に良く話しあい窮民が助かるよう取計うこと。

仲裁者たちは、これ以上の打ちこわしを防ぐために、世直し勢に対する一定の譲歩はやむなしと考えたようだ。しかし、この調停は窮民への配慮を第一義とするものの具体的決定ではなく、どう実施されるかは村落内の力関係によった。

真岡町ではどうまとまったのであろうか。「田町・荒町では七百両を醵出することで示談がまとまりそうになったが、何分にも代官所役人が逃亡したままの状況であるので、新政府軍が宇都宮や結城に在陣しているのでそこへ願い出ようと評議がなされた」（『市史』「塚田家旧新記録」口語訳）とあるように、真岡町を構成する三町のうち二町の商人が七百両を拠出すること、そのことを新政府軍に承認してもらおうとする示談内容であった。

八日、打ちこわし勢の代表は結城へ出かけていったが、彼らは新政府軍の権威をもって自己の要求を正統化させようとしたことを物語っている。一方、町役人層も自分たちの訴えを聞いてもらうため代表を独自に派遣した。この時点では、どちらも新政府軍を自己の理解者と信じていたのである。

四月九日、真岡町へ到着した一三〇名の新政府軍は、世直し勢の期待と全く逆の行動をとった。まっ先に行ったのはリーダー詮索《せんさく》であり逮捕であった。亀山村へも五〇人の兵が派遣され真岡町で八名、亀山村で勘兵衛たち五名が召捕われた。また、真岡東部にある益子村には黒羽藩兵が出兵し、一揆を鎮圧したがこのとき無宿人五人が銃殺された。

無宿人供養塔（益子町小泉）

宇都宮戦争Ⅰ

慶応4年4月19日（新暦5月11日）

旧幕府軍、宇都宮城占領

南東部が弱点の城

小山宿の戦闘に勝利した大鳥圭介の中・後軍が、飯塚《いいづか》宿（小山市）から鹿沼に向かっていた頃、芳賀郡に進攻してきた会津藩士秋月登之助・新選組土方歳三率いる前軍は鬼怒川を渡河し、慶応四年（一八六八）四月一九日の早朝、南東の方向から宇都宮城を攻めた。

宇都宮城への進攻当日、秋月・土方軍は本陣とした河内郡蓼沼《たでぬま》村（上三川町）の満福寺門前で血祭りをおこなった後、宇都宮を目指した。

秋月・土方軍一〇〇〇余名は二手に分かれ、間道を進軍した。対する新政府・宇都宮藩も、烏山《からすやま》藩の支援も得て東南部の砂田《すなだ》村や平松《ひらまつ》・簗瀬《やなぜ》村（いずれも宇都宮市）に出撃し、待ちかまえる戦術をとった。兵員は不明だが、旧幕府軍より少なかったのは確かである。しかも、宇都宮・烏山藩兵ともに刀・槍・火縄銃《ひなわじゅう》主体の旧式編制装備で畑や平地林地域に兵力を分散させたから、「東照大権現《とうしょうだいごんげん》」と書かれた白旗を押し立て、ラッパを合図に畑中を散開して進軍する旧幕府軍に、ひとたまりもなく撃破された。

砂田村の新政府軍彦根藩兵は応戦も

大鳥前軍の宇都宮城攻略要図（4月19日）

旧幕府軍の前軍は鬼怒川を渡河して宇都宮城に迫った（上三川町東蓼沼）

せず潰走し、奇兵の任務（不意討ち）で桑島村の松林に潜伏していた烏山藩は、旧幕府軍の砲撃に恐れをなし一発の射撃もなく退却した。平松村の宇都宮藩は和式大砲で防戦したが、新式装備に敵《かな》わず城中へ退却を余儀なくされた。

宇都宮城と城下は一七世紀初期、本《ほん》多《だ》正純《まさずみ》によって整備が進められ、城下町・宿場町としての骨格が形成された。城は北向きに作られ、日光・奥州道中が城下の西側と北側を走り、城下への各入口には寺社が配置された。奥州からの守りを意識した町造りが特徴といえるであろう。北・西部に分厚い備えを配置した宇都宮城ではあったが、南東部に弱点を有していた。田川という小河川が流れるだけで、渡河すれば攻めるに好都合な場所であった。「大手門は濠も深く堅固であるが、東南の方は雑木林と竹藪《たけやぶ》からなっていて、土塁《どるい》も低く空濠《からぼり》で防戦するには困難だ」（大鳥圭介『幕末実践史』、口語訳）。これは旧幕府軍首脳部の認識で、攻略は東南の方向から始まった。

県道46号沿いのミツトヨ、恵光寺近辺には今もアカマツが生い茂り、当時の松林の面影を残している（宇都宮市下栗町）

城下は ほぼ焼失

旧幕府軍は簗瀬村の名主宅（現在の簗瀬小学校あたり）に火を放つと、辰巳風《たつみかぜ》（南東からの強風）にあおられ、瞬時に市街地へ燃え広がっていった。新政府軍・宇都宮藩兵は、田川にかかる諸橋を落とすことなく退却したため、旧幕府軍は容易に田川を越えた。旧幕府軍は諸方に放火しつつ、燃え上がる火の手のなか、中河原《なかがわら》・下河原《しもがわら》門から城内に突入していった。城主の控える二の丸館《やかた》に銃砲弾が打ち込まれ、郭内では白兵戦《はくへいせん》（刀剣による接近戦）が始まった。激烈な戦闘は六時間くらい続き、旧幕府軍の優位が確定した。新政府軍・宇都宮藩は退城を決意して、二の丸館に火を放った。敵の利用を考え燃やした方が増しと考えたのだろう。

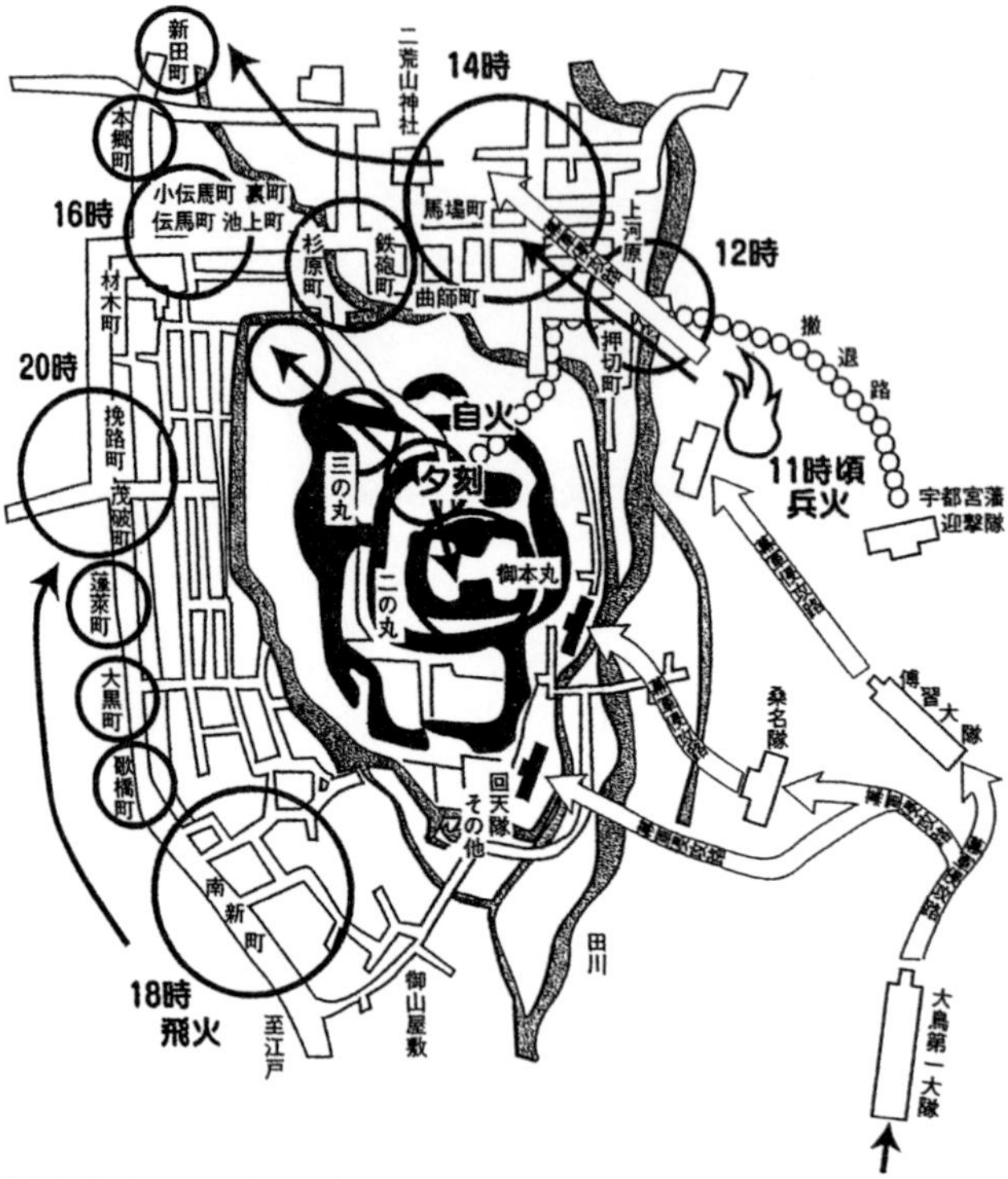

『まんが　うつのみやの歴史』（延焼図は著者作成）

郭内での白兵戦を戦った土方について僅かな記録が残る。

此役、彼我《ひが》刀ヲ抜テ相打《あいうち》、鎗ヲ提《たずさ》テ奔馳《ほんち》シ、実ニ聞所《きくところ》ノ古戦ノ如シ。砲戦ノミニ非成也《なさざるなり》（この戦いは互いに刀や鎗での戦闘となり、昔聞いたところの戦いで、大砲や鉄砲での戦闘ではなかった）

土方歳三ハ歩兵ノ退クヲ見テ、進メ進メト命シツ、逃ル者一人ヲ斬倒《きりたお》ス。歩兵ハ是ニ励マサレ再ヒ進タレドモ、土方ハ血刀提ケ悠々《ゆうゆう》ト退キタル故、歩兵モ再ヒ退キタリ（元桑名藩士石井勇次郎『戊辰戦争見聞略記』）

土方は味方歩兵が退いてくると押し返し、それでも逃げようとした兵士一人を切った。これで歩兵は励まされ戦った。劣勢になった際にも土方は血

復元された宇都宮城本丸跡（宇都宮市本丸町・城址公園、宇都宮市教育委員会提供）

刀を提げて悠々と退いていったと、勇壮ぶりを発揮した。

火焔《かえん》に包まれた城下は、四八町のほとんどが焼失し、材木《ざいもく》町あたりがわずかに焼け残る有様で、町民の尊崇厚い宇都宮大明神《うつのみやだいみょうじん》（現二荒山神社）も神領農民の必死の消火活動にも関わらず、焼亡した。

ところで前節で述べた芳賀郡の夫《ぶ》役《えき》農民の家族はどうしていたのだろうか。宇都宮での戦闘は一九から二〇日にわたったため、人足として出た農民は一人も帰村せず村人は不安にかられた。夜空を赤々と焦がした戦火は真岡からも見え村中は大騒ぎとなり、鎮守へ千度参りする者も出る心配振りであった。また、親類の者を案じ城下を見舞った者からは「町家五・六千軒、其外神社・仏閣・裏店等迄荒増《あらまし》町家ハ焼亡致シ、人馬焼死者幾千之数を不知《しれず》、城内ハ焔硝蔵《えんしょうぐら》迄焼落候」（「慶応四年雑風日記」）との報告も入った。風聞ではあるが町内の建造物五～六千軒が焼失し、死者数も幾千人も出たとの情報は人々を驚かせた。真岡地方の農民は旧幕府側の軍役人足として宇都宮の戦争に巻き込まれ、こう綴ったのである。

話は宇都宮藩に戻る。後日、敗因について同藩は、旧幕府軍の最新鋭兵器や洋式戦術に後れをとっていたからとした。「おしなべて下野各藩の軍備は、鎧兜《よろいかぶと》に槍を持ち、保元平治《ほうげんへいじ》の乱の武者絵を見るかのごとき時代遅れ」（口語訳）と、政府に提出した報告書（『栃木県史附録、宇都宮県史兵制』）には記してある。しかし、定式は籠城戦《ろうじょうせん》で援軍を待つ作戦をとるべきであり、指揮官の戦術錯誤であったという指摘もある（田辺昇吉『北関東戊辰戦争』）。前線で指揮をとった縣信緝は、敗北の主因を「本藩の兵士は近隣で起きた一揆鎮圧のため、日夜奔走して休むことがなく大変疲れ果てていた」（口語訳）と、直後の日記（『戊辰日誌』）に認めている。

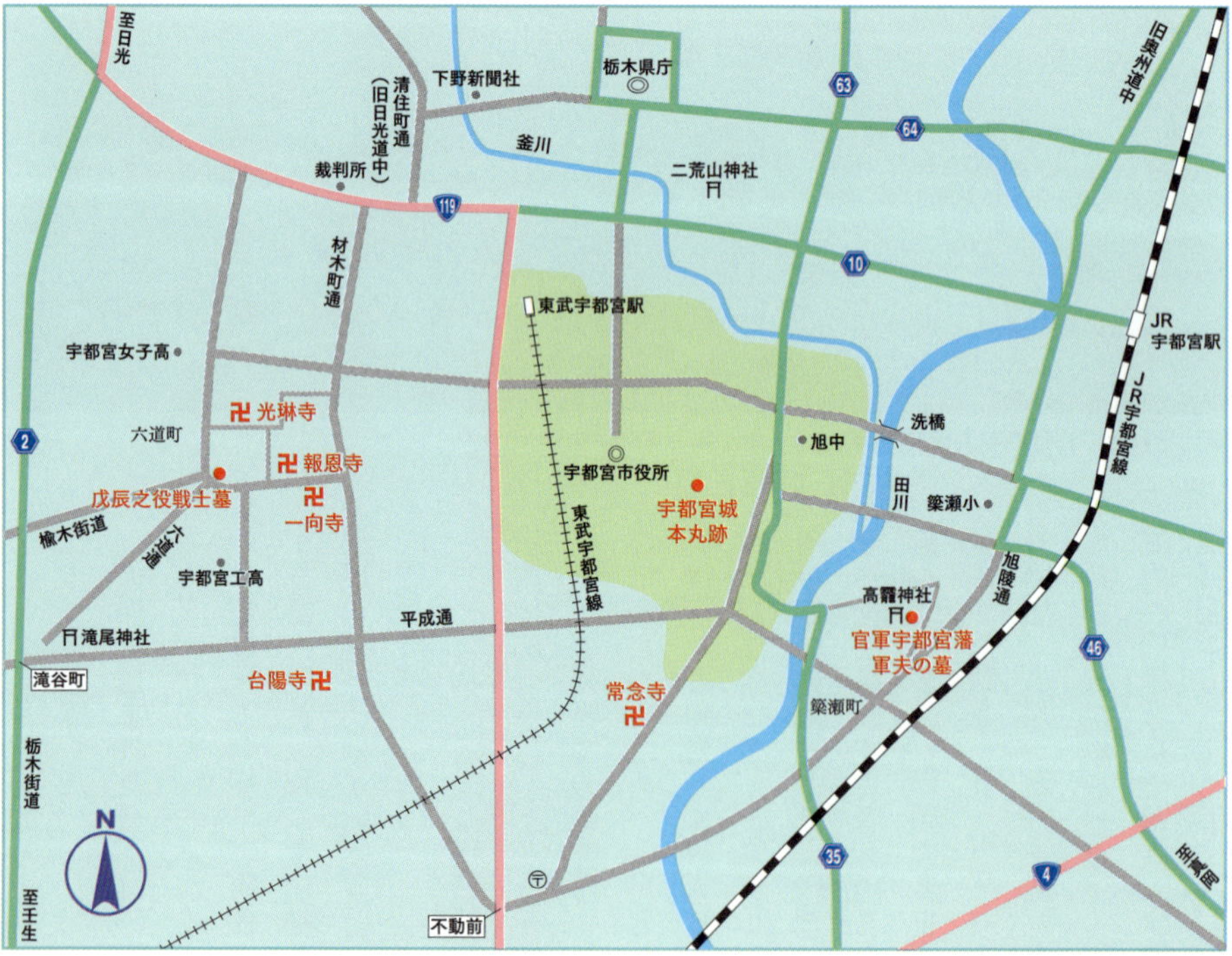

部分は当時の宇都宮城の範囲

参考写真01

満福寺（上三川町東蓼沼）

宇都宮城攻撃の前夜、旧幕府軍は芳賀郡大沼村（真岡市）から鬼怒川を渡河し、河内郡蓼沼村の満福寺を本陣とした。一九日、城下攻略にあたり、同時門前で黒羽藩斥候を処刑した。

参考写真02

宇都宮城址を望む（宇都宮市簗瀬町）

宇都宮市役所は宇都宮城西館堀《にしだてぼり》の上に建てられたものである。旧幕府軍は四月一九日、蓼沼村から西刑部《にしおさかべ》村（宇都宮市）、下栗《しもぐり》村大塚（同）付近を通り、田川を越えて宇都宮城に迫った。写真に見える方角からと考えられる。

参考写真03

東照大権現旗（縦三六六センチ、横九〇センチ、京都・霊山歴史館蔵）

旧幕府軍の一員として宇都宮城攻撃に参戦した新選組島田魁《しまださきがけ》が所持していた大幟《おおのぼり》。「東照神君の白旗」を翻《ひるがえ》して旧幕府軍に加わったとあるから、宇都宮城攻略の際に掲げられた大幟かそれと同類のものと考えられる。幟右肩のところには小銃の弾痕が残る（矢印部分）。なお霊山歴史館は輪王寺宮《りんのうじのみや》筆としている。

参考写真04
「宇都宮藩士天野六郎貞厚墓」
（宇都宮市新町・台陽寺）

最大の激戦地は、宇都宮城内上蓮池《かみはすいけ》の東北にあった竹藪付近であった。平《ひら》松口《まつくち》から洗橋《あらいばし》を渡り中河原門を突破してきた旧幕府軍と宇都宮藩兵は、ここで白兵戦となった。現在の市立旭中学校あたりである。家老藤田左京《ふじたさきょう》の一隊にいた天野六郎《あまのろくろう》ら数名が戦死、なかには槍を捨てて組み討ちの末に果てたという。享年二一歳、墓碑は安政三年（一八五六）に没した父の戒名《かいみょう》も刻まれている。

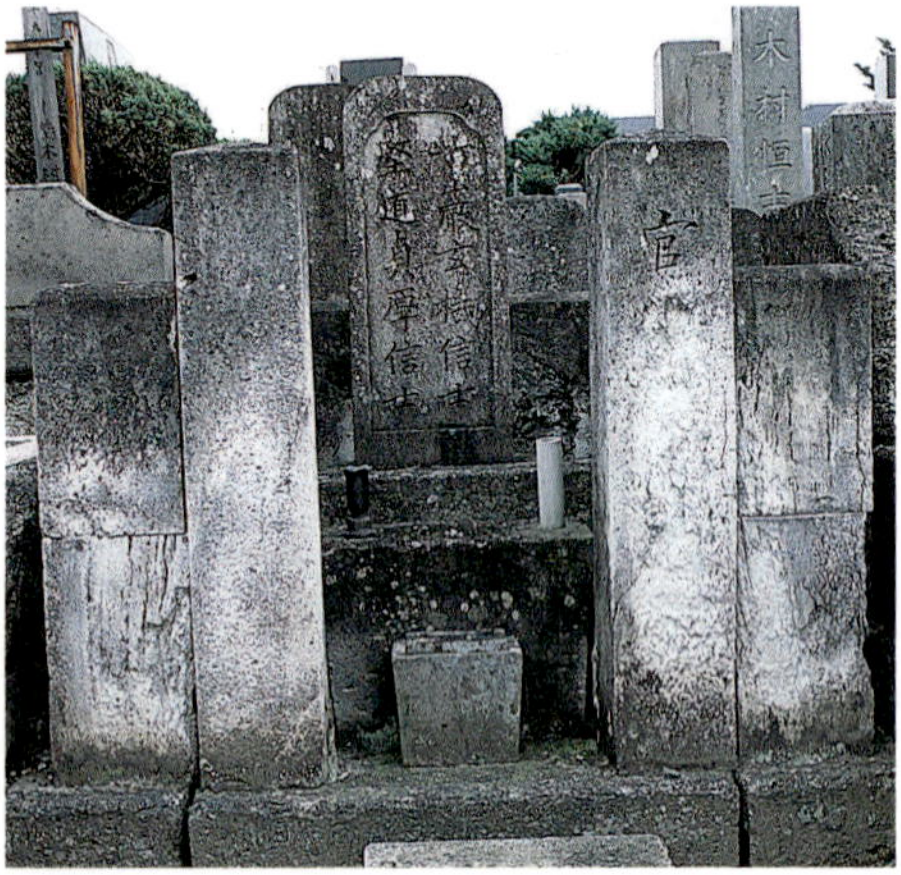

参考写真05
「撤去された山本松三郎墓」
（宇都宮市材木町・安養寺）

一九日の戦闘に関する宇都宮藩士戦死墓は他にもある。文豪山本有三《やまもとゆうぞう》の叔父に当たる山本松三郎《まつさぶろう》で、墓は昭和四〇年代まで材木町安養寺《あんようじ》にあった。小林友雄『宇都宮藩を中心とする戊辰戦史』（昭和四五年）には「宇都宮藩卒　山本松三郎安知（釈生徳信士《しゃくせいとくしんし》）四月十九日、近年のこと先祖墓と共に栃木の近竜寺に改葬するため墓地を廃した」とある。筆者はこの墓碑を調査すべく近竜寺を訪問したが、後述する山本有三の立派な墓碑があるだけで同家関連のものはなかった。住職に聞くと同寺境内の地下に造成した墓所に所在し拝観はできないとのことであった。

宇都宮藩卒　山本松三郎安知墓
（小林友雄『宇都宮藩を中心とする戊辰戦史』）

参考写真06

市内に残る一九日の戦死者関連墓

①林松寺（南大通り）・中田鋳三郎墓碑（原漢文）

（正面）「慶応四戊辰年　大英雄道居士　四月十九日」

（左面から右面へ、読み下し）嗚呼《ああ》、中田光貞鋳三郎は第二世光房の男《むすこ》なり、豈図《あにはか》らんや慶応戊辰一天革《あらた》り之に命じて東国漠然を除かん刻《とき》、賊頻りに蜂起す、夏四月十有九日賊兵来襲の時、光貞亦先方隊中に在り、出でて炮戦し梁瀬村に於いて死せり、生（星）霜二十有八、妻有るも未だ子を有せざるなり、其五日官軍来たりて賊を逐う、後光房斂《おさ》めて林松寺の後苑に淳屍《じゅんし》を葬る、之に謚《おくりな》して大英雄道居士と曰うなり、此の時老君侯哀愍《あいびん》して大賽《だいさい》有り、総督府亦黄金を賜う、其の鳩目は志《しる》すべからず、故に之を誌して無朽に伝えん、宇都宮藩中田光房善之助之を建てる。

（注）斂―なきがらを墓穴に葬る礼式、淳屍―塩漬けの死体、大賽―祀り、鳩目―金額

②光徳寺（簗瀬）・諏訪順八墓碑（同）

君の氏は諏訪、通称順八、名《あざな》は美信と曰う、宇都宮戸田侯の臣として慶応四年十有九日、賊徒攻め来たり宇都宮城を抜す、君之を防がんとして丸《たま》に当り死す、年十有七、時将《まさ》に城開《あ》けんとし兄古池庄三郎止むを得ず首を切り仮葬す、而《しこう》して同二十三日官軍大いに来たり賊徒を退け、同閏四月四日城東の光徳寺に葬る。

諏訪順八墓

墓碑に刻まれた諏訪順八弔文

③大運寺（材木町）・信州住人神津九一墓碑

（正面）勇誉義厚信士

（左側）信州住人神津九一

岩村田藩（現長野県佐久市）、四月一九日に宇都宮城東で戦死。軍夫。

平成一四（二〇〇二）年に調査した時は「このお墓の有縁の方、または所在をご存じの方は、至急お寺まで、お知らせ下さい。住職」の立札があったが、その後、同寺は下荒針に移転してしまい墓所もなくなった。

参考資料

「戊辰戦争宇都宮城攻防図」部分
（宇都宮市本町・光明寺蔵）

四月一九日と二三日にわたる宇都宮戦争を、一枚の絵に描いたもの。図は一九日の戦闘場面で、白旗を押し立てて簗瀬口から攻める旧幕府軍と、城郭下河原門付近で防御する新政府軍、兵火が放たれ燃えさかる民家が描かれている。当日は強い辰巳風が吹いており、瞬時にして大火となったが、煙の向きも南東からの風向きと忠実だ。作者不明。宇都宮市文化財指定。

文献紹介

大鳥圭介『幕末実戦史』（明治四四年、宝文館）

旧幕府軍総裁大鳥圭介の手によるもので、江戸脱走後、下野各地で戦闘を繰り返し、会津・米沢での東北戦争に敗北、やがて榎本武揚らと箱館に立てこもり、遂に政府軍に降伏、獄中生活を送るが、この間の事情を記録したもの。明治三〇年（一八九七）に箱館の敗戦までを『南柯紀行《なんかきこう》』の表題で発表したが、後に「獄中日記」を加えて『幕末実戦史《ばくまつじっせんし》』としてまとめた。戊辰戦争の史料は『復古記』など、勝者によって編纂された記録が多いなかで、敗者側から戦争を綴ったものとして貴重である。

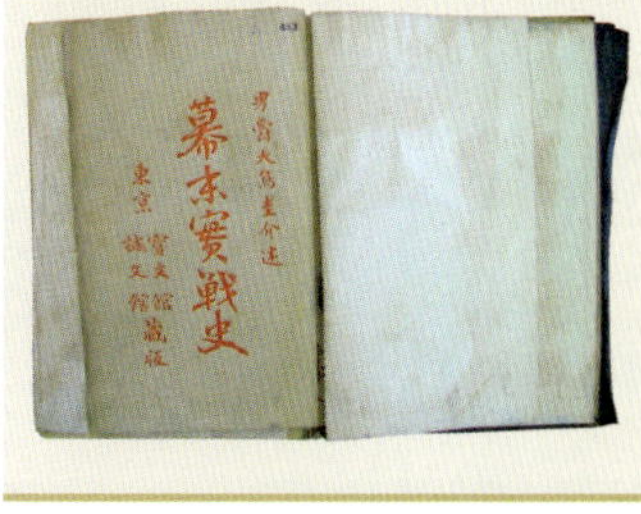

人物紹介

秋月登之助《あきづきのぼりのすけ》（1842～1885）

旧著執筆の時は調査しても杳《よう》として分からなかったが、今日では各地で調査も進み写真も見つかった。本名は江上《えがみ》太郎《たろう》で会津藩士。会津田島の代官江上又八の長子で、京都守護職に任じられた藩主松平容保《まつだいらたかもり》に従い上洛する。慶応四年（一八六八）、容保は江戸の会津藩邸から国許へ引き上げたが、登之助は旧幕府軍に加わった。最初は幕府第七連隊で歩兵差図役並であったが、その後大鳥圭介の伝習隊に加わる。宇都宮城攻撃の際は、伝習第一大隊の隊長として参謀土方歳三と共に戦い、宇都宮戦争Ⅲで土方と共に負傷し今市へ護送された。その後の登之助の動向ははっきりしないが、母成《ぼなり》峠の戦いで目撃されたのが最後で消息不明になったといわれる。明治一七年（一八八四）九月の加波山事件で逮捕された玉水嘉一が東京集治《しゅうち》監《かん》（小菅集治監）に投獄された際、獄中で登之助と出会ったともいうが、会津若松市の興徳寺に江上家墓所があり、墓碑には「秋月登之助　明治十八年一月六日　行年四十四歳」とあり、玉水談話と齟齬《そご》するのでさらなる調査が待たれる。

コラム
Column

藩主逃亡

宇都宮城が陥落すると新政府軍は江戸、宇都宮藩勢は館林へと退却した。館林藩は宇都宮藩と姻戚関係にあったからである。この時、宇都宮藩は藩主と主力隊が別行動をとった。藩主には四、五名のお供をつけただけである。藩主に預けられた錦旗《きんき》（天皇旗）は、供の胴にしっかりと巻きつけられた。再起を期すため、錦旗だけは守り抜かねばということの逃避行であった。

　今日の戦いは敵兵が多く味方は少なかったから、勝つことは難しかった。もし敗北し官軍の大旗が賊手に落ちたら大変な恥辱《ちじょく》であった。殿には早くこの旗を護《まも》ってなんとか城を遁《のが》れていただきたいと、わずかの臣下をつけて北を目指して避難いただいた。

これは中老縣信緝の「戊辰日記」（口語訳）の一部である。城は落ちても錦旗が護られれば敗北ではないという考えである。北方避難とあるがどこを目指したのか。一九日午後、宇都宮城を抜けだした城主一行は、一路新里《にっさと》村の庄尾宅へ向かっていた。

　隠居身分の藤田弥七郎がお供をして河内郡新里村へ向かった。西新里村の庄屋孫右衛門方に着き、夜になってから東新里村高橋善右衛門方へ移った。午後八時頃、善右衛門と同村孝之進の案内で岩原道石切場に行った。
（「藤田左京手記」『宇都宮市史』第五巻近世史料編Ⅱ、口語訳）

わずかな供廻りで藩主忠恕《ただゆき》は城を出、宇都宮明神中里社家宅に立ち退いたが、ここも危険となり宇都宮を脱して新里村へ立ち退いたのである。主たる供は、藤田弥七郎他数名で菊章の錦旗は、福《ふく》井《い》縫《ぬい》殿助《とのすけ》が腹に巻いて保護したと伝える。

　なぜ新里村だったのか。地元の言い伝えによると、鞍掛山《くらかけさん》一帯は藩主の狩猟場所であり、地形を熟知していたためである。付近には寺沢《てらさわ》石とよばれる石切場も

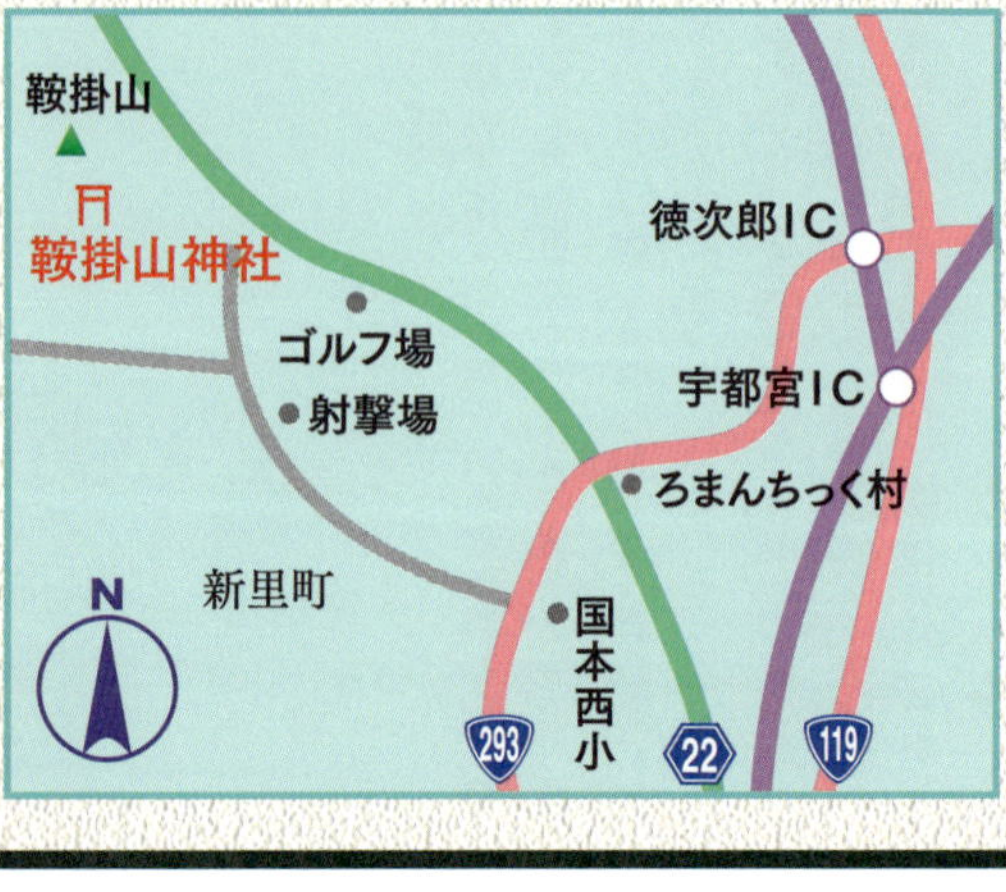

あって、隠れるには好都合の場所であった。鞍掛山中腹の神社には、藩主が一夜を過ごしたと伝承される石窟《せっくつ》（写真）がある。翌日、全員農民の姿に身をやつし、草刈り籠にはいった藩主を背負って、館林に向かった。どのルートをたどったか不明であるが、おそらく注意深く農道を選びながらの行程であったろう。

一方、中老の縣信緝率いる部隊は夜通し歩き、欠下村《かけした》（宇都宮市）から磯村（壬生町）にでた。ここで戸田三左衛門《とださんざえもん》部隊と合流。館林へは、栃木・佐野を経る例幣使街道が最短距離であったが、金崎《かなさき》から葛生・田沼を通って佐野に出る間道を迂回した。栃木には大鳥圭介軍の後方部隊が駐屯している可能性があると判断したからである。佐野で別隊と合流し、総勢五〇〇名となった。館林城下に入ったのは、二〇日の日没時でようやく手厚いもてなしを受けた。

藩の重臣たちは藩主の行方が気がかりであった。そのため、館林に到着すると、直ちに藩士二名を探索に向かわせている。藩主一行が館林近くの渡良瀬《わたらせ》川渡し場についたのは、二一日夜、ご機嫌窺いに派遣された藩士は、やつれた姿に驚き「真に一身慄然《りつぜん》、申し上ぐべき言語《ことば》もこれなく驚き入り候」（徳田浩淳『史料宇都宮藩史』）と後に記した。他藩も同様で、壬生藩主も安塚攻防戦に際しては領内上稲葉《かみいなば》村（壬生町）に逃れ、陣頭指揮を執っていない。

石窟の入口（上）とその内部

トピックス Topics

宇都宮藩士山本松三郎の戦死と山本有三

足軽山本家

四月一九日の戦闘で宇都宮藩士は一〇名の戦死者を出したが、その一人に山本《やまもと》松三郎《まつさぶろう》がいた。松三郎は父元七《もとしち》、兄元吉《もときち》と共に戦ったが、一五歳の若さで落命した。元吉の子が文豪山本有三《ゆうぞう》である。

戊辰戦争時の山本家を示すと以下のようになる（永野賢『山本有三正伝』上巻）。戊辰戦争前の山本家は現大寛町に住み、身分は足軽で、幕末の「藩士分限帳」によれば「勤役中御使徒、御先手小頭五両一人扶持、山本元七」とあるから、最下級武士といってよいであろう。ただし、岩崎良能氏の紹介として大運寺の北側の武家屋敷に「山本惣右衛門」の屋敷割りを紹介している。山本家の過去帳には文化年間（一八〇四～一八）に惣右衛門なる人物が記載されているから、こちらの可能性もあり、さらなる調査・検討が必要である。

戊辰戦争後の明治二年（一八六九）、版籍奉還により城内に屋敷を支給されていた藩士たちは、代替地として川向に宅地をもらった。現在の南大通り一丁目、川向銀座通りの商店街である。その後、元吉は宇都宮軽罪裁判所の押丁《おうてい》（下役人）、父元七は繭の買い付け商人となる。元吉はやがて大田原裁判所の書記に就任し、父の仲買も手伝うようになった。

明治一二年（一八七九）、山本元吉は栃木町へ単身転住し、呉服屋に住み込み番頭となり、同一五年には独立して呉服店を開業する。現在の栃木市万町五の三である。

次は山本有三の生涯である。明治二〇年（一八八七）、栃木町にて生まれる。高等小学校卒業後、父の方針で東京浅草の呉服屋の小僧に出されるが、一年で逃げ帰る。母の取りなしで一八歳の時再上京、変則の中学教育コースを経て、明治四二年（一九〇九）、三度目の入試で第一高等学校文科合格、近衛文麿《このえふみまろ》（後の政治家）・土屋文明《つちやぶんめい》（アララギ派歌人）らと同級、落第して芥川龍之介・菊池寛《かん》・久米正雄《くめまさお》らと同級になる。

惣左衛門 ―― 元七（五七歳） ┬― 元吉（一七歳） ―― 勇造（筆名有三、明治二〇年生れ）
　　　　　　　　　　　　　 └― 松三郎（戦死）（一五歳）

文豪山本有三

大正四年（一九一五）、東京帝国大学独文科卒業、本格的な近代劇研究に打ち込み数々の作品を発表して劇作家としての地位を確立する。大正一五年（一九二六）、朝日新聞に長編小説『生きとし生けるもの』の連載を契機に、『波』『女の一生』など長編新聞小説の書き手として活躍、多くの読者を得る。昭和一〇年（一九三五）、『真実一路』、同一二年『路傍の石』などの代表作を生む。

『路傍の石』は教養小説・成長小説と言われるもので、主人公愛川《あいかわ》吾一《ごいち》が幼い頃から生きるべき道を模索し、一応の生き方を発見するまでの過程を描いた。珠玉の名言は「艱難《かんなん》、汝《なんじ》を玉にす」は有名であるが、「たったひとりしかいない自分を、たった一度しかない一生を、ほんとうに生かさなかったら、人間、生まれてきた甲斐《かい》がないじゃないか」は人口に膾炙《かいしゃ》した。しかし軍国主義の圧迫を受け、同一五年（一九四〇）、『新編路傍の石』は連載中止に追い込まれた。

一方、著作権擁護のために文芸家協会を作った。戦後は、国語審議会委員、参議院議員（緑風会）などを歴任し、昭和四九年（一九七四）、八六歳で死去した。墓は栃木市近竜寺《きんりゅうじ》にある。

山本有三墓碑（栃木市近竜寺）

トピックス

Topics

山本有三『米百俵』

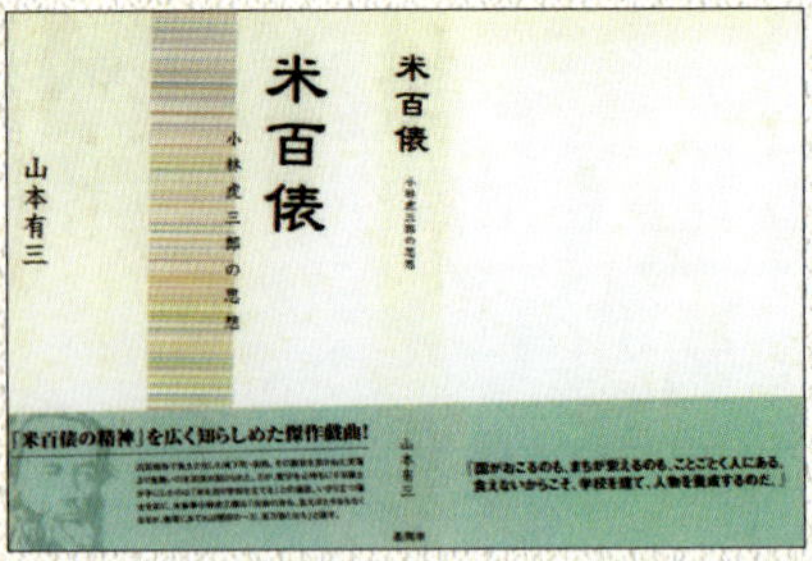

昭和50年（1975）、長岡市より発刊された『米百俵　小林虎三郎の思想』

反戦戯曲として絶版

山本有三代表作の一つに『米百俵』がある。昭和一八年（一九四三）に発表された戯曲で、築地《つきじ》の東京劇場で上演された。戦局が悪化したこの年は東条英機《とうじょうひでき》内閣であったが、友人の近衛文麿《このえふみまろ》は反東条の立場を取り、同二〇年二月一四日に近衛上奏文を出し早期終戦を目指した。このような近衛に有三は親近感を持った。しかし作品は、軍部から「反戦戯曲」と弾圧を受け絶版となる。

内容は主人公である長岡藩大参事小林《こばやし》虎三郎《とらさぶろう》の生き方を描いたもので、明治三年（一八七〇）、長岡藩の貧困化した藩の財政状況下、藩政のあり方を問うテーマであった。小林は家老河井継之助の政治・軍事方針には批判的で、長岡戦争には出ていない。長岡で敗れ、会津も落城し藩主は悔悟謝罪《かいごしゃざい》文を総督府に奉って帰順し、ようやく許され牧野家は取りつぶしを免れた。しかし、禄高は七万四千石を二万四千石と三分の一に減らされた。藩主は責めを負って退き、弟が跡を継いで知藩事《ちはんじ》に任命され、家老職がなくなり新たに大参事が藩を動かした。この職を担い、先の謝罪文を書いたのが小林であり、当座の餬口《ここう》を凌ぐべく親戚筋の三根山《みねやま》藩に救援を依頼した。送られてきたのは米一〇〇俵だった。だが小林は、多くの反対を押し切って藩士に配らず、「食べてしまうのではなく学校を建てる」とし、人物を作ることが藩を立て直す最大の道と主張した。米一〇〇俵は藩士の家族も含めると八千人がいたから一人当たり四合しかならず、一～二日で食べ尽くされてしまう計算であったからだ。

小林の信念を形作った背景に、長岡藩の三河以来の家訓「常在戦場《じょうざいせんじょう》」と彼の信念「天下ヲオサムルヤ、急トスルトコロ人材ヨリ急ナルハナシ」があった。

「常に戦場にあり」とは、戦《いくさ》のない折にも常に戦場にある心で、いかなる困苦欠乏にも堪えようという、お言葉ではないのか。戦場にあったらつらいのひもじいのなどといっておられるか。しかるに武士たるものが、ことに当藩の武士たるものが食えないとはなんだ。それでもおのおのは長岡武士か。長岡武士ならば、たとえ飢え死にするとも、そんな浅ましいことは言わぬはずだ。貴公《きこう》らは、当家のご家風を忘れたのか。三州牛久保《さんしゅううしくぼ》の壁がきを忘れたのか。皆の衆、頭をあげて、この掛け物をとっくりと拝観さっしゃい。　（『米百俵』）

小林の信念は「食べられないから学校をつくる」ということであり、学校を創るとは人物を作ることであり、これが長岡を立て直す最良の道と信じたのである。

こうして明治二年に国漢学校《こくかんがっこう》が創設され、これがやがて長岡中学（戦後長岡高等学校）になる。卒業生に元海軍大将で連合艦隊司令官山本五十六《やまもといそろく》、東京帝国大学教授小金井良精《こがねいよしあき》、日清戦争時の呉《くれ》鎮守府司令官野村貞一《のむらさだいち》中将、司法大臣小原直《こばらすなお》、東京帝国大学総長小野塚喜平次《おおづかきへいじ》、アメリカ大使斉藤博《さいとうひろし》、洋画家小山正太郎《こやましょうたろう》、ドイツ文学者星野慎一《ほしのしんいち》、日本赤十字病院長西《さい》郷吉弥《ごうきちや》、実業家大橋左平《おおはしさへい》等々、沢山の人物を輩出するのである。

有三が小林虎三郎を執筆した理由

宇都宮戦争で叔父を失う体験を持つ有三は、長岡藩家老河井継之助《かわいつぐおすけ》でなく、なぜ小林を描いたのだろうか。これは戊辰戦争を新政府軍・旧幕府軍のどちらの立場で、あるいはそれ以外の第三の立場から振り返ろうとしたのかという問いとも関連する。もちろん、有三はそのことを直接に答えていないが、参考になる証言がある。昭和一八年（一九四三）雑誌『改造』に発表した「隠れたる先覚者小林虎三郎」のなかに次の文言がある。

> そこで焼け野が原からどうして人材がたくさん出るようになったのか、というお話をする順序になりました。虎三郎は河井継之助とは、意見が違っておりましたので、例の長岡戦争には出ておりません。からだが弱かったからでもありましょうが、また一つには日本人同士が戦をするというようなことには、あまり力こぶを入れることができなかったからではないかと思われます。（傍点筆者）

私には、この部分は有三が小林を執筆した理由であり、戊辰戦争で家族を失った結果、有三が到達した信念と思えるのである。小林の言葉として語っているが有三の心境ではなかったか。

小林虎三郎
（山本有三『米百俵　小林虎三郎の思想』長岡市より）

山本五十六の評価

昭和一四年（一九三九）、長岡出身のドイツ文学者星野慎一は『真実一路』の独語訳を出版すべく、東京三鷹の山本邸を訪問し、戊辰時を話し、河井・小林を含めた長岡藩の山本五十六に話が及んだ。その後の山本は、海軍大将となり真珠湾攻撃やミッドウェー海戦など太平洋戦争初期の作戦を指揮した軍人である。昭和一八年（一九四三）、ソロモン方面でアメリカ軍機に要撃され戦死するが、彼との対話中に五十六にも触れた。「三国同盟にあくまでも反対した山本海軍次官の勇気は、戊辰の窮乏のどん底から立ち上がった長岡の歴史と無関係ではないと、有三は直感した」（星野慎一「戊辰戦争と長岡藩」『長岡市史研究　第五号』）とあり、有三の長岡藩幕末史への関心は急速に高まり、四年後の『米百俵』発刊に結実していった。

有三は語っていないが、長岡藩への関心は戊辰戦争を戦った宇都宮藩士なら誰もが持つもう一つの理由がある。第17章のコラムをお読みいただきたいが、河井亡き後の長岡藩兵の指揮を執ったのが山本帯刀であり、山本五十六は帯刀家の出自という間柄であるからだ。

宇都宮戦争Ⅱ

慶応4年4月22日（新暦5月14日）

安塚の戦い―篠突く雨のなか、新政府軍の逆襲

壬生―宇都宮の中間点

宇都宮城は三の丸の一部を除いて焼失したため、秋月・土方率いる前軍主力は一九日夜、蓼沼村の本陣に戻った。一部は手前の平松村成願寺《じょうがんじ》などにも宿陣したようだ。鹿沼宿に布陣していた大鳥の中・後軍は、宇都宮城の陥落を知ると、二〇日日光への進軍を変更して宇都宮に向かった。城下は硝煙《しょうえん》ただよい、余燼《よじん》くすぶる状況で、城郭には黒こげの遺骸が残っていた。旧幕府軍の記録には、城内にあった金三万両と米三〇〇〇俵余を接収し、城下の焼失家屋に米三〇〇〇俵を供出、さらに城内に囚《とら》われていた農民二一名を解放したとある。かれらは藩が新税を割り当てた際に、抗議のため城門に愁訴《しゅうそ》を行った者たちで、藩兵の砲撃を受け二七人が殺され二一名は捕縛されたと旧幕府軍に述べた。縛を解かれた農民たちは「大変喜んで、役に立つなら城に止まるから自分たちを使って貰いたい」と頼んだ（「浅田惟季北戦日誌」『復古記』第一一冊）。愁訴は二月のことなので、世直し一揆に先立つ一、二

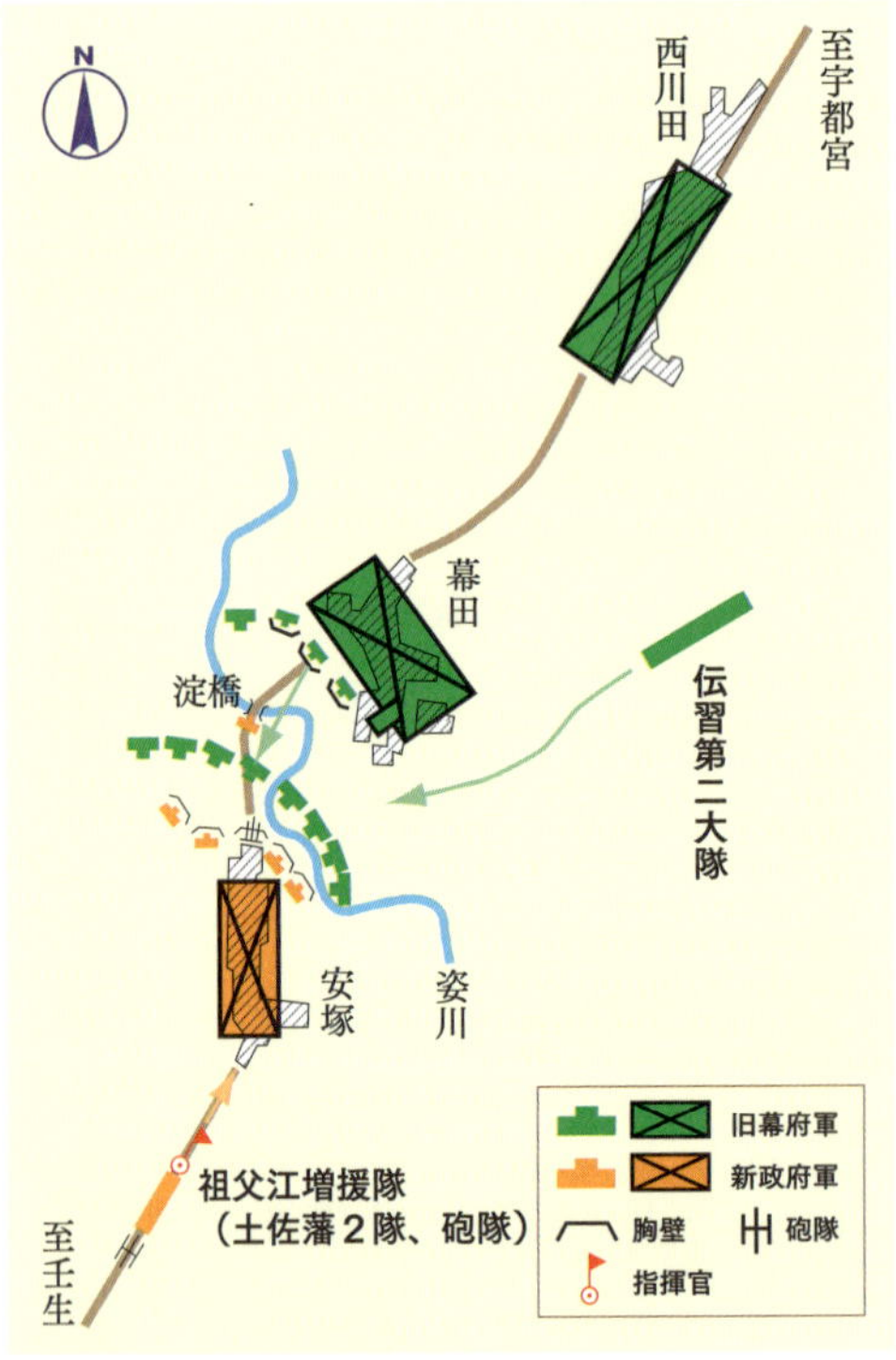

安塚付近の戦闘要図（4月22日払暁）

か月前のできごとである。これを裏付ける地元史料がないので史実の確定はできないが、いずれにしても新政府・旧幕府両軍ともども、町民や領民の動向を意識しながらの戦争であったことを物語る。この日、秋月・土方軍も再入城し、大鳥軍に合流した。

小山での新政府軍の敗北の知らせは、板橋（東京都）の東山道総督府に伝わり、救援隊が三次にわたって派遣された。因州《いんしゅう》（鳥羽）藩士河田左久馬《かわださくま》率いる山国隊《やまぐにたい》・鳥取・土佐藩兵混合隊。総督府参謀伊地知正治《いじちまさはる》率いる薩摩・長州・大垣藩隊。野津七次《のづしちじ》（道貫《みちつら》）・大山弥助《おおやまやすけ》（巌《いわお》）ら率いる薩摩・大垣藩隊である。山国隊とは丹波国《たんば》（京都府）山国地方で結成された草莽隊《そうもう》で、山陰《さんいん》道鎮撫使西園寺公望《さいおんじきんもち》の檄文《げきぶん》に呼応して出兵した農民出身部隊である。その一部が東山道軍に加わり、斥候部隊の役割を担っていた。京都時代祭の先頭を飾るものとして名を今に伝える。

河田左久馬率いる救援軍が一路北上してきたところ、宇都宮落城の情報がはいり、前進目標を壬生城にとった。壬生・宇都宮間は一七キロで栃木街道（佐野道とも称す）がむすぶ。こうして栃木街道、とりわけ中間地点にあたる安塚《やすづか》宿が第二次攻防戦の舞台となった。

一変した戦況

大鳥圭介は安塚口正面攻撃部隊（新選組はこの中にいた）、安塚宿東から側背を攻撃する部隊、遠く迂回して壬生城を襲撃する部隊の三つに分け、新政府軍を打破しようという作戦をたてた。二二日の夜明け前に、戦端は開かれた。姿川《すがたかわ》にかかる淀橋《よどばし》を越えて安塚宿北端にかかるところが戦場となった。新政府軍五〇〇に対し旧幕府軍の正面攻撃部隊六〇〇が雌雄《しゆう》を決する戦いとなった。当日は風雨激しく、明けやらぬ暗闇の中での応戦となった。

銃撃戦が展開され、新政府軍は四斤《しきん》山砲《さんぽう》で砲撃したが、戦闘は旧幕府軍優位に進み、宿内へと迫っていった。しかし、安塚宿東を側面から衝く部隊は、暗霧と冷雨のなかで道に迷い、淀橋の手前の幕田《まくだ》村（宇都宮市）に着く有様で、効果的作戦とはならなかった。壬生城にいて苦戦の急報をえた河田左久馬は、予備隊を引きつれ安塚に急行、ここから新政府軍の逆襲が始まった。河田は退却する兵に、抜刀して「退ク者ハ他藩トイエドモ死ヲ免《まぬか》レン」（「池田輝知家記」『復古記』第一一冊）と叫んで押し戻した。河田の陣頭指揮や予備隊の砲撃で戦況は一変し、旧幕府軍は姿川辺に後退した。ここでの攻防も旧幕府側に不利で、幕田村の民家に火を放ち、西川田へと退却していった。なお、河田の果敢な指揮ぶりは、戦闘における指揮官の役割の重要性を改めて示すものであり、軍事史上の一頁を飾るものとなっていった。

この日、大鳥圭介は体調不良のため宇都宮に在城したままで、直接の指揮は秋月登之助が執った。死者だけみても旧幕府軍六、七〇名、新政府側一七名と大差があり、「本日の戦争八分の敗績《はいせき》なり」（『幕末実践史』）と自軍の敗北を認めた。市川国府台を立って以来、はじめての敗北であったが、戦場における指揮官の役割がこれほど比較されて論じられる戦闘もなかった。

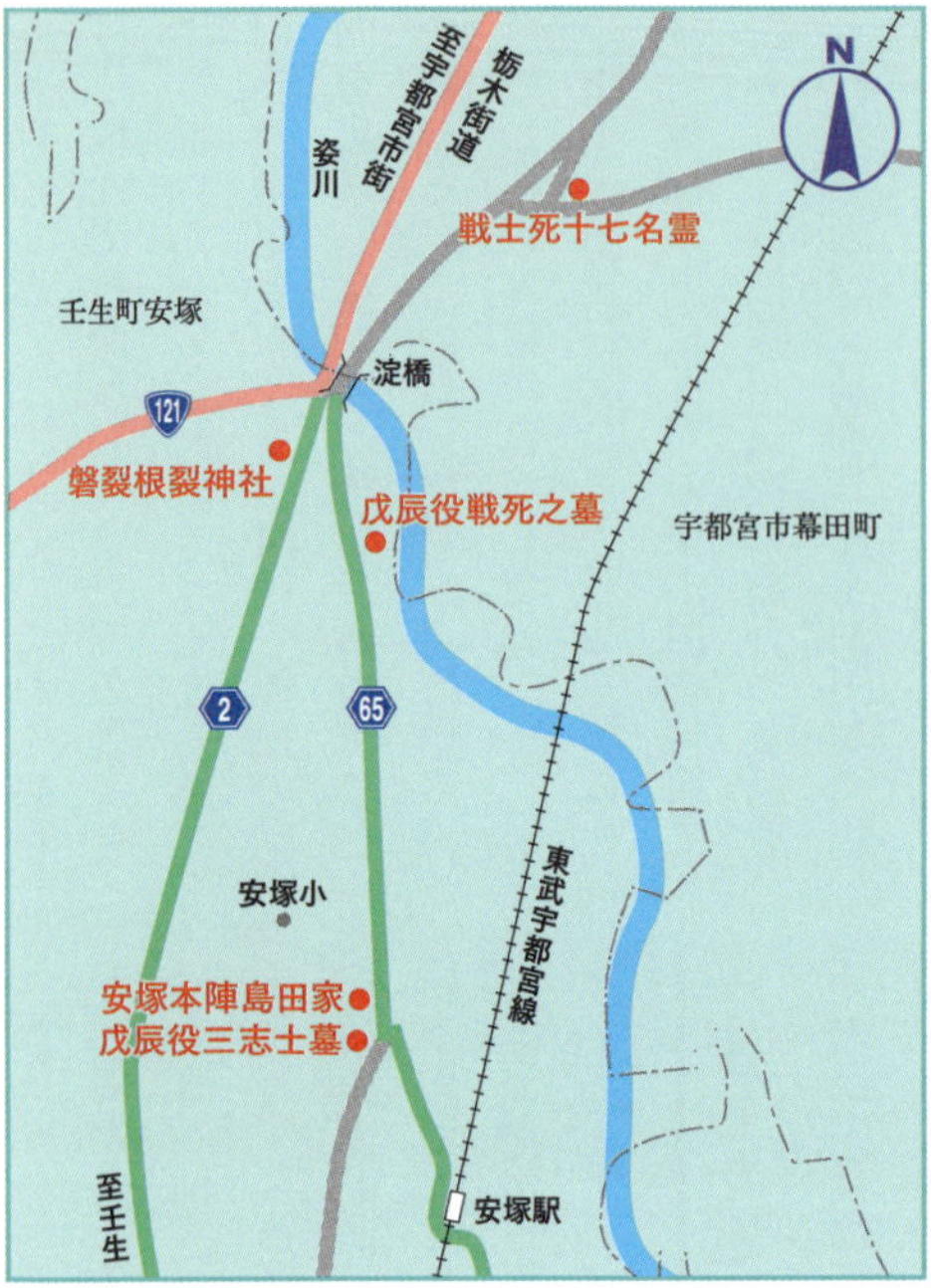

◀磐裂根裂神社は3月29日に勃発した野州世直し一揆の結集地点であり、淀橋を挟む旧栃木街道は墓碑があちこちに点在し、戊辰戦役を今に伝える。

淀橋付近の現況（宇都宮市幕田町）

参考写真01

「戊辰役戦死之墓」（壬生町安塚）

両軍合わせて八、九〇の死者を出した壮絶な戦闘であったが故に、直後は屍《しかばね》がここ彼処《かしこ》に散在した。遺棄《いき》された屍体を取り集め、合葬する農民がいた。安塚村の木村卯之吉《きむらうのきち》である。三四体の遺体を懇《ねんご》ろに葬り、石碑を建てた。しかし、これは政府の許可を必要としたため、県へ建碑申請の必要があった。「安塚村での戦争の節、官軍とも賊軍とも判明できぬ死骸があって、それを合葬する」（『栃木県史料八』）ことを理由にしたが、こう書かなければ許可が下りなかったからで、三四体はすべて幕府軍兵士であった。許可がいつ下りたかは不明であるが、明治六年五月には石碑の存在を県が認めているから、少なくともそれ以前であったことは確かだ。明治一三年（一八八〇）、同村の農民大久保菊十郎《おおくぼきくじゅうろう》が地元有志と図って改葬し、安昌寺《あんしょうじ》住職を導師《どうし》として「字坂下《あざさかした》」に新しい碑を建てた（『壬生町史』史料編近現代Ⅰ）。一三回忌を期してのことだろうが、大久保はのちの自由党員であり、国会期成同盟が設立されるなど民権運動が盛り上がった年に建碑したことは興味深い。聞き取りによると、戦士墓は現在地よりも南の方にあったらしいが、現在地も「小字坂下」であることを考えるならば、道路改修等で少し移動したのであろう。左側が初代の碑で、右が大久保たちの手になる碑という。

参考写真02

「戦士死十七名霊」（宇都宮市幕田町）

旧栃木街道より雀宮に通じる安産稲《あんざんいな》荷《り》道《どう》の分岐点に建つ（中段写真）。安塚の戦死墓と同様、旧幕府軍兵士の墓で、「明治元年（慶応四）四月二一日より二二日に至る」と刻まれている。伝承によると旧幕府軍の遺棄屍体《いきしたい》が一七人程あり、地元農民が栃木街道を西に折れた合《あい》の畑《はた》墓地に埋葬し、有志者を募り無縁者《むえんじゃ》供養碑を建てた。やがて明治一三年（一八八〇）一二月、現在地に幕田村坂本《さかもと》藤三郎《とうさぶろう》ら一一名が「戦士死十七名霊」を建立したとのことである（『姿川村史』）。坂本家は旧幕府軍の本陣になった家だ。この霊碑も明治一三年であることに注目したい。なお、西川田の光音寺《こうおんじ》境内にも「戊辰戦死無縁塔」（一〇六頁参照）一基がある。

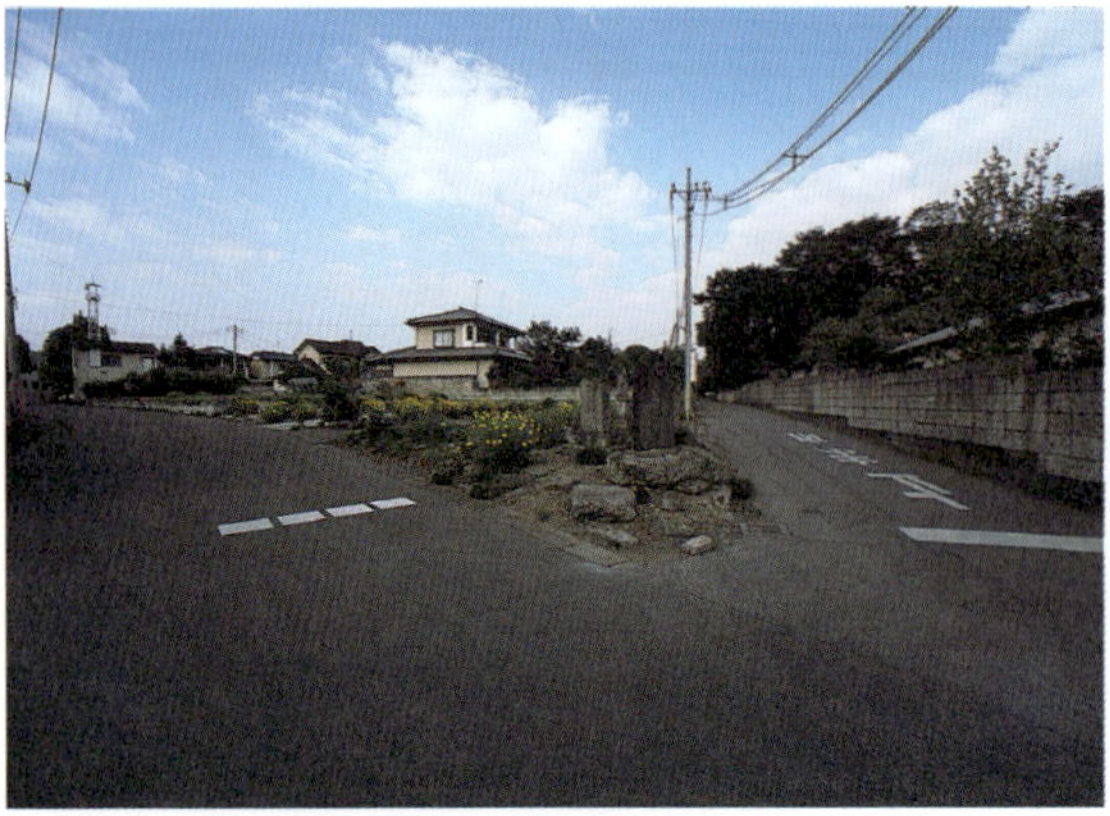
右へ行くと雀宮（宇都宮市）、左手は栃木街道の旧道

参考写真03

安塚本陣島田家（壬生町安塚）

壬生に入城した新政府軍は、因州藩・土佐藩を主力として安塚に向かい、同村名主島田重兵衛《しまだじゅうべえ》家を本陣として幕府軍に対峙《たいじ》した。仮病院もここに置かれたという。

現在は開業医である島田家の門

島田家の玄関

参考写真04

戊辰役三志士墓（壬生町安塚）

二二日の戦闘で戦士した土佐藩士国《くに》吉栄之進《よしえいのしん》・武市権兵衛《たけいちごんべえ》・半田擢吉《はんだたくきち》の墓。島田家には国吉栄之進の最期が伝わる。陣頭にて奮戦中、銃創を得て同家に運ばれるも出血甚だしく、割腹自《じ》刃《じん》を遂げた。戦後、首級は壬生町興光《こうこう》寺《じ》に送られ、遺体は島田重兵衛によって安塚南端の辻に埋葬され、次いで墓碑が建てられたという。右側の記念碑は、昭和三九年（一九六四）島田氏らによって新しく建立されたもの。

参考写真05

興光寺官修墓（壬生町仲町通）

戊辰戦争は、戦闘様式が従来の刀槍（白兵戦）から鉄砲（銃撃戦）へと変わる近代戦への過渡期にあった。それゆえ、一方では戦国時代以来の軍法も守られており、捕らえた敵は斬首《ざんしゅ》するとか、味方戦死者の首級は敵に渡さず、重傷者の場合は味方が介錯《かいしゃく》する場合もあった。興光寺《こうこうじ》官修墓所に安塚三志士墓で祀られた三名の墓があるのは、このためである。同墓所には壬生藩士一名、吹上藩士二名、因州藩士一名、土佐藩士七名、松本藩士二名、山国隊三名の計一六名が祀られている（写真二点とも）。山国隊三名のうち「新井兼吉《あらいけんきち》道成

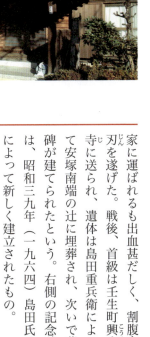

之墓」は、昭和四五年（一九七〇）に山国護国神社によって建てられた。

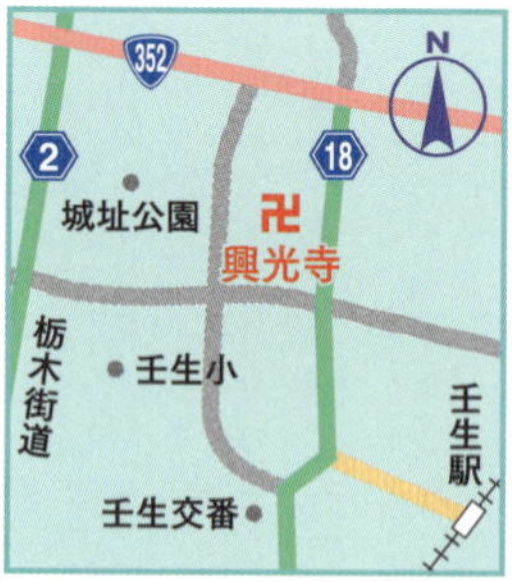

参考資料

「野州安塚戦争之図其の二」（『戊辰戦記絵巻物』個人蔵）

中央にいるのは陣頭指揮する河田左久馬。「河田の逆襲」といわれた場面である。左下には四斤山砲が二門見える。

この絵図は戦いに加わった信州松本藩士田辺義悱（新政府側）の証言に基づいて描かれたもので、新政府軍の戦闘描写については信憑性が高い。

ただし旧幕府軍の描写については同其の一（九七頁掲載）に見られる如く不正確である。

文献紹介

大町雅美『戊辰戦争』（昭和四三年、雄山閣）

明治維新一〇〇年の年に、従来ほとんど無視されてきた本県の戊辰戦争を、実証的に位置づけた最初の研究書である。新政府軍の進撃によって去就を迫られる諸藩の苦悩、自藩第一主義に傾斜していく様相、併行して勃発した世直し一揆の動きと鎮圧する新政府軍、倒幕に貢献しながらも維新以後、解体を余儀なくされていく草莽隊を総体的に描き、厚みのある戦争史となった。宇都宮城を巡る攻防を、下野戊辰戦争の核心と捉え、両軍の帰趨を示す戦いになったと位置づけた。

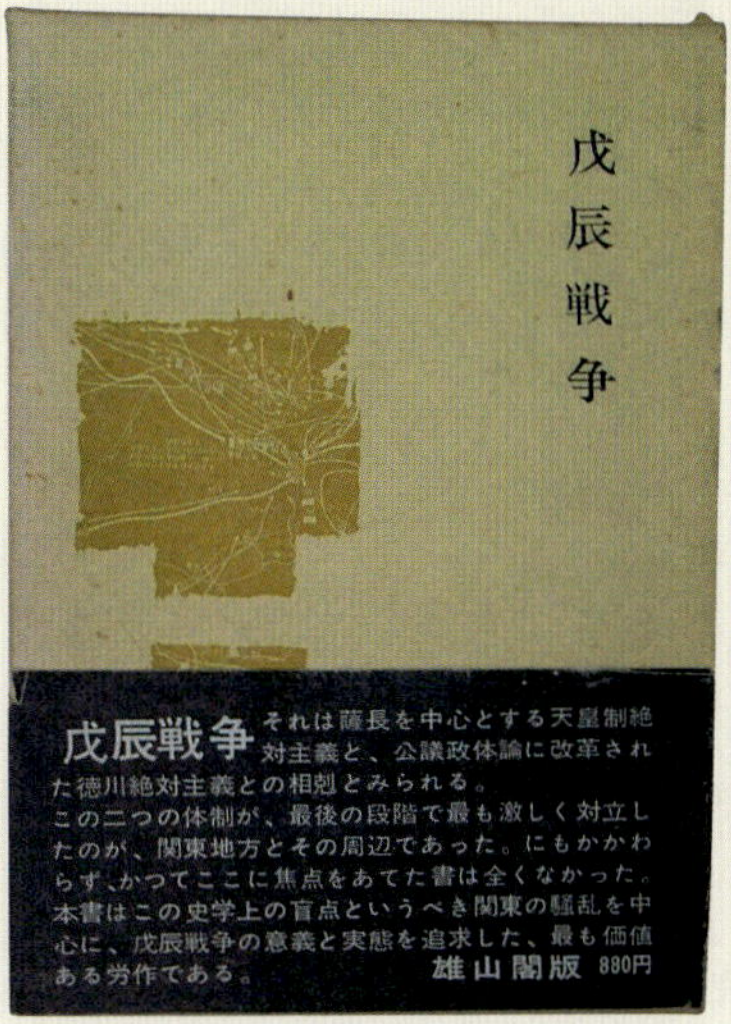

人物紹介

河田《かわだ》左久馬《さくま》（1828～1897）

文政一一年（一八二八）、鳥取（因州）藩士の子に生まれる。諱《いみな》は景与、剣術に優れる。嘉永四年（一八五一）家督を継ぎ伏見留《る》守居《すい》、文久三年（一八六三）には京都留守居を兼務。諸藩の志士と交わり京坂における因州藩尊王攘夷論の中心となる。帰藩して藩論の統一に影響を与え、再上京後は藩の重臣暗殺事件を起こし藩獄に投ぜられた。その後、脱走して長州藩に匿《かくま》われ、慶応四年（一八六八）大赦に浴して東山道総督府参謀に命ぜられた。安塚の戦い、宇都宮城奪還戦に活躍し、閏四月に帰府。五月には上野彰義隊討伐戦に加わって、再び勇名を馳せた。特に安塚での奮戦振りは軍事史上に名を残す。戊辰戦争後は京都・福岡・鳥取などの官吏を歴任し、明治一一年（一八七八）に元老院議官に任ぜられ、同二〇年（一八八七）子爵を授けられた。明治三〇年（一八九七）死去、享年七〇歳。

コラム
Column

宇都宮戦争Ⅰと縣六石

宇都宮戦争Ⅰにおける縣六石《あがたりくせき》の行動をもう少し詳しく追ってみよう（「宇都宮藩家老縣信緝《のぶつぐ》戊辰日誌」『栃木県史　史料編近世七』）。四月一九日午前敵兵が平松村に襲来と聞き、一人馬を飛ばし同村に行き味方の備えを巡視した。守備していた烏山藩兵などは早くも隊伍乱れ北方に退く有様で心許《こころもと》ない。城から伝令が入り、主君忠恕《ただゆき》より戻れとの知らせ、至急帰城し拝謁した。この間、敵兵は城下に入り欒瀬村で火を放った。城門に迫る敵兵と交戦となり、忠恕の居館がある二の丸にも銃丸が飛び交いだした。殿が死んだら大変だし、万一敗れ官軍旗が敵に落ちたら恥辱《ちじょく》との思いで城を逃れることを提案した。主君が脱出した後、縣は城中に残り各虎口《こぐち》（城の入り口）を巡視した。大手より三の丸、三日月堀《みかづきぼり》より今小路《いまこうじ》門、蓮《はす》池《いけ》門から東の方下河原《しもがわら》へと砲声とどろく中、馬を躍《おど》らせ見回った。味方の死体あり、満身創痍《まんしんそうい》の兵士あり、名を聞くと佐藤銀《さとうぎん》蔵《ぞう》と答えた。励まして再び指揮を執ると新政府軍軍監香川敬三と会い、一時の退城と援軍を待っての奪還を主張し香川の同意を得た。

去るにあたり居館の玄関に焚《た》き草を積み火を放った。燃えさかる中、兵士一人もいないことを確認し大手門より間道を使って西に向かった。親睦のよしみある館林藩を避難先とした。月影はなく真っ暗闇の中、たいまつも灯《とも》せず田舎道を進んだ。縣の一隊は欠下《かけした》村（宇都宮市）より藤江《ふじえ》村（鹿沼市）に進んだが、途中一休みした農家で敵軍屯集ありとの情報を得て、西へ西へと迂回した。

佐野を目指して進み、吹上《ふきあげ》（栃木市）に出た。夏の夜明けは早い。人家を見つけると旗本有馬氏の陣屋だという。事情を話すと親切にも朝食の饗応《きょうおう》に与《あずか》った。農夫の案内を得て佐野に着くとここで家老鳥居隊他と合流し、館林に向かってようやく夕刻に到着した。

その夜、縣は武州板橋の東山道総督府に早駕籠で向かった。明けて二一日、宇

延宝九年（1681）板橋宿（板橋史談会『武州板橋誌』昭和 52 年　有峰書店）

都宮の事情を伝えると、総督岩倉具定《ともさだ》（具視《ともみ》三男）より慰労を受けた。二四日江戸に向かうが、この間宇都宮に戻る二七日まで何も記されていない。縣は何をしていたのだろうか。ここでは小林友雄『勤皇烈士縣六石の研究』が役に立つ。県の行動が記述されているからだ。

　縣は岩倉総督に拝謁した際、城主からの嘆願書を提出している。要約すると、まず宇都宮藩の逼迫した財政状況を述べる。表向きは七万石だが実際の収納高は二万五千石しかなく、加えて嘉永四年と安政三年の城主死去の際の大喪《たいそう》失費、現今の物価高騰、江戸湾防備の出費も重なり、江戸在府藩士の宇都宮帰還、天狗党鎮圧のための出費醸出等で借金がさらに嵩《かさ》んだ。さらに四月一九日の城下焼失で「金穀尽き果て窮乏疲弊これまでに百倍」となり進退窮まってしまった。三月二九日、縣を上京させ総督府に救助を歎願させたが未だ実現がないので、ぜひとも士民救済と町の復興を願いたく、詳細は縣を再度派遣したのでお聴下されたいというものであった。こうして縣は総督府へ自藩救済の歎願に専念していたのである。

　宇都宮戦争が終了し、戦局が今市攻防戦へ移行しつつあった閏四月六日、縣は忍《おし》城（埼玉県行田市）に出向き、ここに居留していた岩倉具定に拝謁し救助金二万円（二万両）の下賜が告げられ、当座として八日、一万両が救助金として下げ渡された。一一日から藩士、城下寺院・神社、九〇〇軒の焼失家屋等に分配され、それぞれ一息ついた（「宇都宮藩家老縣信緝戊辰日誌」）と記され、休む間のない奮闘ぶりであったことが判る。

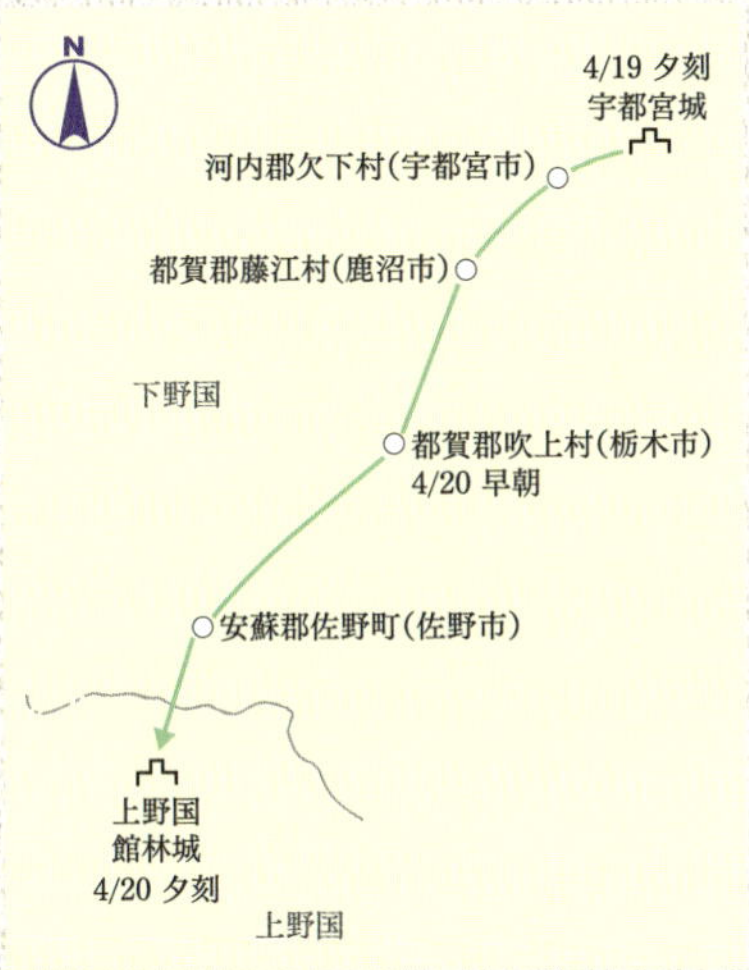

縣信緝避難経路（4月19日～20日）

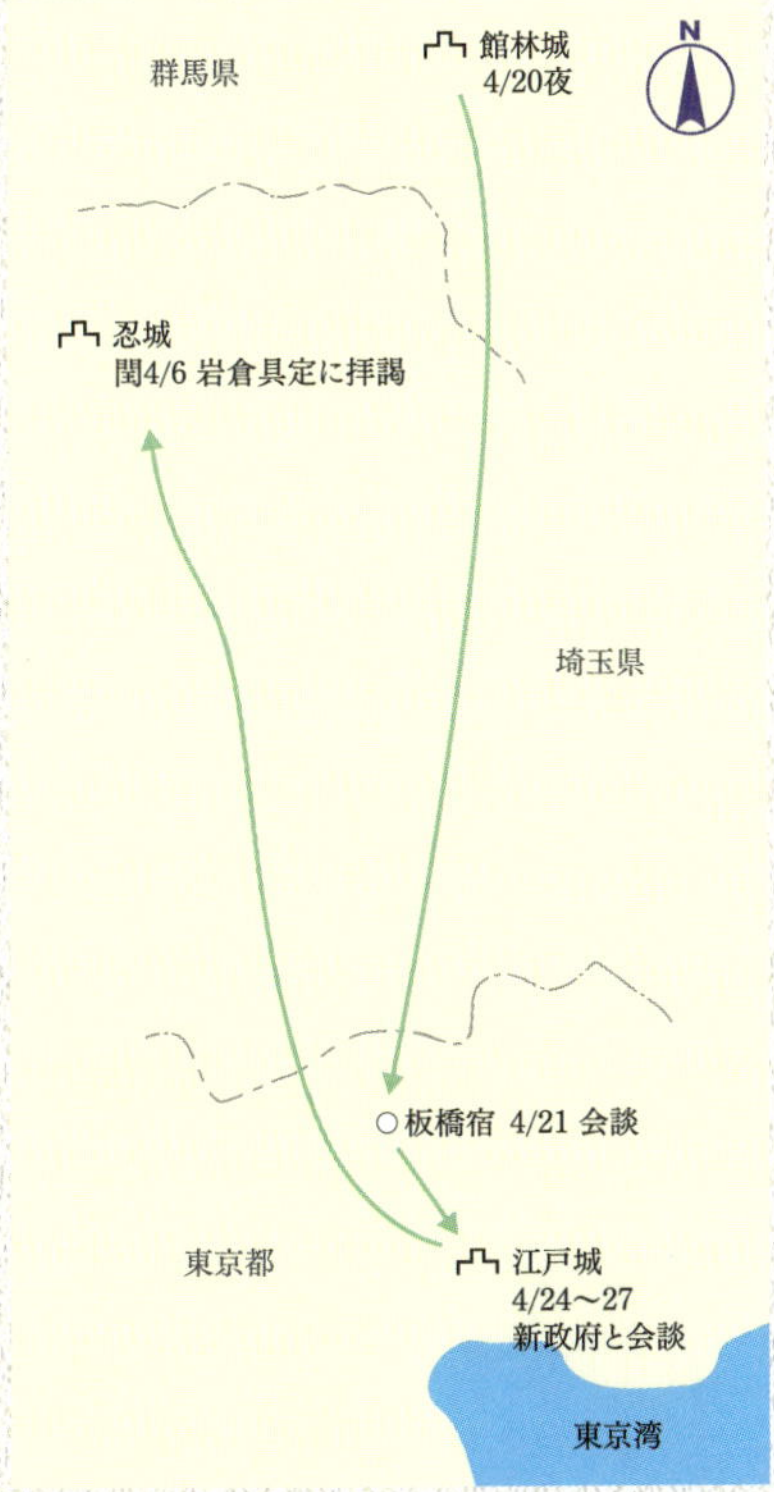

縣信緝 江戸・忍城行（4月20日～閏4月6日）

トピックス

Topics

宇都宮大明神の焼失と御神体動座

いざ戦いが起きると、山林などへ逃避する民衆が一般的であったろうが、二百数十年来、戦争経験がなく兵器の急速な進歩にも疎《うと》かったため、中には高見の見物を決め込む数百名の町民もいた。宇都宮大明神（現二荒山神社）境内は城下を一望できるため、多くの町民が戦争を目撃せんと駆けつけてきた。

凄まじい砲声とともに簗瀬村で放たれた兵火は東南の風に乗って市中を延焼していく。果たせるかな砲弾は群衆の頭上にも飛んできた。弾丸は楼門前の茶店の老婦にあたった。顔面が血だらけとなり社内に逃げてくると、それを見た群集が怖がってあっという間に散乱したという記録が残る。

この時、明神側は神領農民八〇人を動員して懸命の避難活動にあたった。宇都宮大明神は、篠井《しのい》丘陵が平坦部分にかかる瓦谷《かわらや》・関沢《せきざわ》・堀米《ほりこめ》・逆面《さかづら》・叶谷《かのうや》・高松《たかまつ》（宇都宮市）の六か村を神領としていた。現在でも一二月の冬渡祭《おたりや》で堀米の田楽舞が奉納されるのは、その名残りである。四月一七日に戦争の危機が高まると、警備のため五〇人の役夫が集められ境内や社家の警護についた。一九日、戦争が始まると明神内の婦女子を逆面村に避難させる一方、神輿《みこし》と神宝を瓦谷村平野《ひらの》神社へと緊急動座に従事したのである。

兵火で宇都宮大明神は焼亡するが、彼らは決死の消火にもあたった。社家である中里家の系譜（『宇都宮二荒山神社誌』資料編）には、以下のように記録されている（口語訳）。

> 中里千族《ちから》が延焼する市中を見下ろしていると、旧幕府兵は二隊に分かれ、一隊は川向町から今泉へ廻った。これは必ず明神社の裏手から襲撃してくると察し、神輿の立退きを急いだ。神宝の櫃《ひつ》を役夫にかつがせ、神官・社人が前後を警戒し、瓦谷村平野神社へ遷座を図った。（中略）この時、逆面村組頭桜井栄三郎《さくらいえいざぶろう》は事前の取り決め通り、役夫一〇人を指揮して中里家家族を保護して瓦谷村に避難させ、同村庄屋桜井半右衛門《はんえもん》も役夫二〇人を指揮して家財・諸器等を倉庫に納め、水桶・階子《はしご》を用意して厳重に警戒した。（中略）火勢が迫ってきて現場を離れざるをえなかったが、翌日戻ってみると西側の文庫蔵内がくすぶっていた。急いで階子に登り家瓦の右列を取り、上部より水を注いだ。蝋燭《ろうそく》を照して庫中に入り、水をかけどうにか火を消したのでなんとか焼失を免れた。社殿を含めほとんどが焼けたなかで倉庫三棟だけが災を免れたのは半右衛門等の功が多大であったからだ。まさに不幸中の幸で、この後の家屋新設の期間、この庫中を仮居に

でき至便であった。

　焼けた社殿は、天保三年（一八三二）の大火で焼失後、弘化元年（一八四四）に再建されたもので、江戸より仙台に至る間、無比の建築と賞されていた。楼門も安政六年（一八五九）に上棟し、木材はすべて槻を用い、屋根は銅瓦、門扉の左右に随神の木像を安置した構造美を誇るものであったという。「二荒山神社年表紀事略」(同前)には「午後八ツ時(二時)頃、火勢市中ニ充満シ御社殿一円焼失、灰燼《かいじん》トナル。惜シムベク、哀《かな》シムベシ」とある。山内の焼木である杉・檜七〇〇本を売って、仮殿の造営費としたが、拝殿の上棟は明治一〇年（一八七七）のことであった。

　明治の神仏分離で宇都宮大明神は二荒山神社と名を変えたが、アジア・太平洋戦争では戦火を免れ今日に至っている。

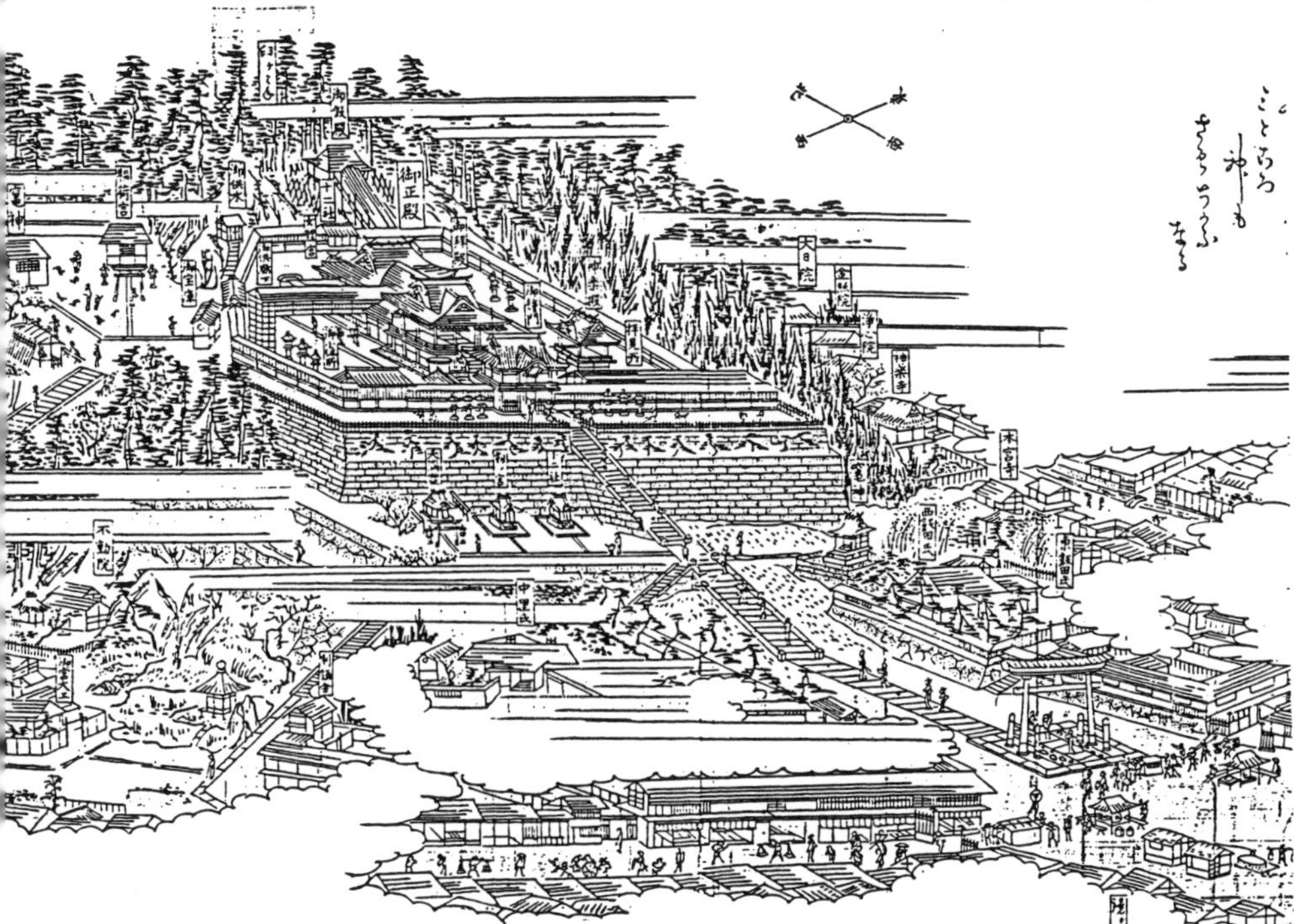

当時の宇都宮大明神（二荒山神社）の様子（『宇都宮二荒山神社図録編』より）

トピックス
Topics

山国隊の苦戦と奮闘ぶり

山国隊が応援隊の先鋒斥候《せっこう》隊として江戸を出発したのは四月一八日で、隊員は三〇名であった。因州藩士河田左久馬隊の配下に入った。二一日、先発隊として壬生より安塚に入った山国隊に出撃命令が下った。取締の地位にあった藤野斎《ふじのいつき》の日記には以下の記録がある。

四月二十一日（中略）、午前十時頃に軍令あり、「この所より二里許《ばかり》北方、宇都宮街道沿道の安塚駅へ賊兵来襲の情報あり、依て山国隊は斥候隊として大久保隊と共に進撃すべし」と、当日は奇数日なれば我隊の斥候当番日であった。依て直ちに出陣の準備を整えて大手前に整列す。出陣に際し河田隊長来り、四斗樽の鏡をぬき杓を取て先ず自ら飲んで曰く、「『山国隊死せよ、予も亦死せん』と、更に自ら汲《く》んで之を隊員各自にすすめらる。全隊快飲して出発す。壬生藩中の勤王派で組織せる利鎌《とがま》隊員五名が嚮導《きょうどう》として先頭に立ち、山国隊これにつづき、大久保隊五十余名、壬生の西隣の吹上藩の有馬兵庫頭隊員（大砲三門を有す）と信州松本藩兵併せて約五十名、総兵約百五十名監軍兼使番として因州藩士四《しの》宮《みや》要三郎《ようざぶろう》、西村清五郎《にしむらせいごろう》の三士これに同行す。外に土州藩斥候隊長大石悧左衛《おおいしりざえ》門《もん》一小隊を率いて後殿《しんがり》す。

（藤野斎『征東日誌―丹波山国農兵隊日誌』）

以下、日記により戦闘状況を追ってみよう。二二日の会戦は宇都宮と壬生の中間にある安塚という一小集落を中心に行なわれた遭遇戦であった。戦闘の始まった時間は明らかでないが、宇都宮からの敵側増援隊が安塚付近に到着した時である。増援隊の宇都宮出発は午前二時であり、宇都宮、安塚間の距離は二里強あり、しかも降雨中暗夜の行軍であるから、安塚までには少なくとも二時間半を要したであろう。そこで先発の七聯隊と合流して、攻撃を開始したのであるから、時は午前五時に達していたはずである。普通ならば午前五時は日の出の時間だが、当朝は夜来の雨止まず、それに濛気《もうき》（雨・霧・雲立ちこめてうす暗い様―筆者、以下同様）立ちこめて視界を遮り七時頃までほとんど夜のようであった。

敵軍の来襲に応じ、わが隊は応戦し、敵弾中を冒して左右に並び前進して、その塁に迫りて寨柵《さいさく》（砦）を奪う。敵との距離は数間のみ、こうして敵の進出を拒んできたのであるが、黎明に至り、敵はわが軍の寡少《かしょう》なるを知り、多数をもって逆襲してきた。その勢はなはだ猛烈である。その頃わが隊は弾薬も尽きだしたので、補給と援兵の出動を後続の土州斥候隊に依頼したところ、「朝六時までは貴隊斥候なり」と云って援兵も補給も拒絶してきた。わが隊はやむなく、各自抜刀して防戦しつつ徐々に安塚の方へ数町後退した。黎明になるも雨止《や》まず、濛気立ちこめて視界は極めて不良であった。この頃敵は正面宇都宮街道のほか、我右側面なる姿川の方からも攻撃を加え、さらに下流の橋を渡って攻込んで来たので、わが隊は三方から敵の包囲を受けて混戦状態に陥り、午前六時から七時頃までに死傷者続出した。田中淺太郎《たなかあさたろう》戦死、高室誠《たかむろせい》太郎《たろう》、高室治兵衛《じへえ》重傷、辻肥後《つじひご》中傷、水《みず》口《ぐち》幸太郎、鼓士浦鬼《うらおに》軽傷、新井兼吉《あらいけんきち》行衛不明等である。

高室誠太郎の負傷は味方の誤射によるものであった。薄明のなかの混戦で、高室は銃を置いて抜刀中、敵ととっくみあい相手が逃げて姿川に入り東岸に登らんとする時、敵兵の腰部を突く。敵兵振返って刀を振上げ討たんとするところを、高室すかさずその腹を刺す。高室思わず「斬った」と叫んで、こちらへ引き返して土手を登らんとした時、薄明中であったので、監軍四宮要三郎が、これを敵と誤認して所持の短銃で狙撃してしまい腹部貫通で河中に転落し、敵の身体とともに押流されて、下流の石橋に引かかった。わが隊員平井利三郎《ひらいりさぶろう》、藤野宇之佐《ふじのうのすけ》がこれを見て、直ちに走り寄って救い上げ、これを背負って仮病院に運びこんだ。高室は重傷に拘わらず、精神は確かであった。曰く、「銃丸が体中にあるのであれば医者に頼んでこれを取り出して欲しい」と、私は「弾丸は背を貫けり」、高室「死ぬか」、藤野「何の死ぬものか」、彼は流血にも屈せず一杯を求め飲んで曰く、「味方に討たれたのは残念だ、どうか敵軍を打破ってくれ、仇を取ってくれ」。

この頃わが隊は、優勢な敵兵に押されてジリジリと四、五町(約五〇〇メートル)も安塚の方へ後退する有様で、全く苦戦の状態であった。この混戦中、今度は街道の後方から、敵軍の大隊旗である東照大権現の大旗を押立てて来る一隊が現わ

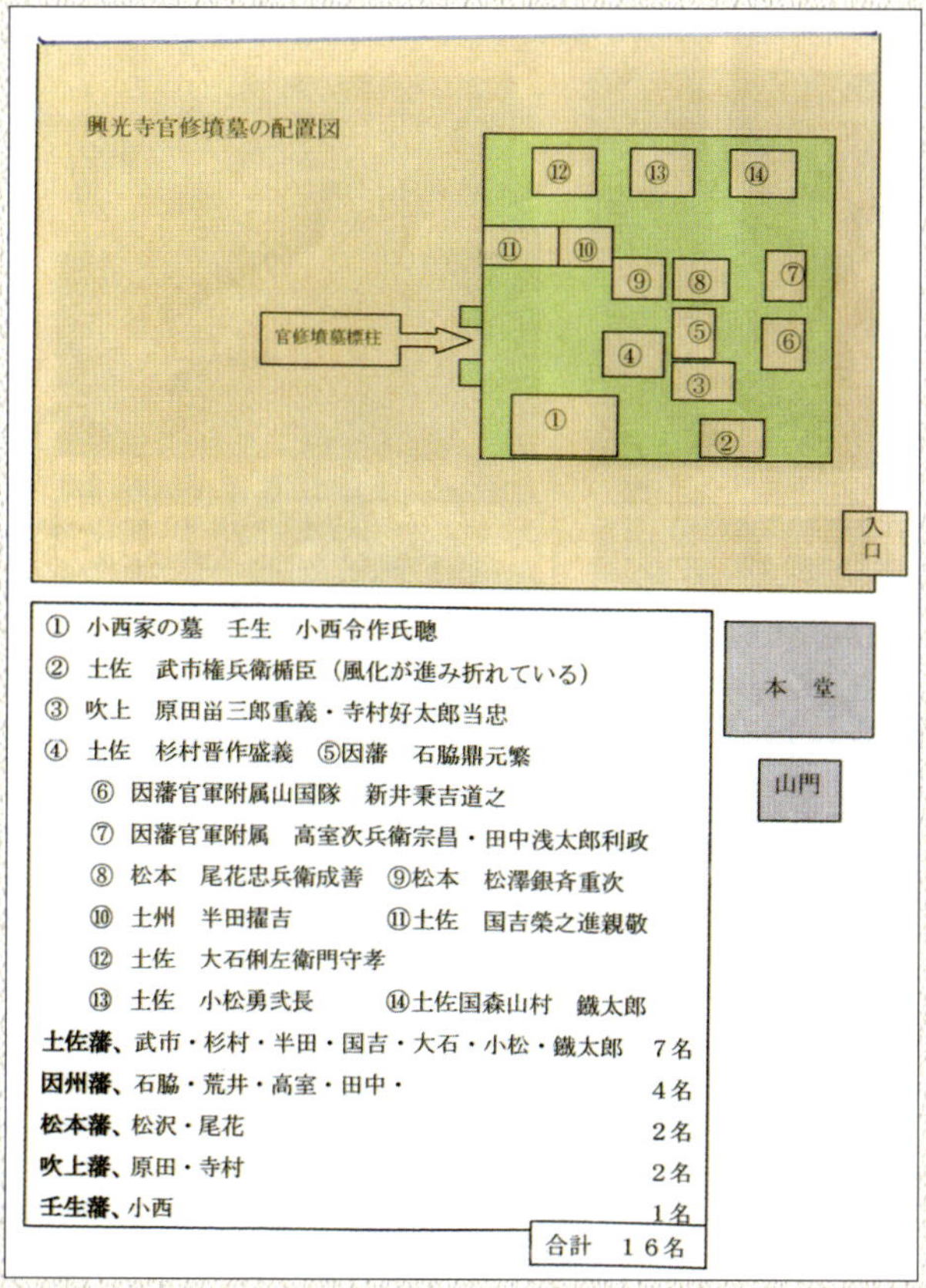

興光寺官修墳墓の配置図
⑫ ⑬ ⑭ ⑪ ⑩ ⑨ ⑧ ⑦ ⑤ ⑥ ④ ③ ① ②
官修墳墓標柱
入口
本堂
山門
① 小西家の墓　壬生　小西令作氏聰
② 土佐　武市権兵衛楯臣（風化が進み折れている）
③ 吹上　原田畄三郎重義・寺村好太郎当忠
④ 土佐　杉村晋作盛義　⑤因藩　石脇鼎元繁
⑥ 因藩官軍附属山国隊　新井秉吉道之
⑦ 因藩官軍附属　高室次兵衛宗昌・田中浅太郎利政
⑧ 松本　尾花忠兵衛成善　⑨松本　松澤銀斉重次
⑩ 土州　半田擢吉　⑪土佐　国吉榮之進親敬
⑫ 土佐　大石俐左衛門守孝
⑬ 土佐　小松勇弐長　⑭土佐国森山村　鐵太郎
土佐藩、武市・杉村・半田・国吉・大石・小松・鐵太郎　7名
因州藩、石脇・荒井・高室・田中・　4名
松本藩、松沢・尾花　2名
吹上藩、原田・寺村　2名
壬生藩、小西　1名
合計　16名

壬生興光寺官修墳墓図（阿部俊夫『維新黎明 慶応四年 写真で探訪 戊辰戦争史跡 日光口探訪記』）

れた。敵軍が後方に廻って、三方からわが隊を包囲するものと思われたので、わが隊の一部はこの防禦に向った。原六郎司令が先頭に進み、合言葉であった「天地」の「天」を叫んだが答えがないので、旗持の武者が斬り付け、陣笠から右肩右手首へ斬り下した。ところがこの者は敵軍ではなく、味方の有馬藩士であって、これもまた混戦中の同志討ちであったことが後で判明した。私が仮病院にいる時に、この者が担ぎ込まれて来た。「傷が浅いから大丈夫だ、しっかりせよ」と励まして、応急手当を加えてやると、彼は「味方の山国隊に斬られた」というから、事情を聞いてみると、敵旗を分捕りして興奮していたため、合言葉が耳に入らなかったとのことであった。『太政官日誌』の因幡藩報告書を見ると、この戦闘による有馬隊は戦死四、負傷者三名を出しているが、刀創は深手広瀬長次郎唯一人で、他は何れも砲疵とあるから、この人物は広瀬と推定する。

　また新井兼吉は今暁の混戦中に行方不明となった。わが隊は戦場を始め、江戸方面まで手を尽くして行方を捜査をしたが、徒労に帰したので閏四月六日、宇都宮滞陣中、ついに戦死として報告の手続をとったのである。このため新井の墓は壬生にも宇都宮にもないのである。従って山国隊誌に新井兼吉を戦死者中に加えたのは誤りではないが、その説明に貫通銃創とあるは、推定に過ぎないのである。

　以上の戦闘は午前五時から七時頃までの間で、この時敵兵は壬生城占領が眼目であるから、全力を尽して打ち掛けてきて、その兵力は少なくとも七百はあったであろう。これに対し味方は斥候隊だけで、しかも大久保隊は早期に逃亡し、土州斥候隊も天気回復が遅れたのを理由にしてわが隊の要請にかかわらず、七時頃まで戦場に現われなかった。それで真の戦隊はわが山国隊の外には、この吹上藩の有馬隊と松本藩の戸田隊併せて一小隊、総兵力百名以下であった。如何に苦戦であったかは察しできるだろう。

　四月二四日、床には田中淺太郎の首級と高室治兵衛の遺骸を祭るべく各自合掌して弔意を表した。高室誠太郎は幸にして生存せしも、治兵衛は今朝死亡した。それより経理局に依頼し、鶏を割《さ》き酒杯をあげ、かつ泣き、かつ笑い、かつ歌った。その歌は昨日河田隊長の作ったものだ。

　威風凛々《りんりん》山国隊の戦の仕方を知らない
　か、トコトンヤレ、トンヤレナ

　以上が安塚の戦い前半戦の記録で、ここから河田が指揮する逆襲が始まる。また紹介文中の「宇都宮からの敵側増援隊が安塚付近に到着」は前述の迂回してきた部隊かどうかは慎重な吟味が必要だが、実際の戦闘はこのようなもので、味方同士の斬り合いや戦闘をめぐる内部の不一致などが重なり合いながら展開されていったのである。とにかくリアルな記述である。

　最後に山国隊のモラルの高さを紹介しておきたい。

　四月十八日、此本陣ハ小河丈助ト云
大家ナリ、酒代金ヲ我隊中ヨリ払渡セ
ハ不請取《うけとらず》モ押テ之ヲ遣《や》レハ、再拝頓首《とんしゅ》

シテ之ヲ受取レリ、官軍ノ忝《かたじけな》キヲ拝スル也
二十二日、安塚ヲ去ル五十丁許《ばかり》、与市ヶ原ト云曠《こう》野《や》アリ、酒店一戸ノ在アリ、高誠・高治ノ雨ニ浸セルカ為メ蒲団一枚ヲ請求セルニ、家女泣テ曰、賊兵ニ掠奪セラレ一枚ノ余贏《よえい》（必要以上に余ったもの）無之《これなき》ヲ以《もって》謝断シ、庭に匍匐《ほふく》（腹ばう）ス、近江、之ヲ諭シ金弐分ヲ投セシニ、粗薄ノ蒲団敷二枚ヲ出シ、謝シテ只泣ノミ

前者は本陣で休んだ際、気付《きつ》けのため酒を求めたところ、代金を受け取らないため無理に願って支払った。後者は安塚から少し離れた余市が原の酒店でのことで、負傷兵を看護すべく蒲団の提供を求めた際も金二分を支払っている。後述する今市の戦いにおける土佐藩兵の理不尽な放火・略奪行為と較べると雲泥の差があり、私はこの違いを山国隊の出自、すなわち同じ農民だからこそ農民に負担をかけるわけにはいかないとする高いモラルを示したと考える。

野州安塚戦争之図其の一（『戊辰戦記絵巻物』個人蔵）
当初、旧幕府優位に進んだ時期の場面。右側に大島圭介の名が見えるが誤りで、彼はこの日出陣していない。

宇都宮戦争Ⅲ

慶応4年4月23日（新暦5月15日）

六道辻の戦いから新政府軍宇都宮城奪還—薩長軍の本格的攻撃

栃木街道より城内へ

壬生城を攻略できず、八割がた敗北に終わった安塚の戦いは、大鳥圭介に少なからぬ衝撃を与えた。新政府軍も同様で、一翼を担った土佐藩兵も大きな打撃を受けた。二〇数名の死傷者を出しただけでなく、後方で弾薬・食糧を担当する輜重《しちょう》奉行が味方敗戦と過誤し、金穀《きんこく》を馬に積み古河へ逃亡してしまったからだ。誤報は江戸尾張藩邸にいた土佐藩の総督府参謀板垣退助《いたがきたいすけ》や谷《たに》守部《もりべ》（干城《たてき》）のもとにも届いた。驚いた板垣たちは残りの土佐藩兵をすべて動員し、二三日夜から翌日にかけ野州救援のために江戸を立った。北上途次、

敗北が誤報であったことや、薩摩・長州・大垣藩兵等の攻撃で宇都宮城の奪還を知り、大鳥軍を追って日光へ向かうこととなる。

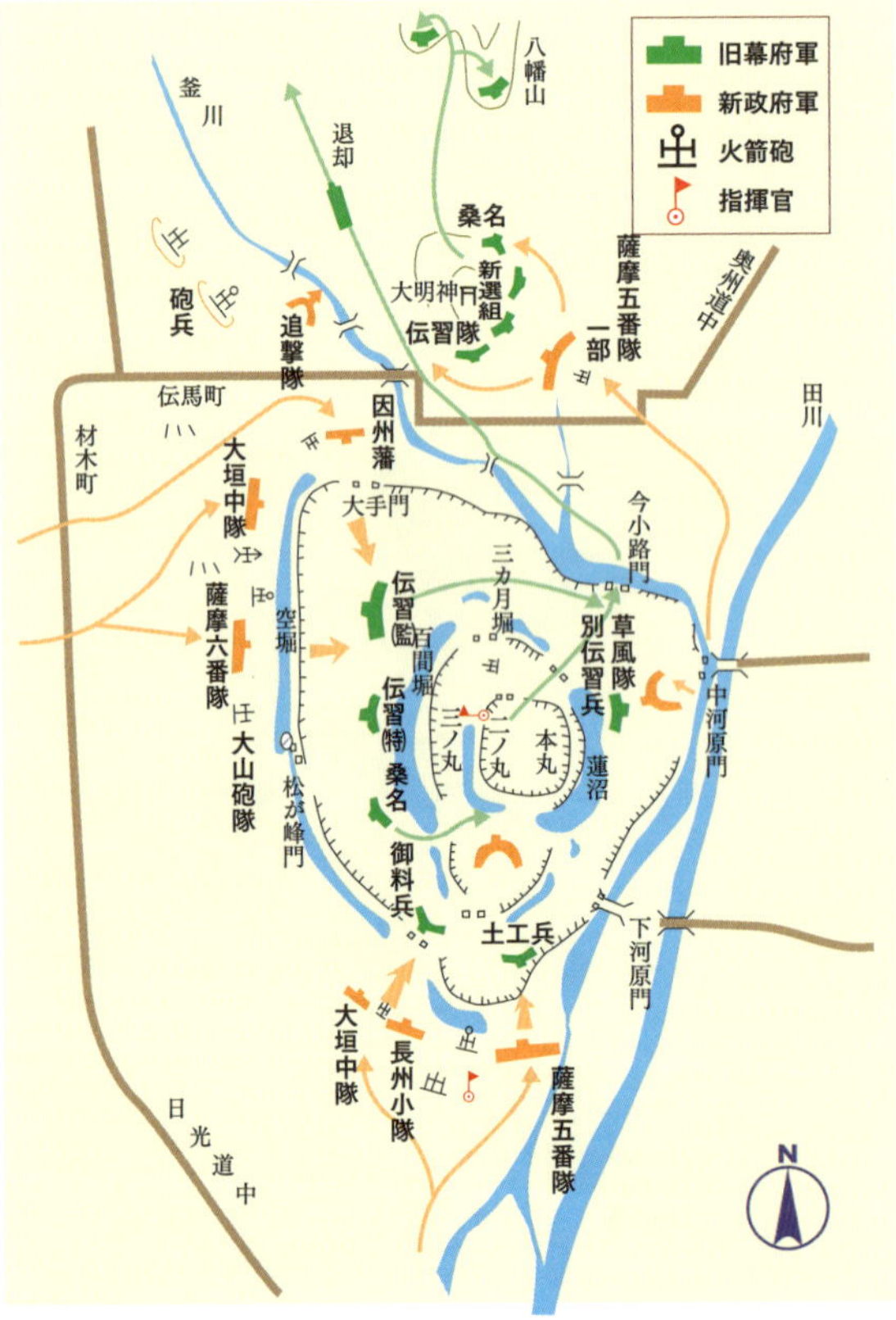

宇都宮城攻防戦要図（4月23日午後2時以降）

〈火箭砲《かせんほう》〉火箭とは火矢のことである。本来は戦闘用ではなく軍艦などで信号に用いたが、小型砲のため普通の弾丸を撃ったり、焼夷用の火箭も撃った。大垣藩が各地の戦闘で使用した。

今は遮断された六道通り

地名「滝の原」の起源となった滝尾権現（現瀧尾神社）

さて二三日、新政府軍は宇都宮城を奪還するため、栃木街道を北上した。主力部隊は前日に壬生へ到着した薩摩・大垣藩の連合軍で、指揮官の大山弥助《おおやまやすけ》（巌《いわお》）と野津七次《のづしちじ》（道貫《みちつら》）は、後年の陸軍卿《きょう》や陸軍大将となる名将であった。

大鳥圭介は日光転進の命を下していたが、新政府軍の進軍を聞き城下入口を固めた。栃木街道の城下入口は六道《ろくどう》の辻《つじ》と呼ばれる。楡木《にれぎ》街道も合流する交通の要衝で、ここが戦場となった。大山は有数の砲術家であり、かれの指揮する四斤山砲《しきんさんぽう》は外国製を改良した「弥助砲」と呼ばれたもので、待ちかまえた旧幕府軍を破壊した。午前九時頃であろうか、四の筋から一の筋の武家屋敷になだれ込み、松が峰門に迫った。しかし、北方から西方にかけて宇都宮城は堅固に築かれていて、ここからが一進一退となった。西側空堀土塁上に散開した旧幕府主力軍は、突撃する新政府軍に向け銃火を浴びせ、松が峰門付近一帯では白兵戦ともなった。野津は傷つき、旧幕府軍参謀の土方歳三も足首を撃ち抜かれた。

正午過ぎ、大手門付近を守備していた旧幕府軍一隊が伝馬町《てんまちょう》を迂回し材木町《ざいもくちょう》へ進んだ。大鳥の手元にいた一隊も同様六道口へ出て新政府軍を後方から襲った。最後部の輜重隊を奇襲し弾薬を分捕る作戦に出た。三方から包囲され、新政府軍は窮地に陥った。戦局は急変し、陽動作戦を使ってかろうじて滝権現《たきのごんげん》付近まで退却した。

午後二時半頃、救援部隊の伊地知《いじち》正《まさ》治《はる》隊が日光街道を北進し、宇都宮城南の地にようやく到着した。伊地知隊が大幅に遅れた理由は、北上途次に関宿《せきやど》藩からの通報で岩井（茨城県）で大鳥の麾下《きか》に入らなかった旧幕府軍（純義《じゅんぎ》隊・誠忠《せいちゅう》隊・回天《かいてん》隊）を平定していたからである。大山・野津隊へ弾薬と食糧を補給する一方、城南の地から攻めだした。滝の原には河田佐久馬《かわださくま》率いる大垣藩兵も後方支援にはいり、再び宇都宮城総攻撃が始まった。南部からの攻撃部隊は二手の分かれ、一隊は東部を大きく迂回して旧幕府軍が占領していた明神山《みょうじんやま》の攻略にかかった。こうして夕刻、宇都宮城と宇都宮大明神に立て籠もっていた旧幕府軍は、一斉に八幡山《はちまんやま》から北方に逃れ、やがて左折して日光に向かった。宇都宮城は再び新政府側が掌握するところとなった。二四日、宇都宮城は帰城した宇都宮藩家老戸田三左衛門《とださんざえもん》に引き渡され、藩主忠恕《ただゆき》が館林《たてばやし》から帰宇したのはその三日後であった。宇都宮藩士は城奪還の戦闘に加わることなく、城に戻った。

参考写真01

「戊辰薩藩戦死者墓」
（宇都宮市西原・報恩寺）

戦死した新政府軍兵士は、官修《かんしゅう》墓地

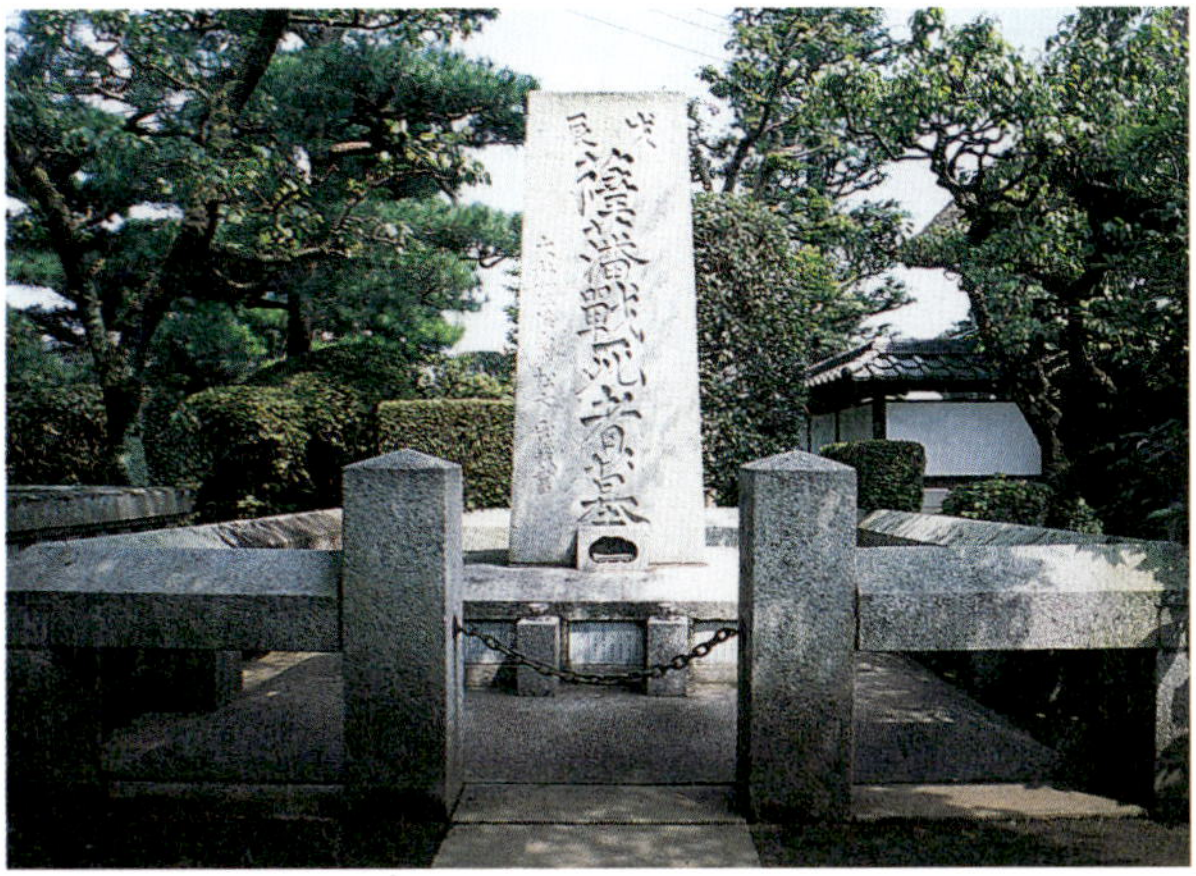

に手厚く葬られた。報恩寺《ほうおんじ》は県下で最も官修墓地を有する。中でもひときわ目立つのが薩摩藩戦死者墓で、大正四年（一九一五）に建立、銘は松方正義《まつかたまさよし》の筆による。台石には薩摩焼きの陶板がはめ込まれ、二三名の戦死者名が刻まれている。境内には縣信緝《あがたのぶつぐ》の撰による「戊辰役戦士記」碑、薩摩・長州・大垣藩の戦死者を祀る「戦死烈士《れっし》之墓」がある。後者は寺院境内にも関わらず墓域入口に鳥居を持つ構造で、寄進された灯籠には薩摩藩中村半次郎《なかむらはんじろう》（桐野《きりの》利秋《としあき》）、野津七次らの名が残る。その他、長州・大垣藩士の墓や、一九日に戦死した「宇都宮藩士墓」、後日会津若松の戦いで戦死する「官軍七首級之墓」等がある。小山や宇都宮で戦死した宇都宮藩士墓は、台陽寺《だいようじ》（新町）・光徳寺《こうとくじ》（簗瀬）・光琳寺《こうりんじ》（西原）・桂林寺《けいりんじ》（清住）・林松寺《りんしょうじ》（南大通り）に残る。

参考写真02

「彰義隊数士之墓」（宇都宮市花房一丁目・常念寺）

旧幕府軍の戦死者数は記録によりまちまちで、七、八〇名とも百数十名ともいわれる。うち正行寺《しょうぎょうじ》（泉町）には会津藩戦死者を含む二九名が葬られた他、人数は不明だが六道辻（17章参照）等に祀られた。史蹟「亀井の水」で有名な常念寺《じょうねんじ》の境内には「彰義隊数《しょうぎたい》士之墓」がある。寺伝によれば、明治二七年（一八九四）旧宇都宮城南館《みなみだて》の地に池上町の貸座敷が移転した来た際、そこにあった墓石を同寺に移したという。墓の左側面には「明治七年四月角田氏、登坂氏建之《これをたてる》」、右側面には表面が剥落《はくらく》して読みにくいが、「数士の姓名は詳《つまび》らかならず。戊辰の夏、こ

の地に戦死す。里人これを埋む。七年、敵のために碑を建つ。何となれば恨みを改め、幽魂《ゆうこん》を慰《なぐさ》めんためなり」の文言が刻まれている。戦闘直後、地元民によって仮埋葬され、明治七年（一八七四）に碑が建てられたことがわかる。なお、彰義隊の名が使われているが、宇都宮戦争時に同隊の存在を『復古記』等では確認できない。上野彰義隊戦争は五月一五日のことであるから、この隊ではなく、二月に結成された彰義隊が間もなく二派に分裂した際、その一部が大鳥軍に合流したのかも知れない。なお、正行寺の旧幕府軍墓所は道路拡幅で整地され現在はない。

参考写真03

両軍の墓
（宇都宮市西原一丁目・光琳寺）

光琳寺《こうりんじ》境内には新政府軍因州藩士墓と旧幕府軍桑名《くわな》藩士墓が向かい合って建っている。ともに合葬墓で、「官軍因州藩士之墓」は四月二二・二三日の戦闘で戦死した七名（うち三名は壬生町興光寺官修墓にもある）の名が刻まれ、鳥居を持った墓域は南向きに建つ。

新政府軍の墓（左）と旧幕府軍の墓（右）が向かい合って建っている

右手前が新政府軍の墓、鳥居奥に見えるのが旧幕府軍の墓

灯籠は幕府山陵奉行で高徳藩主になった戸田忠至が寄進したもの。桑名藩士墓は、明治五年（一八七二）に旧桑名藩士で維新後、陸軍中堅幹部となった二名によって建立された。墓碑にはただ七名の名が刻まれているだけで、相対して北向きに建つ。因州藩士墓には「河田左久馬従士、旧桑名藩三崎《みさき》二郎《じろう》之久《これひさ》」と刻まれる桑名藩士三崎二郎（本

名、南合直道《なんごうなおみち》）の名がある。三崎は尊王の志を抱き、脱藩して各地を奔走、因州藩士河田左久馬と親交を結び従軍戦死した。同じ藩士が敵味方に分かれて戦った珍しい例である。

参考写真04

汗かき阿弥陀と慰霊碑

（宇都宮市西原二丁目・一向寺）

一向寺《いっこうじ》の阿弥陀如来《あみだにょらい》は凶事の前には、予兆《よちょう》として如来像の全身から汗が流れるという。宇都宮城焼失の前日（四月一八日朝）と二二日夜にも汗をかき、

汗かき阿弥陀

一九日には「城中および武家屋敷、町在家など多数が炎々と焼失したが、この折、阿弥陀如来は入道雲のようになって一向寺の本堂に打ちまたがり、全身から汗を滝のように流して火炎の勢を食《く》い止めた」との言い伝えを残す。（『一向寺の歴史と文化財』）境内には八月末に、陸奥倉谷で戦死した宇都宮藩卒《そつ》の官修墓の他、近年になって戊辰戦争の慰霊碑も建てられた。六道辻の「戊辰之役戦士墓」も同寺が管理しており、戊辰戦争戦死者の供養についての姿勢は頭の下がる思いである。

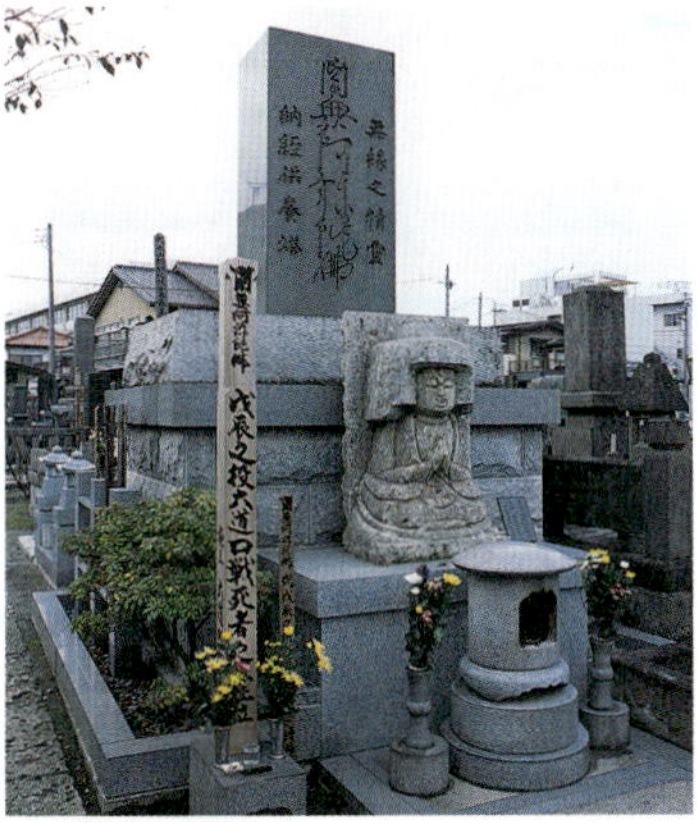

戊辰戦争慰霊碑

参考写真05

戦火から難を逃れた金毘羅神輿

（さくら市押上・水神社）

塩谷郡押上《おしあげ》村（さくら市）は、鬼怒川左岸の氾濫《はんらん》原に開けた村である。村名が水押上げに因むといわれるように、しばしば洪水に悩まされてきた。村民は水神社を創建し、水害除けと漁撈《ぎょろう》の幸を祈願してきたが、境内の金刀比羅宮《こんぴらぐう》には頭頂から四隅に翼を持つ飛龍を廃した「金毘羅神輿」が鎮座し、例祭には渡御《とぎょ》が行われる。この神輿《みこし》は幕末、宇都宮の神輿職人に制作を依頼していた。点漆《てんしつ》と彩色を除いてあらかた完成していたが、宇都宮戦争の危

機を察知したのか寸前に村に運ばれ、焼亡の危機を避けた。完成したのは明治二年、「近隣に比類なき荘厳華麗」な神輿と村人は誇ったが、押上惣氏子中《そううじこちゅう》の名で記された由来にはこのことが記され、地元民に語り継がれている。

参考資料

「戊辰戦争宇都宮城攻防図」部分

（宇都宮市本町・光明寺蔵）

図は二三日の攻防で、六道口での戦い後、松が峰門から突入する新政府軍、陣地を明神社や八幡山に移しての激しい戦闘場面が全体として新政府軍優位に描かれている。一九日と二三日の攻防を一枚のパノラマ仕立てに描いた本図には、逃げまどう民衆等が一切描かれていない。それが逆に、戦争で町の大半を焼かれた人々の無念さを静かに浮かび上がらせるものとなっている。宇都宮市文化財指定。

文献紹介

田辺昇吉『戊辰秘話　日光山麓の戦い』（昭和五二年　自家版）
『北関東戊辰戦争』（昭和五七年、自家版）

前書は今市市文化財保護審議委員の肩書きが示すように、地元日光山麓の戊辰戦争を地元に即し、その時点に立って、そこに暮らした人の立場で描いたもので、克明な聞き取りを以て描いた。後書は視点を北関東にまで拡げた。『復古記』等の史料を丹念に読みこなした上での戦術分析には、氏ならではのものがある。氏はアジア・太平洋戦争時、砲隊を指揮して中国戦線で闘い、予備士官学校に転じて幹部候補生の大砲教育にあたった。氏が指揮した四一式山砲の前身は、戊辰戦争の主力火砲となった四斤山砲《しきんさんぽう》であった。戦況分析に優れる所以《ゆえん》である。豊富な戦闘要図も双書の特徴である。

人物紹介

土方歳三《ひじかたとしぞう》（1835〜1869）

天保六年（一八三五）、武蔵《むさし》国多摩《たま》郡石田村（東京都日野市石田）に家伝薬を副業とする農家に生まれる。一一歳で江戸に出て家伝薬の行商のかたわら天然理心流近藤周助の門弟となり、近藤勇《こんどういさみ》と同門になる。のち江戸試衛館の師範代となり、文久三年（一八六三）将軍家茂《いえもち》上洛の際に剣術心得あるものの徴募に応じて新徴組《しんちょうぐみ》員となる。その後、洛北の壬生村に本陣を置く新選組員となり、局長芹沢《せりざわ》鴨《かも》のもとで副長となり、芹沢粛清後は局長近藤勇を助けた。元治元年（一八六四）、多くの尊攘派志士を斬った池田屋事件で功績を挙げ、翌年には隊の編制替えを行い総長近藤勇の下で副長となった。慶応四年（一八六八）の鳥羽伏見の戦いに敗れた後、東帰し大鳥圭介幕府主戦派と合流して新政府軍と戦う。宇都宮戦争で負傷し、離隊して会津に向かった。会津戦争後、仙台より船で函館に逃れ榎本武《えのもとたけ》揚《あき》の指揮下に入った。明治二年（一八六九）五月、五稜郭《ごりょうかく》で交戦中、郭外で戦死、享年三五歳。

コラム
Column

戊辰戦争戦死墓の見方について

　戊辰戦争終了後、各地に建立された招魂社《しょうこんしゃ》に併設された戦没者の墓所を「官修墳墓《かんしゅうふんぼ》」（通称官修墓）という。明治七年（一八七四）二月二五日発令の内務省達乙第一二号により官費によって修繕費が賄われることとなった墓石の総称として用いられるようになった。さらに翌八年四月二四日の太政官達六七号「招魂社経費並墳墓修繕費定額ニ関スル件」で維持修繕に充当するため国庫から一カ所につき定額として一か年金六円二五銭が支給されたが、明治一〇年（一八七七）におきた西南戦争までの「官軍死者」も含めるようになった。『大日本帝国内務省統計報告』によると県内には八三（全国は八九八）か所ある。なおアジア・太平洋戦争後にこの制度はなくなり所在地市町村の管理にゆだねられたため、寺院境内にあって関係家族が不明となっている墓所では、廃棄される例が今日では見受けられる。

　これに対し旧幕府軍兵士の死者の処理は、最初は野ざらしになることを見棄てられない地域の人々が仮埋葬をし、やがてささやかな墳墓を築き木造の墓標を建てて供養したことに始まる例が多い。まさに「勝てば官軍、負ければ賊軍」を視角的にはっきり示していた。墓所によってそれぞれ違いがあるが、七回忌・一三回忌とたつ中で風雨にも堪えうる恒久的なものを願う地域の声が高まっていく。その背景には同じ戦没者にもかかわらず、片や国費で法事が営まれ、一方では見棄てられるという状況への民衆の切なる思いがあった。

　この時期は明治政権の確立期でまもな

宇都宮市西川田　光音寺無縁墓
「戊辰戦死…」と彫られ、以下は土に埋もれている（阿部俊夫『維新黎明　慶応四年　写真で探訪　戊辰戦争史跡　日光口探訪記』）

く薩長藩閥政権の樹立を迎えようとしていた時期であった。それ故、旧幕府軍兵士の墓標には「賊軍」の所属名を刻むわけにはいかないから、県内各所の墓碑を見ると「戊辰之役戦士墓」「戊辰役戦死之墓」「戦士死十七名霊」等の、所属藩名不記載の墓碑が多い。宇都宮市を例にとると、市内花房の常念寺境内にある「彰義隊数士之墓」が例外的に所属を記してあるだけである。それ故、調査や見学時の鉄則は所属藩名がない墳墓は旧幕府軍関係者のものとみて間違いなく、官修墓には「宇都宮藩」・「薩藩」とか「官軍」等の所属名が必ず記されている。

皮肉なもので、国家からの管理費支給がなくなった戦後の官修墓で、遺族が不明となった場合、寺による維持管理が難しくなり廃棄される状況が押し寄せて来ている。一方、六道辻の「戊辰之役戦士墓」のように、寺側の配慮や地元住民の庇護のもと、ますます輝きを見せている墓所もあり、歴史の皮肉を覚える。

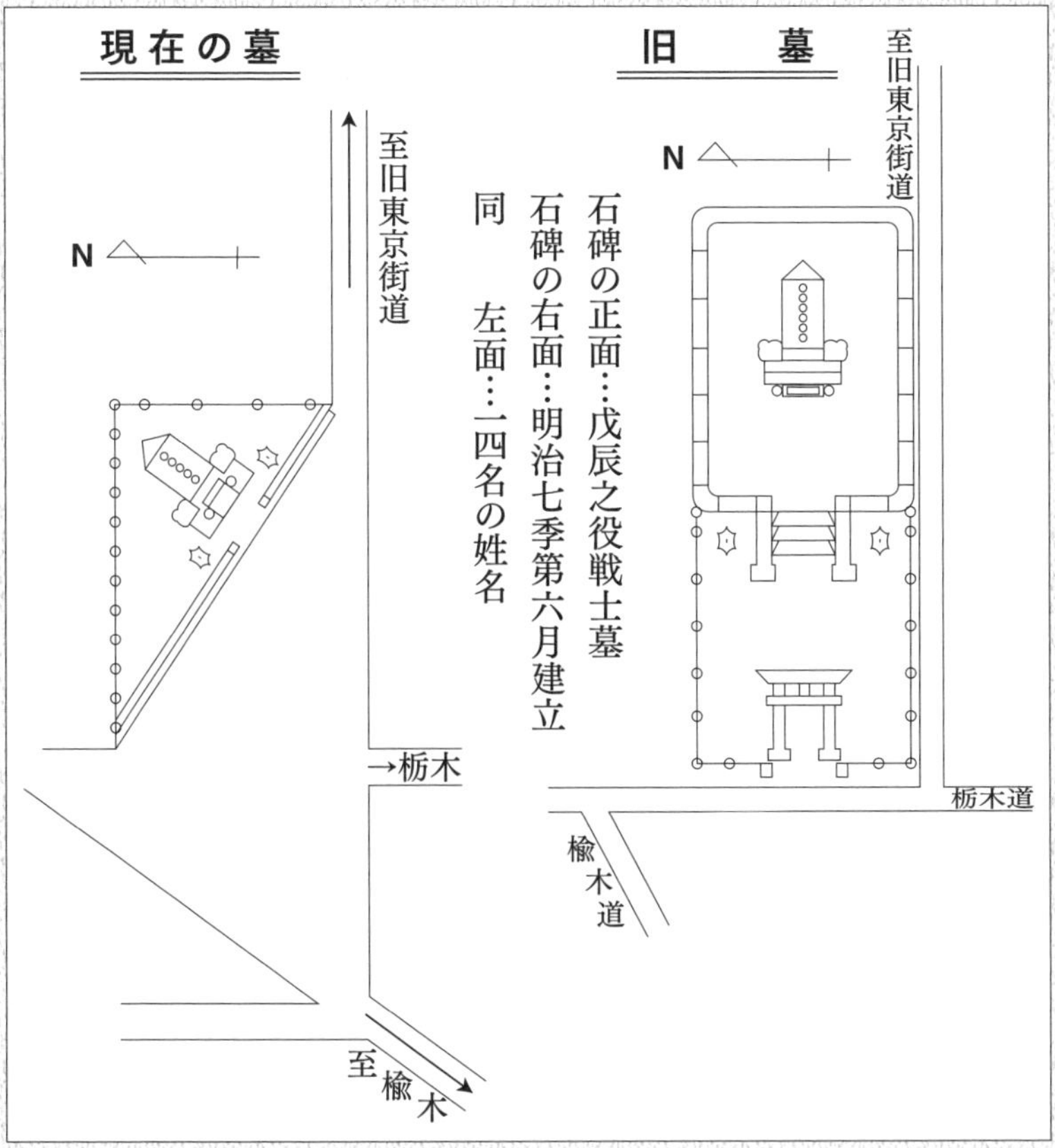

六道辻「戊辰之役戦士墓」について。旧墓が現在の形に変ったのは220頁参照

トピックス Topics

戊辰戦争をめぐる豪農の情報

芳賀町給部《きゅうぶ》の綱川《つなかわ》司郎《しろう》家には、戊辰戦争の経過を伝える手紙類が多数残されている。書状群は差出人と宛名が不同であり、中には無記名のものもあることから、意識的に多方面から収集したものと推定できる。書状の端裏書《はしうらがき》には整理番号も付され、戊辰戦争の推移を時系列的に追える。差出人と受取人が確定できた書状もある。大島半左衛門《おおしまはんざえもん》から綱川源次右衛門《げんじえもん》宛のものが二通ある。源次右衛門（素真《そしん》）とは綱川司郎家のご先祖で給部村を代表する豪農であり、烏山藩蔵米を道場宿《どうじょうじゅく》（宇都宮市）河岸から津出していた。半左衛門（素亭《そてい》）は同河岸の問屋商人である。両者の関係は商売の取引仲間と推定され、事実書簡には小鵜飼船《こうかいぶね》への積み荷等の文言も出てくる。うち一通はそれぞれ雅号を使用しているところをみれば、両者の関係は業務上のものを超えた文人的な繋がりもあった。

　内容は四月一七日の小山宿の戦いから一九日の宇都宮城攻めの状況、二三日の新政府軍による宇都宮城奪還と町の様子が生々しく記されている。さらに書簡は、戦争の余波として鬼怒川を越え、常陸国那珂《なか》郡野口村（茨城県）でも戦闘があったことや、下野国内では戦場が今市などの日光山麓から塩原・大田原地方に広がり、さらに奥州白河（福島県）へと北上していったことを伝えている。今市地方・日光山麓の激戦では、会津方の「英女隊《えいじょたい》」と称した婦女子部隊が繰り出してきたことを同情的に述べている。今市宿における会津藩婦女子の戦闘は、県内史料では確認がとれず史実と違うようにも思えるが、このような情報が増幅して伝達されて来ることも、戦争下における風聞の特徴であろう。

　宇都宮戦争の翌日に書かれた手紙を紹介しよう。宇都宮に入城した大島圭介は、触れを出して城下と近隣農村の治安維持に努め、規律違反の兵士を時には粛清《しゅくせい》したが、それでも下級兵士の金策《きんさく》は止まなかったし、敗走する旧幕府軍からは脱走兵も出たようである。この件でも大島半左衛門は、綱川源次右衛門らと数度にわたり連絡を取り合ったが、以下はその書簡（口語訳）の一部である。

　東軍の触れによれば、大島軍兵士が乱暴したり金策といって金銭の無心があった時は、討ち取っても良いという指示が出ています。昨日は柳原《やなぎはら》（宇都宮市柳田）の五郎右衛門方へ兵士二人が金策に来ました。うち一人を鉄砲で打ち殺しましたが一人は逃げ去ったようです。今泉《いまいずみ》（宇都宮市）でも三人打ち殺し、今日もまた柳原では三人を打ち殺したようです。このように触れの効果は認められませんので、隣村の組合村と相談しあい落人《おちうど》が来た場合は必ず討ち取るようにすべきでしょう。私家の荷物は、とりあえず杉山（市貝町）へ送ったので大丈夫ですが、貴家も片付けがあらまし終わったようで安心しています。当村河岸の馬船《うまぶね》は渡船場に繋ぎ止め、小鵜飼船のみ夕刻四時まで渡船させ、夜は舟留めとしました。落人等の無法な金策があれば打ち取るつもりです。ですから私家には来ないと考えていますし、好んで人命を取るつもりもありません。官軍の場合、わざわざ川を渡って陣取ることはないと考えられます。先《まず》は以上のことを貴殿までお知らせいたします。乱筆お許し下さい。畏《かしこ》まって敬意を表します。

四月二四日

素亭（大島半左衛門）

素真（綱川源次右衛門）君兄貴下

なお、この上はどんなことがあっても驚きません。雑兵《ぞうひょう》どもの金策があれば必ず討ち取るつもりです。

（『芳賀町史』史料編近現代）

二四日の日付であるから、旧幕府軍が日光に敗走していった日に書かれたものである。「東軍の触れ」とは、大島が宇都宮に入城し町と近隣村の治安維持を命じたもので、大島は兵士の狼藉に厳しい処分を下した結果、治安は保たれたとしたが、いざ戦闘が起きるとあちこちで事件が起きた。旧幕府軍敗北の中で生じた脱走兵に対し、村々は容赦《ようしゃ》ない対応をした。道場宿の対岸にある柳田では二度にわたり金策の使者が鉄砲で撃ち殺された。今泉でも同様なことが発生した。大島は綱川にこのような事態はどこでも発生するので、組合村を利用した対応を指示している。（綱川家は小惣代を担当）組合村とは寄場《よせば》組合ともいわれ、江戸時代後期に幕府が関東農村に設けた治安維持組織である。幕末の治安悪化に対して、幕府は文久三年（一八六三）、組合村単位で拝借鉄砲や竹槍による武装化を認めていたし、元治《げんじ》元年（一八六四）の天狗党争乱に際して、上高根沢村（高根沢町）や道場宿村などの一橋《ひとつばし》領で農兵徴発など、村レベルでの武装化が進んでいた。この様な背景が、好んで人命を取るわけではないが、金策の節は討ち取りもやむなしと決意させたのである。しかし、文面を良く読むと「落人」という脱走兵や敗走兵への処置であり、新政府軍は渡河してくることはないと読み切っている。下野が戦場となる前の三月、綱川源次右衛門に宛てたある豪農の書簡は、徳川の廃絶を残念なことと認めたが、有力農民たちは権力の交代と戦局の推移に強い関心と冷静な目を持ち、自己の生活と経営の防衛に全精力を投入したのである。

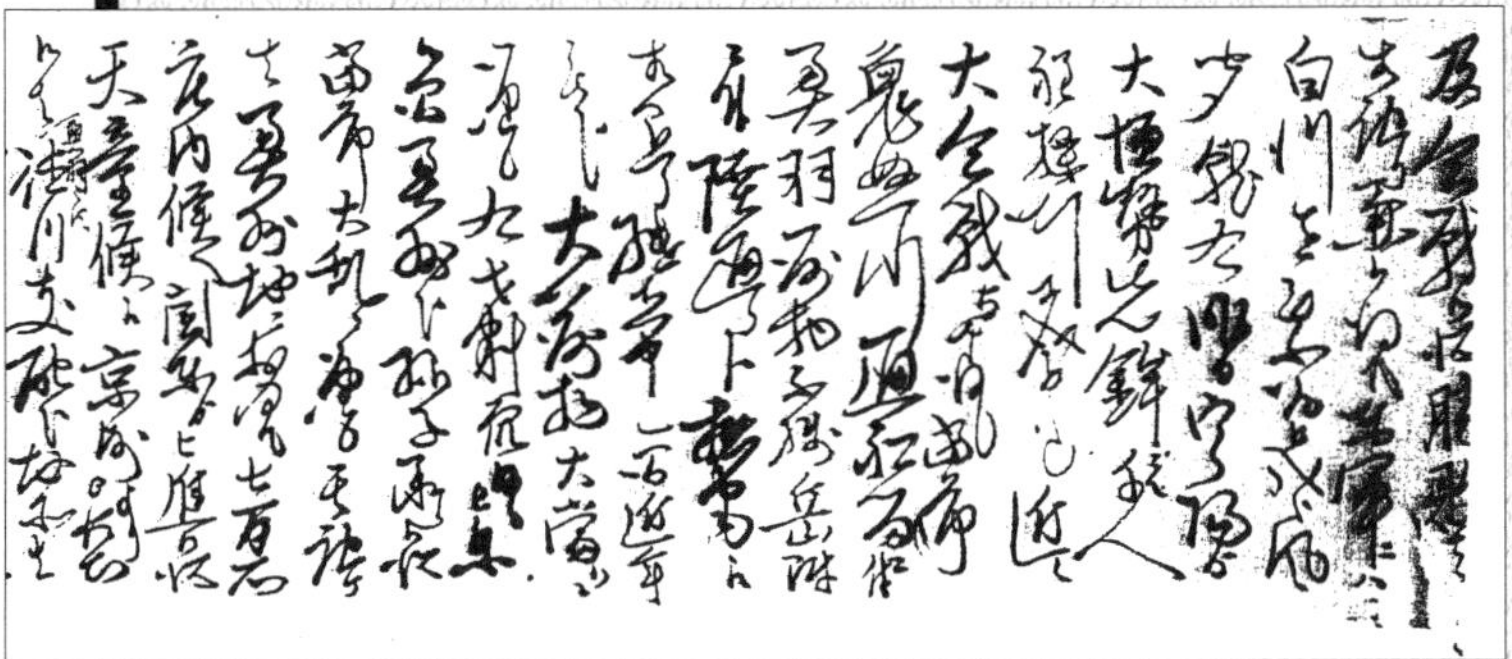

戊辰戦争の経過を伝える手紙（芳賀町・綱川司郎家蔵）

トピックス
Topics

土方歳三の負傷地をめぐって

　前述の解説文で「松が峰門付近一帯では白兵戦ともなった。野津は傷つき、旧幕府軍参謀の土方歳三も足首を撃ち抜かれた」と記したが史実として確定しているわけでない。今日に残る状況証拠から推定できるというものである。以下、各種史料や解説書から負傷地を探ってみよう。厳密を期すために資史料をそのまま掲げる。

　まず二三日における土方歳三の奮戦ぶりである。大鳥圭介『幕末実践史』には「傷者土方歳三（足指）」とだけあるが、新選組隊士『島田魁日記』には「同廿三日早天ヨリ壬生口番兵所へ敵大軍ヲ以テ押来ル、右ニ付番兵所《ばんぺいじょ》ヲ揚ケ城外ニテ互ニ発砲大戦争ト相成、九ツ時比土方・秋月両公怪我ヲ受ケ、日光口今市駅へ宿陣ス」とあって、「九ツ時」即ち一二時頃に土方・秋月両長は負傷し今市へ運ばれたことが判る。

　新選組隊士『島田魁日記』には同様のことが描かれた後、警衛隊士一〇数人と会津に向かったこと記され以下の記述が続く（罫線部筆者）。

　同十九日宇都宮城下近ク迄押寄ケレハ、敵兵防禦シ烈布《はげしく》発砲シ敵次第ニ崩レ立、追々城中へ引籠発砲ス、味方乗機《じょうき》ニ速ニ鯨声ヲ挙ケ城下ニ逼ル、放火シテ烈布大小砲打立テ、於此《ここにおいて》城ノ内外尽ク火ト成リ、敵狼狽シテ城ヲ捨テ逃去、右戦争ハ朝四ツ時頃ヨリ始マリ夕七ツ時落城ス、此時城外ニテ宿陣ス、翌廿日入城ス、分捕器械・弾薬・兵粮不可勝数《まさるべからざるかず》、於此当城下尽ク救米ヲ出シ、兵隊一同城中ニテ休息ス、夫ヨリ評議一決シ二十二日暁七ツ時壬生城ニ打向フ、敗走シテ四ツ時頃宇都宮城へ引揚ケ休ス、同廿三日早天ヨリ壬生口番兵所へ敵大軍ヲ以テ押来ル、右ニ付番兵所ヲ揚ケ城外ニテ互ニ発砲大戦争ト相成、九ツ時比土方・秋月両公怪我ヲ受ケ、日光口今市駅へ宿陣ス、於是諸隊不残夕七ツ時日光口へ引揚、宇津宮城ハ又敵ノ有トナル、同廿四日日光口今市両所へ引揚ケ屯集ス、千人隊土方勇太郎来リ云、有之、既ニシ昼九ツ時秋月・土方両公警衛十余人引連会津へ引揚ル、廿六日会ノ領内田島陣屋ニ至ル、当所ニテ有故秋月公ト別レ我輩、漢一郎、中島登、畠山二郎、沢忠介、松沢音造引連レ、大内通リヨリ廿九日会津城下七日町清水屋へ着ス。於是先流山ヨリ散乱ノ諸英士悉ク集会ス。土方公当家ニ養療ス、先ニ秋月・土方両公会ニ引揚ルヤ兵隊尽ク大鳥某へ托シ置ル、然ル処兵隊大鳥某ニ服セス趣モ有之、前顕ノ訣故土方公会着、後当藩山川大内蔵ト申者ヲシテ惣督ニ命シ日光口ニ向ハシム、夫ヨリ戦争数度相始リ互ニ勝敗有リ云。

　二四日会津に向かい日光を引き上げる際、千人同心の土方勇太郎と逢ったと記しているが、菊地明『土方歳三の35年』（新人物往来社）には、一九日の城内での戦闘の際に斬り捨てた味方の従兵の墓を日光の建立するよう依頼したと記してある。ところで土方はどこで負傷したのか。

二十三日、再び新政府軍が、宇都宮城奪還のために攻撃をしかけて来たなか、土方は敵弾を受けて負傷してしまったのである。その正確な場所は不明であるが、この時も桑名藩隊を指揮していたのであれば、彼らの出撃先でのことと考えられる。桑名藩隊はこの日、宇都宮城を出て、宇都宮明神と八幡山に向かった。そして、午後になって、敵兵の退かない宇都宮城からの要請により、桑名藩隊一番隊は、城内に入ったという。

　これは結喜しはや「土方歳三をめぐる10の謎」『土方歳三　新選組の組織者』（河出書房新社）の記述であり、八幡山か城内のどちらかとし、午前ならば二荒山か八幡山、午後ならば城中としたのであった。

　次は城内での負傷説である。野田雅子「宇都宮戦の土方歳三」（『土方歳三　新選組の組織者』河出書房新社、罫線部筆者）は以下のように記す。

　明けて二十三日。新政府軍の宇都宮城奪還の動きは迅速だった。城下に敵迫るの第一報は午前八時頃、脱走軍が前日の安塚の戦闘で雨に濡れた銃火器の手入れをしている最中に届いた。城の南西にある滝尾神社付近から、野津道貫や大山弥助の率いる薩摩藩兵を中心とした総兵二百が六道口を目指して侵攻して来ている。歳三は桑名藩隊と共に行動していたと考えられ、新政府軍の侵攻と共に城外へ出て城北の二荒山神社及び八幡山付近に布陣した。午前十一時前後、城から援兵要請が来たため桑名藩隊の半隊が大手門から城内に入り、西南方向から攻め入る敵の防御線上で戦った。歳三はこの戦闘で負傷したと思われる。

城内で西南方向から突入する敵の防衛線上としたのである。これらを参考に『復古記』を詳細に調べると、下記の二点が浮かび上がってくる。

　此時後門（松峰門—筆者）既ニ砲声起リ、我哨兵退テ城中ニ入ル、我先鋒伝習第一大隊、桑名士官隊等直チニ之ニ当ル、表門（大手門）ハ伝習第二大隊、七連隊之ヲ守ル

浅田惟季（旧幕府側）「北戦日誌」（『復古記』第十一冊）

　此戦ヤ空シク開城スルノ云々ハ、伝習第一大隊ノ長秋月登之助並内藤隼太ハ手負ニツキ日光山へ差送リ、第二伝習隊参謀森三之丞ハ戦死ニ依テ

「慶応兵謀秘録（旧幕府側からの記録）」（『復古記』第十一冊）

　後者の史料は会津藩士秋月登之助と共に内藤隼太（土方歳三）は伝習第一の長として記され、前者の史料から松が峰門近辺で防戦していたことが判る。両史料とも旧幕府軍関係者が記したものであるから信憑性《しんぴょうせい》がある。それ故、土方歳三は松が峰門付近の攻防で負傷と推定できるのである。

松が峰門跡

今市・瀬川十文字の戦い

慶応4年4月29日（新暦5月21日）

日光を巡る攻防—土佐藩兵の進軍

意気盛んな土佐藩兵

　宇都宮城を捨てた大鳥軍は、日光へ転進するため、四月二三日夜から二四日にかけて今市宿（日光市）に着いた。二〇〇名近い負傷者を護送しての進軍であった。大鳥は交通の要所今市宿での滞陣を考えていたが、士官から兵士に至るまでこぞって日光山参詣を希望していた。制止すると抜け駆けがでる始末で、日光・今市のどちらを拠点とするか意思統一ができぬまま、とりあえず日光に布陣した。敗走する旧幕府軍を追って、新政府軍も日光道中と例幣使《れいへいし》街道の二道を北上した。日光が戦場となる危機が迫った。旧幕府軍の進駐により、日光は混乱を極めた。

　新政府軍の中核は土佐藩兵で、宇都宮戦争で薩摩・長州に後れをとり、「土佐の御方は上州ちぢみ見掛けや強いよで着て弱い」（『谷干城遺稿一』）と囃《はや》され屈辱を味わっていただけに、先鋒《せんぽう》隊《たい》として今度こそはと意気盛んであった。指揮は板垣退助・谷守部（干城）・片岡健吉《かたおかけんきち》など、後に明治の政治家として名を残す錚々《そうそう》たる面々であった。

現在の杉並木遊歩道（日光市）

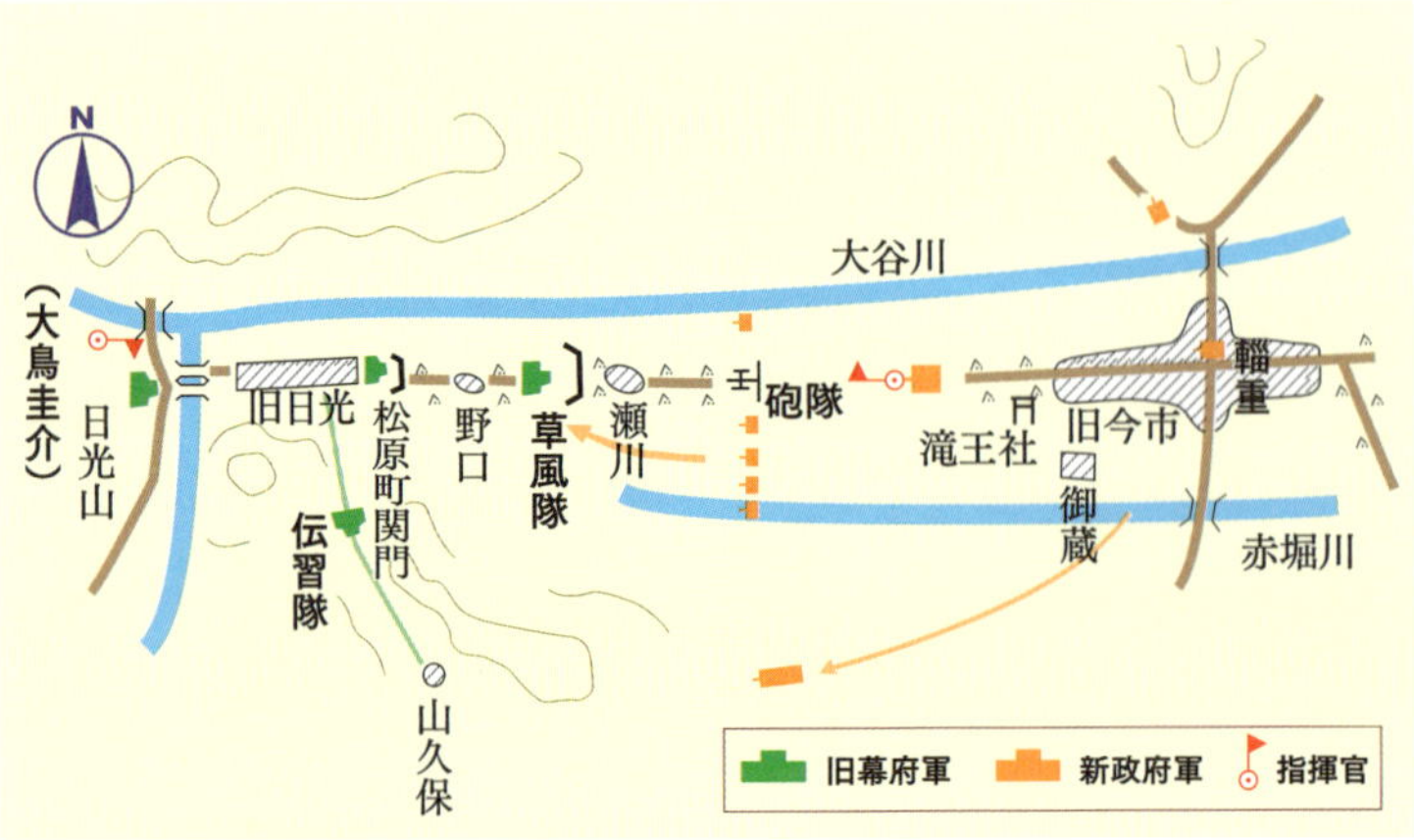

瀬川十文字戦闘要図（4月29日）

旧幕府軍が宿泊した各坊（日光市山内）

二九日、土佐軍が二手から今市に到着、日光に向け進軍した矢先、瀬川十文字《せがわじゅうもんじ》（日光市）で最初の交戦となった。旧幕府軍は守備部隊数十名を派遣していただけであったから、兵力に勝る新政府軍の優位は明白で、戦闘そのものは小一時間で終わった。土佐藩兵が小休止をしているところに、日光山惣代《そうだい》の命を受けた二名の僧が駆けつけ、日光を兵火から守ろうと訴えた。

大鳥軍が日光に滞陣したもう一つの目的に、弾薬の補充があった。しかし、製造した五〇〇〇発の小銃弾は、軍用には耐えない不良品であった。そんなこともあってか、同日夕刻に旧幕府軍は全軍退却を決断し、六方沢越《ろっぽうさわ》えで栗山《くりやま》から会津領田島《たじま》（福島県南会津郡南会津町）へと行軍していった。宇都宮戦争で負傷した秋月登之助と土方歳三は、それ以前に戦線を離脱して会津領に入っていた。

会津藩が合流

この日、日光奉行新庄右近将監《しんじょううこんしょうげん》は栗山村に逃亡し、日光は新政府軍の支配下にはいった。いっぽう、会津田島では旧幕府軍に会津藩兵が加わり、総督に大鳥圭介、副総督には会津藩から派遣され山川大蔵《やまかわおおくら》が就き、一五〇〇名余を四大隊に編制するなど新しい陣容を組んだ。第一大隊（四五〇名）は三斗《さんど》小屋《ごや》方面へ、第四大隊（二〇〇名）は白河口と塩原口の守衛へ、第二・三大隊（三五〇・三〇〇名）は日光口へと出立を命じた。以降、旧幕府軍を会幕連合軍と呼ぶことにする。会幕連合軍第二・第三大隊は会津街道（明治以降は会津西街道と呼ばれる）を南下し、再び日光領に入り鬼怒川を挟んで新政府軍と対峙《たいじ》した。

日光に滞陣した旧幕府軍は山内の宿坊に分散して宿泊した。今も残る石垣が往時をしのばせる（日光市山内）

参考写真01

旧幕府軍が築いた塹壕（日光市野口）

フランス式訓練を施された旧幕府軍の伝習歩兵部隊には、付属して軽易な野戦での築城を行う土工兵《どこうへい》がいた。工兵とも呼ばれたが、多くは召募兵で、江戸の鳶職《とびしょく》や石工《いしく》、左官《さかん》、土方《どかた》等を以て組織したといわれる。瀬川にはこの戦闘で築いたと思われる塹壕《ざんごう》が残っているが、下野の戊辰戦争では日光市小《お》原《ばら》（旧藤原町）や那須郡大峠《おおとうげ》に壕跡を確認することができる。

参考写真02

砲弾打ち込み杉（日光市瀬川）

新政府軍土佐藩兵と旧幕府軍の前哨戦《ぜんしょうせん》となった場所は、旧今市市と旧日光市の境界にあり、日光街道と下瀬川・和泉《いずみ》道の交差点に位置し瀬川十文字とか野口十文字と呼ばれる。街道はここで緩やかに屈曲するため、前進する新政府軍を防ぐには格好の場所であり、杉並木を両軍とも楯として戦った。付近の杉並木には砲弾が命中した痕跡が今なお残っている。

参考写真03

臼井清左衛門の墓（日光市日光・龍蔵寺下寺十王堂）

臼井清左衛門《うすいせいざえもん》は土佐藩軍に属した断《だん》金隊《きんたい》の一員。東山道を進軍中の土佐藩兵が甲州《こうしゅう》に入ると、乾《いぬい》退助は地域住民に対し新政府軍に協力するよう呼びかけた。その際、民心を掌握するため、われこそ武田信玄《たけだしんげん》に仕えた勇将、板垣駿河守信形《のぶかた》の子孫だとして板垣と改称した。ここで住民を組織したのが断金隊。土佐藩附属の隊として、専ら情報収集にあたらせた。隊長は、のちに阿武隈川《あぶくまがわ》で悲劇の死を迎える美正貫一郎《みしょうかんいちろう》。臼井は郡内縞《ぐんないじま》の行商で江戸・横浜を往来していた。やがて天然理心流の剣術を学び、身を旧幕府誠忠隊に投じた。しかし、三月末同郷の断金隊が江戸に入ると知り、入隊を希望。板垣からは隊外探索の任を与えられ、

誠忠隊に留まり敵情の内牒《ないちょう》を命じられた。四月二九日は今市の土佐藩本営に大鳥軍の動向を報告、日光に戻る途中松原町関門で怪しまれ、捕らえられて殺害された。墓は美正戦死後に後任隊長となった尾崎行正《おざきゆきまさ》（政治家尾崎行雄《ゆきお》の父）が凱旋の帰路に建てたものである。

参考写真04

「六方沢」（日光市六方沢橋）

四月二九日、大鳥圭介は二〇〇名近い負傷兵を藤原経由で田島に送ると、夕刻から夜半にかけて日光から退却した。選んだルートは六方沢越えの間道《かんどう》で、日陰《ひかげ》村（日光市、旧栗山村）を経て五十里《いかり》に達する道である。間道と記

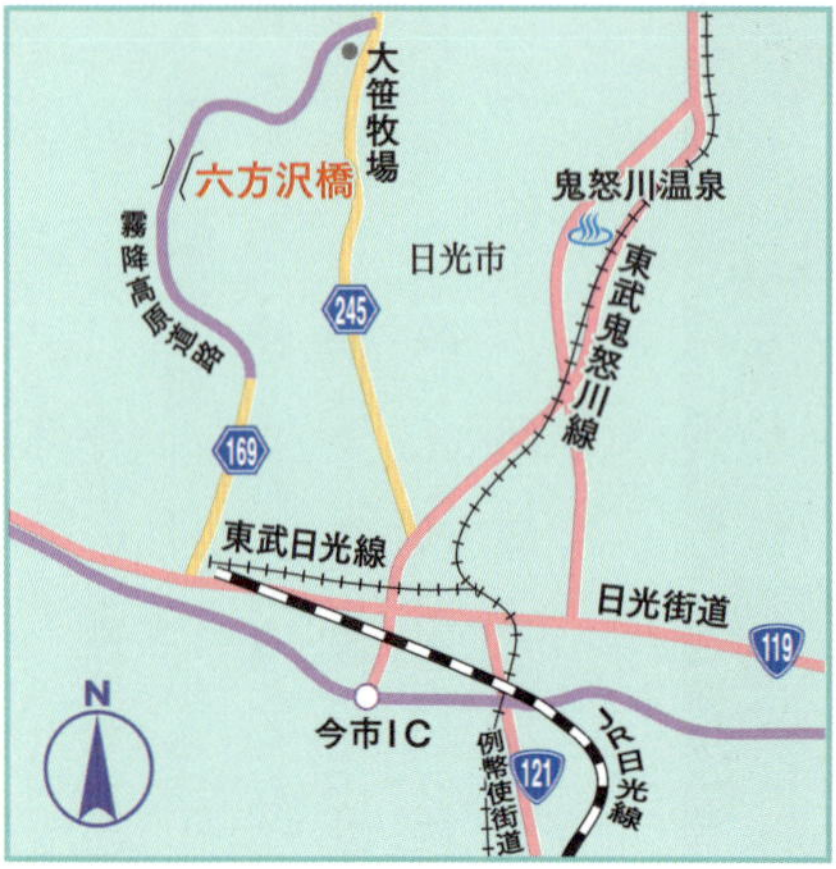

したが人一人がようやく通れるくらいの山道で、しかも地元民による先導もなく、雨後のぬかるみの道を暗闇の中の行軍であった。二〇〇〇余の軍隊は樹陰に寄り枯れ葉を焚いて暖をとり、文字通り石を枕、枝を蓐《しとね》とした。翌朝、露営の中、目を覚ますと晴天で、深い渓谷には八《や》汐《しお》ツツジが見事に咲き誇り、戦時を忘れさせるほどの桃源郷《とうげんきょう》であったと、大島は漢詩に詠んだ。

参考資料

土佐藩幹部
（『板垣退助君伝』）

居並ぶ土佐藩幹部。前列中央は板垣退助、二列目板垣退助の左のマフラー姿は谷干城。土佐藩兵の身なりはシャグマの帽子、黒紺の洋服、腰には白帯を巻いて大小二刀を差し、歩兵はミニエール銃を肩にしており、全員洋装である。また中には少年と思しき者が板垣の膝の上に乗っていて興味深い。

戰務諸士之肖像

コラム
Column

今市御蔵米の行方

慶応四年（一八六八）三月九日の梁田戦争に敗北した旧幕府軍兵士は田沼（佐野市）で陣容を立て直し、一一日には粟野から鹿沼に入り、徳次郎《とくじら》（宇都宮市）を経て会津街道に向かった。

戊辰戦争の北上に危機感を抱いた真岡代官山内源七郎《やまのうちげんしちろう》は、その二日後の一三日、管理していた今市御蔵米《おくらまい》五千俵を秘匿するため、蔵米輸送を吉沢村《きちさわ》（日光市）ほか一二か村に指示した。輸送先は日光山本坊《ほんぼう》で、一五・一六の両日に慌ただしく行われたが、そのため村々に課した馬は二千五百頭に上った。

後日、山内代官は日光奉行新庄右近将監からの依頼を受けての処置と届けたが、日光奉行所同心出役大沢徳三郎《どうしんしゅつやくおおさわとくさぶろう》日記（『社家御番所日記』第二二巻）にも蔵米輸送の記述があるところから、日光奉行・真岡代官・日光山の連携のもとに進められ、日光山内や奉行所に分散隠匿《いんとく》されたことがわかる。当時今市御蔵には、六千百俵余の蔵米が納められていたが、非常時に五・六人の蔵番だけでは守衛しきれないと判断したためであろう。

ところで山内代官は新政府・旧幕府のどちらから蔵米を守ろうとしたのだろうか。宇都宮城を巡る攻防で新政府側が優位となり、旧幕府軍は日光に向かったが、その途上の四月二四日、今市御蔵米の確保を日光奉行や山内代官の部下に強要した。その際、両名は「先に新政府軍の使者に金穀を求められ倉庫を開いて渡してしまい、役人へ渡す俸禄以外の米は一粒もない」（『復古記』第十一冊）と答えて、明確に旧幕府軍への引き渡しを拒否した。四月末日、今度は旧幕府軍を追って今市宿に入ってきた新政府軍が、蔵米の確認を求めると、山内代官は「御米の義は兵糧《ひょうろう》その外に撒布《さっぷ》いたし、御蔵内残米一粒もこれ無し」（『いまいち市史』史料編・近世Ⅶ）と説明した。これまた新政府へ供出する意志もなかったから、双方から御蔵米を守ろうとしたといえよう。山内は今市御蔵に残されていた一千俵余も、旧幕府軍貫義隊《かんぎたい》により持ち去られたと旧幕府に届けている。

日光山に運ばれた御蔵米は、その後土佐藩に代わって進出してきた芸州藩に知れるところとなり、結局三千俵は八月にはいり今市御蔵に返却されたが、山内代官の二心《にしん》的な態度は「己レ一身ノ安逸《あんいつ》ヲ計ル、真ニ悪《にく》ムベキノ小人ナリ」（『復古記』第十一冊）と旧幕府側から批判されただけでなく、五月一七日に新政府軍によって真岡代官所が襲撃される遠因となっていった。

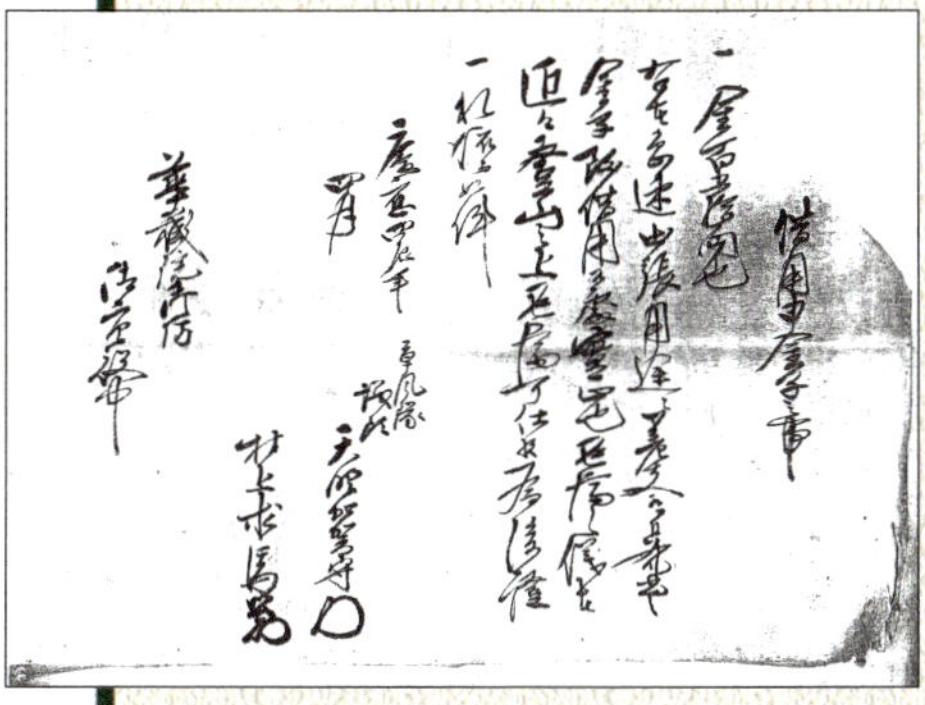

旧幕府軍草風隊は日光山から 150 両の軍用金を借用した。写真はその借用証文（今市市・高賀茂乗邇家蔵）

トピックス
Topics

全国に一〇か所ある薩摩藩墓所

宇都宮市西原の臨済宗報恩寺《ほうおんじ》は、茅葺《かやぶき》の山門が美しい寺院である。山門をくぐるとすぐ右手に御影石の薩摩藩墓所がある。松方正義《まつかたまさよし》の揮毫《きごう》による合葬簿で、墓碑台石には白色の陶板に二三名の戦死者名が刻まれている。大正六年（一九一七）に建立されたものだ。四〇数年前、函館の戊辰戦争戦蹟を訪ねたとき、北海道護国神社に同じ墓碑があることを知った。調べてみると全国には一〇か所あることが判明した。以下、南から順に挙げるが、人数は戦死者数である。

①京都市　林光院（写真A）
　七二名　大正四年設立
②東　京　堀の内　大円寺
　七四名　大正七年
③宇都宮市　報恩寺
　二三名　大正六年
④白河市　旧城跡（写真B）
　六三名　同
⑤会津若松市　東明寺（写真C）
　三三名　同
⑥山形市　薬師公園
　一〇名　同
⑦秋田市　全良寺
　四五名　同
⑧新潟市　護国神社
　一五八名　同
⑨上越市　高田金谷山
　八六名　同
⑩函館市　護国神社
　一〇名　大正九年

（鹿児島戊辰の会「戊辰戦争薩藩戦死者の墓」に一部修正）

これらは寺院境内（②③⑥⑦）、寺院所有墓所（①⑤）、護国神社（⑧⑩）、旧城跡（④）、共同墓地（⑨）にある。このうち②の東京堀の内の曹洞宗大円寺《だいえんじ》は、現在杉並区和泉三丁目にあるが、もとは品川にあり明治四一年（一九〇八）、寺院狭隘《きょうあい》のため現在地に移転した。薩摩藩島津家の江戸における菩提寺であった関係から当寺に建てられたものである。表《おもて》は「戊辰　薩藩戦死者墓　大勲位侯爵松方正義書」、裏面には「大正四年乙卯《いつぼう》十一月合葬　東京鍋島《なべしま》商店工作」とあってさらに現地での建設担当者名が記されているから若干の違いがある。また合葬したところは各墓碑にそれぞれいくつかの地名が刻まれており、宇都宮の場合は「鮎田《あゆた》村・氏家合葬」とある。これは、鮎田村（茂木町）と氏家（さくら市）にあった薩

写真A　林光院

摩藩関係墓所を、墓碑が完成した大正六年時点で報恩寺に合葬したという意味である。故小林友雄氏の調査によれば陶板の末尾に記された「月日不詳会津ニテ戦死　八番隊戦兵肥後与之助廿五、隊号不明人夫　薄田忠兵衛四十五」がそれで、肥後与之助《ひごよのすけ》は明治元年（一八六八）一〇月一五日、氏家石町の石田屋倉吉宅で病死、薄田忠兵衛は茂木町鮎田字西久保の薄羽忠兵衛《うすばちゅうべえ》で、軍夫として従軍し、一一月二四日会津若松で戦死した人物とのことである（『宇都宮藩を中心とする戊辰戦争』）。それゆえ藩兵だけでなく軍夫まで記されており、会津若松市東明寺《とうみょうじ》の墓碑には「一番大砲隊　宇都宮　岡左衛門」の名がある。

設立発起人は樺山資紀《かばやますけのり》で、大山巌・東郷平八郎《とうごうへいはちろう》・松方正義・山本権兵衛《やまもとごんべえ》らも賛同、協力した。大正四年（一九一五）に島津旧藩主や薩摩藩出身財界人の寄付金（総工費二万円）によって、激戦地の一〇か所を選んで建碑が決まった。二年後の戊辰戦争五〇周年を意識してのことであろう。宇都宮が入っていることは、宇都宮戦争が薩摩藩から見ても重要な戦局であったことを意味している。

一〇か所の薩藩戦死者墓を拝観してきたが、墓域が市の指定史跡とされているところ、墓参者も少なく荒れ果てているところ、戦前の官修墓さながら管理されているところとまちまちであった。ただ確実にいえることは、宇都宮市報恩寺のそれが一番美しいということだ。維持管理が行き届いているのは勿論だが、墓碑そのものが境内にとけ込んでいる点にある。戦後は私的管理となったのであるから、歴代住職の厚い配慮のたまものだ。総じて宇都宮市の各寺院に残る戊辰戦争関係墓碑は、しっかりと維持されているというのが、各地の戦跡を見て回った印象であるが、問題点を指摘すれば寺院関係者に任せきりで、説明板の設置ひとつをとってみても文化財行政の関与がほとんどないことである。わが身の反省も含め、課題としたい。

写真B　旧城跡

写真C　東明寺

文献紹介

村上喜彦『明治百年　野州外史』（下野新聞社　昭和四三年）

著者は元下野新聞記者。明治一〇〇年を記念して昭和四三年（一九六八）の一年間、下野新聞に連載した「明治百年」のトピックスを加筆したもの。幕末維新期を広く記述する予定が「調べているうちに戊辰戦争にひきつけられ、のめり込んで」と「あとがき」には記されている通り、半分は戊辰戦争に関するもの。文章は記者が書いたものだけに読みやすく、精力的に足を使って記述しており掲載写真も資料的価値が高い。

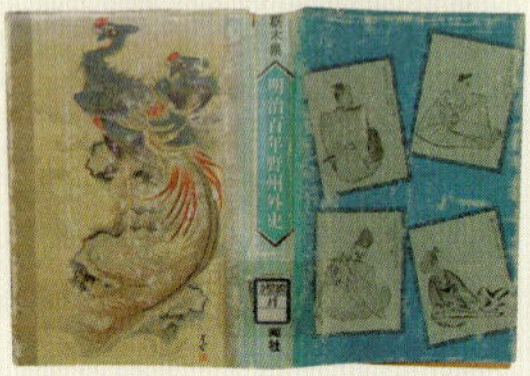

人物紹介

板垣退助（1837〜1919）

天保八年（一八三七）、土佐藩上級武士乾正成《いぬいまさしげ》の子に生まれる。文久元年（一八六一）江戸藩邸詰めに抜擢され、翌年藩主の父山内容堂《やまのうちようどう》の側用人となり、江戸藩邸総裁を命ぜられた。藩内では上・下士の暗闘が深刻化するなか、下士派とも気脈を通じ元治元年（一八六四）には大監察になった。慶応元年（一八六五）職を辞し、出府して兵学を学んでいる。当時、土佐藩主流は幕府勢力の温存で動いていたが、板垣は薩長討幕派と提携し、藩論を討幕へと主導した。慶応四年（一八六八）、戊辰戦争が始まると土佐藩兵は薩長藩兵とともに新政府軍の中核となり、板垣は東山道総督府参謀となり各地を転戦した。甲州に入った時、姓を乾から板垣に改め、今市宿攻防戦では第一線で指揮を執った。会津落城にあたって四民平等の必要を痛感し、自由民権運動に進む基本になったと語ったが、これは疑問視されている。明治維新後、征韓論で下野し民権運動の指導者として活躍、自由党を結成したり、明治三一年（一八九八）には大隈重信《おおくましげのぶ》と内閣を組閣したことは有名である。

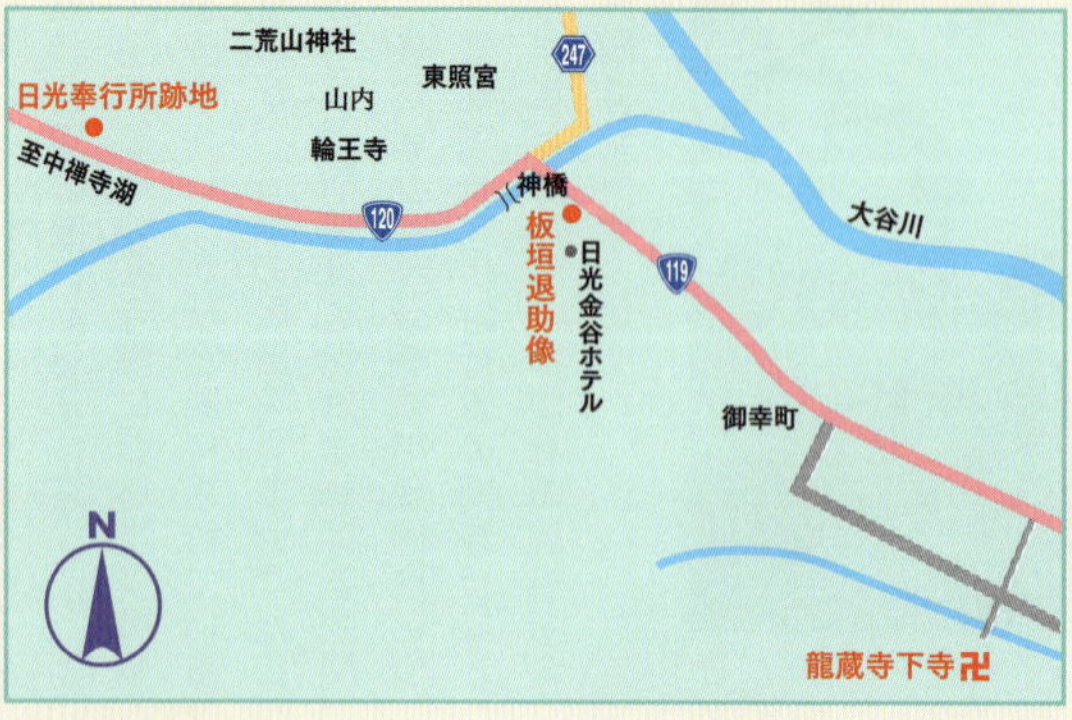

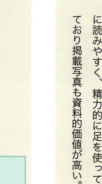

第一次今市攻防戦

慶応4年閏4月21日（新暦6月11日）

兵力分散し、会幕軍の敗北

大谷川対岸より旧今市市街を望む（日光市大谷向）

猟師鉄砲隊の活躍

田島で編制された会幕連合軍は、白河口・三斗小屋《さんどごや》越え・会津街道（日光口）の三方から北関東を制圧しようとしていた。その中でも日光口が重視され、会津街道の入口である今市宿（日光市）を制覇、さらには宇都宮を占領し、奥州道中の遮断《しゃだん》を謀ろうと考えていたから、主力である第二・第三大隊が投入され、大鳥圭介・山川大《やまかわおお》蔵《くら》は両隊を率いた。

今市は日光から八キロ手前の宿駅であるが、平地であるうえに日光道中・例幣使街道・会津街道が合流する交通の要衝《ようしょう》で、会津から関東平野に通じる最短経路の進出口であった。新政府側の認識も同様で、北関東が会幕軍に制圧されれば、北方の白河口の確保を目指している薩長軍が退路を断たれてしまう危険性があった。

それゆえ、日光に進軍した土佐藩は、日光の警備を彦根藩にゆだね、今

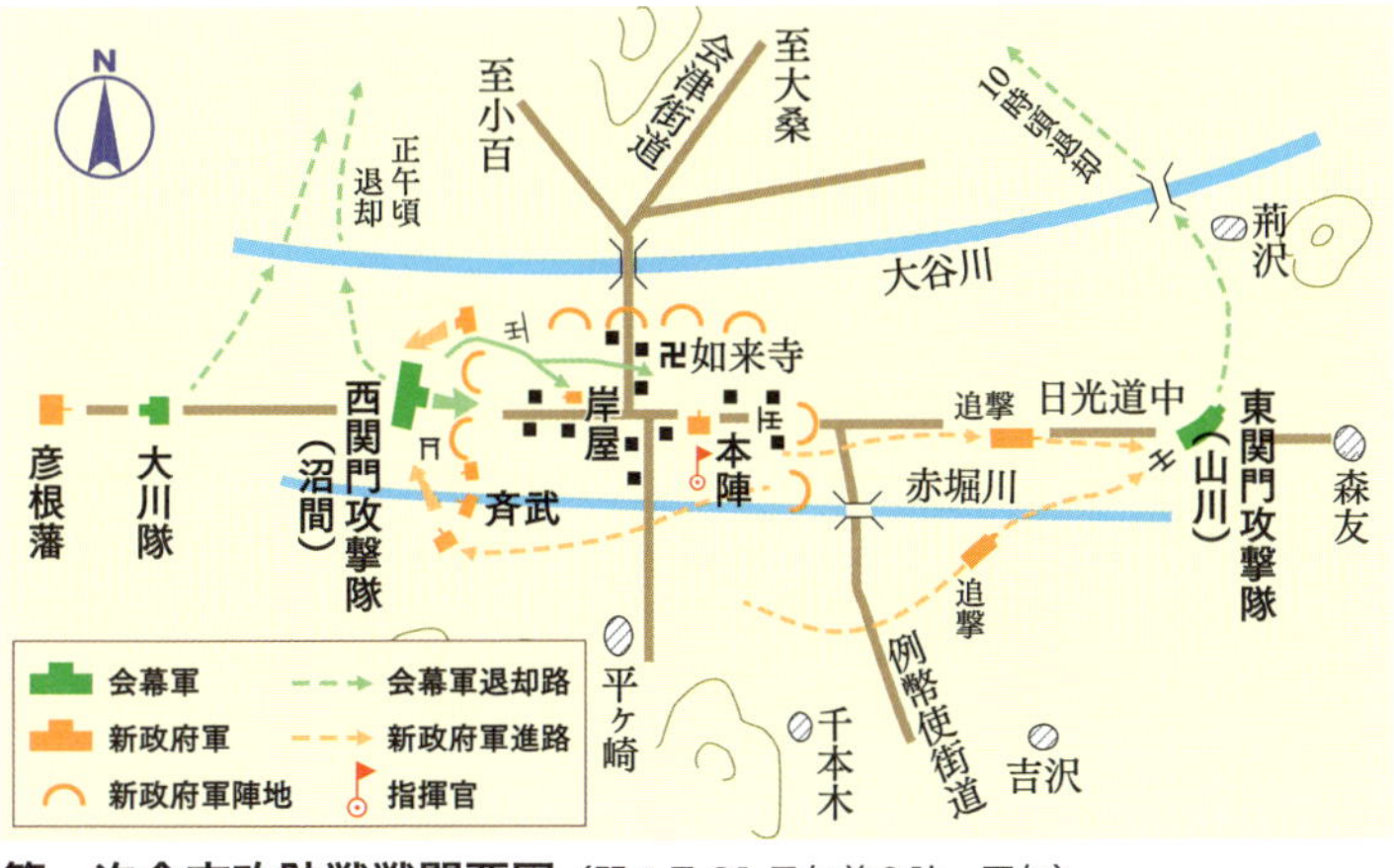

第一次今市攻防戦戦闘要図（閏4月21日午前9時〜正午）

焼け残った法蔵寺山門（日光市大桑町）

市防衛を焦眉《しょうび》の急とした。閏《うるう》四月一九日に大桑《おおくわ》・柄倉《がらくら》（日光市）で戦いがおこなわれた。小百《こびゃく》川が鬼怒川に合流する辺り、小百川を挟んだ地点での戦闘であった。結果は土佐軍の敗北に終わり、今市宿の攻防が間近いことを告げた。

この戦闘で、会幕軍とならび威力を発揮したのが、猟師《りょうし》鉄砲隊であった。鉄砲隊は、藤原・栗山地方の猟師一〇〇名以上を編制したものといわれ、かれらは会幕正規兵と緊密に連携をとって攻撃に参加した。土佐藩兵の背後を突いたり、会幕軍を支援するために山上から撃った。地形を熟知し、機敏な移動性は土佐藩兵から、「戦いの様《さま》、なかなか巧者《こうしゃ》」（『谷干城遺稿 一』）と評された程であった。両隊の策略を用いながらの戦闘に土佐軍は苦戦し、敗北したのである。

この日以降、会幕連合軍襲来の風評が今市宿に流れ、民衆は戦争に巻き込まれる恐怖から逃避行動にでた。四月から六月にかかる日光山麓の戦いは、六・七回あったが、なんといっても激戦は二度にわたる今市宿攻防戦であった。

渡河に手間取る

第一次攻防戦は閏四月二一日であった。山川大蔵率いる会幕連合軍は三隊に別れた。今市宿を東西から挟み討つ二隊と日光の彦根藩を押さえる一隊である。山川隊は大谷川《だいやがわ》を渡河し、荊沢《おとろざわ》から森友《もりとも》（ともに日光市）を迂回して今市宿東関門に迫った。大谷川は芹《せり》沼《ぬま》・荊沢道が横切るあたりで急に川幅を狭め、日光山から流されてきた巨岩石も姿を消す。明治初期には土橋があったという記録もあるが、連日の雨で大谷川は氾濫《はんらん》し橋は流失していたようだ。農民を動員し一夜で架けたのであろうか。沼間慎次郎《ぬましんじろう》隊は逆に西関門を攻撃し、一斉に宿中央に攻めあげる手はずになっていた。だが、沼間隊は渡河に手間取り、予定時間を大きく遅れたため、山川隊だけの突撃となった。密集隊形で突入してきたので、土佐隊は至近距離から集中射撃をおこなった。戦闘は一時間足らずで決着し、土佐藩の勝利となった。

土佐藩兵は五〇〇名、会幕軍は七、八〇〇名。兵力では会幕軍は勝っていたものの、東西両関門から攻めあげる挟撃作戦に失敗したことが敗北の直接要因になったが、大鳥圭介は兵力を分散した自分の作戦ミスと認めた。

参考写真01

弾痕のある墓（日光市栗原）

大桑・柄倉の戦いでは、その中間にあって砥川《とかわ》を越えた栗原（日光市）も激戦地となった。旧幕府軍は「正兵」（伝習兵）と「奇兵」（猟師鉄砲隊）が連携をとり策略を用いながら土佐藩兵を攻めた。殊に山上より狙い撃ちしてくる猟師鉄砲隊には悩まされた。栗原地区の北側山裾にある墓所には直径五センチの弾痕がある墓碑が残る。

樫の木（左）と被災しなかったイトヒバ（右）

参考写真02

戦火で焼かれた樫の木
（日光市大桑、法蔵寺）

大桑村は日光社参のために設けられた御三家《ごさんけ》の本陣や問屋、醸造家・宿屋・茶屋など宿駅の機能を持った村であった。閏四月一九日、五月七日・八日と三回、土佐藩兵の焼き討ちにあい、宿内六四戸中六四戸が戦火に見舞われたという。法蔵寺《ほうぞうじ》も赤門と呼ばれる山門を除き堂宇は焼けてしまったが、境内に残る樫の木には、今も火焔の傷跡が残る。

参考写真03

「戊辰役戦死者供養塔」
（日光市今市・如来寺）

第一次今市宿攻防戦の死傷者数をみると、土佐藩兵の戦死二名、負傷者一三名に比し会幕軍は戦死二四名、負傷者数十名と多大な損害を出した。宿内各所に斃《たお》れていた幕府軍の戦死者は首級が今市宿下木戸に晒《さら》され、新政府軍の場合は如来寺《にょらいじ》境内へ埋葬された。如来寺山門前の供養塔は大正六年（一九一七）、戊辰戦争五〇周年に今市町の有志が建碑し、新政府・会幕軍・住民を問わず、戦争でなくなった諸霊の冥福を祈ったものである。

参考写真04

「茶臼山」

第一次攻防戦時の旧幕府軍の本営は小佐越（日光市）に置かれたが、今市宿の動静を監視し牽制するため、倉ヶ崎地内の茶臼山や毘沙門山に猟師鉄砲隊の陣地が置かれた。茶臼山は今市宿

北方の約二キロにあり、大谷川北岸に突き出て同宿全域が見下ろせる標高五〇〇メートルの要所である。

コラム
Column

今市宿の土佐藩兵

四月二九日、今市宿に到着した土佐藩兵は閏四月を経て五月一七、八日まで滞陣したから日数は一か月半に及ぶ。幹部が逗留《とうりゅう》したのは本陣大島半兵衛《おおしまはんべえ》方と、脇本陣の岸《きし》屋幸七《やこうしち》方だ。藩兵は約五〇〇名だから、全員の収容は無理で昼夜の警備もあって多くは天幕《てんまく》生活となった。宿周囲のあちこちに築いた胸壁《きょうへき》や宿の出入り口など一八か所に守衛兵を立てた。特に日光街道の東西口である、東西両関門では厳戒態勢を取った。

夜襲に備えて、二二か所で篝火《かがりび》を焚いた。旧幕府軍が放つ斥候《せっこう》を警戒する必要もあった。仮に一か所一人ずつ衛兵を立てたとし、一晩三交代で見積もると宿出入り口も含めると四〇か所に達するから、全部で一二〇人ほどが必要になる。「夜々賊の斥兵と相せめぐ、故を以て昼眠り、夜起《た》つを例とす」（『板垣退助君伝』）とあるのも、あながち誇張とは言えまい。

加えて、閏四月は連日のように雨天が続いた。「兵士草鞋《わらじ》の緒《お》を解くに暇なし、足されて殆《ほとん》ど溺死人《できしにん》の足の如し」と谷干城の『東征私記』にはある。疲れて草鞋を解く暇もなく、風雨にさらされた足は溺死人の如く水ぶくれのようだという意味であろう。日光山麓の梅雨《つゆ》は気温も低く、兵士たちは夜通しの見張りが続き、泥んこのまま寝込まなければならなかったのである。『板垣退助君伝』には小隊長級の幹部が「自分の部下には、既に五昼夜も草鞋を解いてない者がいる。兵士は全員病気にかかり、戦闘には耐えない。どうか一度日光、今市を捨て壬生か宇都宮に退いて英気を養ってから再攻させてもらいたい」（口語訳）との談判があったことを記している。故郷へ書き送った手紙には、心配かけさせぬ配慮からかこのような状況を書き連ねてないが、それでも食生活には閉口したようで「ただ肴《さかな》のないには大困り候」とある。そして「実に先日来、毎度の戦争、戦後とても賊と境を接し候ことなれば、この頃は大いに疲れ申し候」とは書いたものの「戦《いくさ》には慣れ、いづれも胆《きも》は出来申し候」（安岡章太郎『流離譚』）と覚悟のほどを伝えた。

土佐藩士森田団右衛門（高知市・森田忠明氏蔵）

文献紹介

大山柏『戊辰役戦史』（昭和四三年、時事通信社）

著者は薩摩藩士として戊辰戦争を戦い、維新後の陸軍創設から日清・日露の両戦争に司令官として出征した大山巌の次男である。昭和三年（一九二八）、陸軍を退役した後考古学研究に専念する一方、父親の伝記編纂《へんさん》に加わったことから戊辰戦争の研究にも着手した。戦時下、米軍の東京空襲で被災し収集資料をすべて失ったが、戦後再び西那須野で戦史研究を開始した。昭和四三年（一九六八）に公刊、「白兵戦から火兵戦に移る過渡期の戦役」と位置づけて戦術・装備・兵器・築城・兵站の軍事史的分析を行い、戊辰戦争を研究する際の基本的文献となる。

晩年、大山農場の邸宅で執筆された同書は本県と馴染み深く、県内戦績の紹介も一段と光芒を放つ。

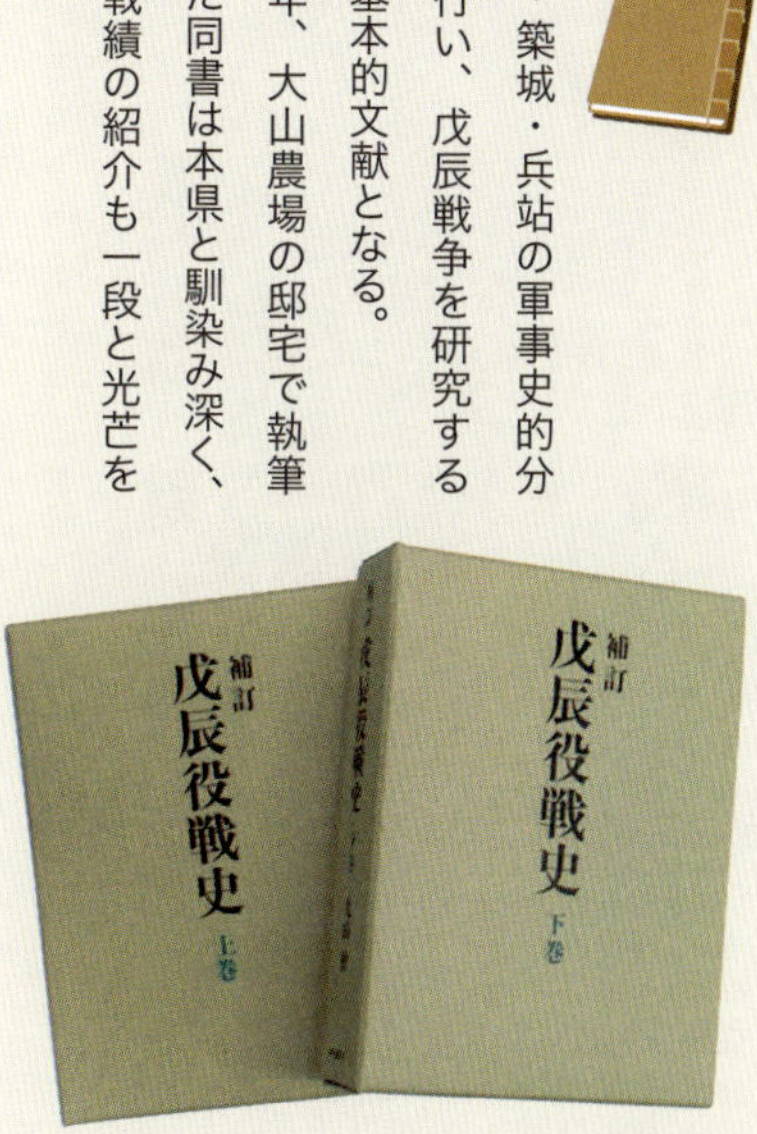

人物紹介

山川大蔵《やまかわおおくら》（1845〜1898）

弘化二年（一八四五）、会津藩家老の子として生まれた。文久三年（一八六三）、藩主松平容保が京都守護職として上京すると鉄砲隊二〇名の頭として従軍し、慶応二年（一八六六）には樺太《からふと》境界画定交渉のため幕府派遣の随員として訪露、西洋文明にも触れた。鳥羽・伏見の戦い後、藩主について帰国し軍議に参加。会津街道藤原口の副総督となり、総督大鳥圭介とともに今市攻防戦の陣頭指揮を執った。会津城に危機が迫ると若松に戻り奮戦し、従軍した妻を失った。降伏後、新政府の処分により陸奥斗南《となみ》に移されると、藩権大参事として北寒の地で授産に尽力。明治五年（一八七二）、陸軍省に出仕し西南戦争で活躍、その後は教育界に転じた。妹捨松《すてまつ》は、津田梅子《つだうめこ》らとともに最初の女子留学生として渡米、その後大山巌夫人となる。

トピックス
Topics

板垣退助像をめぐって—戦火から日光を救ったのは板垣か

日光の神橋《しんきょう》脇、金谷《かなや》ホテル入口には、天海上人《てんかいしょうにん》と向き合う形で板垣退助の銅像が建っている。日光を戦火から救った恩人として、昭和四年（一九二九）に建てられたもの。アジア・太平洋戦争中の金属回収で供出してしまい、現在のものは戦後に造られた二代目だ。颯爽《さっそう》と軍装した板垣の英姿は腕を組んで、日光奉行所役人と交渉した場所、今はなき本宮別所を望んでいる。本山白雲《もとやまはくうん》作で、その横には趣意文が銅板に刻み込まれている。総督府参謀の板垣は、日光山の神廟《しんびょう》が戦火に遭うことを憂いて、壬生に到着した際に飯塚《いいづか》村（小山市）台林寺《だいりんじ》の僧厳亮《げんりょう》を派遣し、旧幕府軍に下山を説得させたこと、部下の谷干城が輪王寺の衆徒桜本院《さくらもといん》や安《あん》居院《ごいん》と会して板垣の思いを伝えたことが旧幕府軍をして会津にむかわしめ、戦火から救った理由と記されている。しかし、ことはそれほど単純ではない。研究者の多くは必ずしも板垣個人の功績に帰せられるものではなく様々な事情が絡み合った結果、旧幕府軍の退却が行われたと指摘する。様々な事情を列記する。

①板垣が派遣した特使厳亮は、日光入口の松原町関門で番人に捕縛され、日光山内《さんない》に監禁される。しかし厳亮の真意は、山内にいた知人を通して大鳥に伝えられたと語られてきたが、谷干城は自著「維新日光進軍概略」（『谷干城　遺稿一』）で厳亮の使命達成を否定し、特使派遣の目的は「官兵に帰順せしむる」ためであったとした。ただ、この記述は両者が政治的に袂《たもと》を分かった昭和に入ってのものであることに注意はしておきたい。

②瀬川十文字の戦闘直後、桜本院道純《どうじゅん》と安居院慈立《じりつ》の日光山僧が谷干城のもとに駆けつけ、日光山での戦争回避を訴えた。谷は、主君山内豊信《やまのうちとよしげ》の

土佐藩士時代の谷干城

国会国立図書館「近代日本人の肖像」(https://www.ndl.go.jp/portrait/)

祖は家康に恩義があり、その神廟を汚すのは本意にあらず。それ故に山を下って決戦するか、さもなくば日光山を退却するか、大鳥に伝えよというものであった。この件に関し谷は「両僧との応接と周旋《しゅうせん》こそ日光を戦火から守ったとした。しかし、大鳥の『幕末実践史』には、この顛末《てんまつ》がいっさい触れられてはいない。大鳥軍幹部の浅田惟季《あさだこれすえ》の「日記」には、両僧の行為に大鳥は同意したとあるが、結果については記されていない。

③立場を大鳥に移し、厳亮や桜本院・安居院の動きが出てくる以前のかれを取り巻く状況を追ってみる。二五日今市から日光山に入った大鳥の前に現れたのは、旧幕府老中板倉勝《いたくらかつ》静《きよ》であった。鳥羽・伏見の戦いで慶喜とともに大坂を離れた板倉は、官位を剥奪され嗣子とともに日光山に立て籠もっていた。板倉父子は宇都宮藩支援のため進軍してきた香川敬三救援隊により捕らえられ、宇都宮藩へ預けられていたが、宇都宮戦争の際にそこを逃れ日光に再来し、山内南照院《さんないなんしょういん》に隠れていたのである。この板倉からこの地で兵を動かしては廟前に血を注ぐことになる、速やかに退去せよと説諭されている。

④同日、日光奉行の新荘右近将監《しんじょううこんしょうげん》もやって来て、日光山には食糧がないことや今市御蔵の米は、新政府軍が一〇日に管理者である真岡代官の下僚を脅して持ち去ったと告げた。兵糧《ひょうろう》の欠乏である。

⑤日光に到着した大鳥にとって最大の悩みは銃弾不足であった。『幕末実践史』には、宇都宮戦争前に二名の部下を日光に派遣し小銃弾薬の製造にあたらせ、五〇〇〇発は製造できたものの、軍用には適さぬ不良品であった。そのために、会津藩に補給を懇願したと記されている。

⑥その会津藩と、この時点では共同歩調がとれてはいなかった。今市宿に詰めていた会津藩砲兵隊と協議を重ね滞陣を要請したものの、国境の守りが手薄との理由で五十里村（日光市）まで引き上げてしまった。

大鳥圭介は、旧幕府軍の軍議を開いたところ抗戦論・会津への一時退却論が拮《きっ》抗《こう》してまとまらず、弾薬・兵糧の不足は持久戦となりえぬゆえ、一旦は会津藩領に入って薬弾を補給し、規律を整えて再起を期したと述べている。戦わずして会津に入るは恥じといった名分論を退け、現実的な判断を下したのである。この軍議には両僧による停戦和議が伝えられていたようだ。旧旗本で旧幕府軍に従軍した田中恵親《たなかけいしん》の「慶応兵謀秘録」（『復古記』第十一冊）に、宇都宮戦争以来兵士も士官も疲労困憊し脱走者も出始めている。軍議の結果、日光を去れば敵は日光山を焼かないだろう。戦って勝利すれば別だが、もし敗北すれば神君の大廟は灰燼《かいじん》となろう。田島に出て軍律を正し、それから討って出ても遅くはないとの記述があるからである。しかし、ここでも自軍の戦力低下を退却の一義的理由としている。

以上から判る通り、板垣の特使派遣が決定的な要因とはいえず、様々な事情が交差する中で日光が兵火から守られたといえる。「日光附近及雑書記」や「日光騒動戦争略記」（『いまいち市史』史料編・近世Ⅶ）などの地元史料は、何れも日光山僧と谷干城の交渉が危機回避に大きな役割を果たした記している。私も重視はするが、それとて決定的とは言えない。それゆえ板垣の功績に収斂《しゅうれん》されていく歴史過程を追う必要があり、板垣退助像を造立した近代日光のもう一つの顔を見据えつつ、考えていく必要がある。

もう一つの顔とは、昭和初期の日光町政や国政の状況だ。まず町政。その頃の日光には実力者が四人いた。一人は現役の町長、次の二人は日光を代表する寺社関係、そして四人目が地元最大工場の所長だ。この四人を中心に板垣の銅像を建てようとする会合がもたれた。会の名は「板垣伯銅像建設評議委員会」。中心人物は金子智《かねこさとる》古河電工日光製銅所長であった。金子は明治初期、旧土佐藩士の家に生まれた。慶應義塾大学卒業後、足尾銅山に入社し、古河電工日光製銅所長となる。ここで板垣のことを聞き、東京の高知県人会に働きかけて銅像建設の原動力となったのである。建設資金は総工費一万八千円と見積もり、高知県人会が一万円、日光町民が四千円、二社一寺（東照宮・二荒山神社・輪王寺）が四千円の醵出《きょしゅつ》で賄った。

銅像の制作者は本山白雲（一八七一～一九五二）で高知県出身の芸術家。東京美術学校卒業後に高村光雲《たかむらこううん》に師事、明治三二年（一八九九）に後藤象二郎《ごとうしょうじろう》像を制作した後、山内一豊《やまのうちかずとよ》・坂本龍馬など土佐藩関係者だけでなく維新の元勲の像を次々に制作したことで有名だ。制作助手には後に漫画家として名を馳す横山隆一《よこやまりゅういち》がいた。彰徳文の撰文は宇田友《うだとも》猪《い》（一八六八～一九三〇）が担当した。宇田は高知県出身、東京専門学校卒業後に民権派新聞記者として活躍した。『板垣退助君伝』や『自由党史』を執筆した人物である。題字は徳川家達《とくがわいえたつ》が寄せ、銅像用原料は日光製銅所が無償提供するなど旧土佐藩関係者の丸抱えで完成し、除幕式は昭和四年（一九二九）一二月一〇日に挙行された。

一方、自由民権運動のリーダーであった板垣退助（一八三七～一九一九）は、明治一四年（一八八一）に自由党総理に就任、明治三一年（一八九八）には隈板《わいはん》内閣を成立させるなど活躍し、明治三三年の立憲政友会成立を機に政界を引退した。板垣の死から九年後、普通選挙法下に昭和四年（一九二九）、与党（政友会）から野党（民政党）への政権交代が実現したが、碑はそういう政党政治が華やかなりし状況下に建立された。「自由民権を追求した大先輩の功績を今こそ称えたい」。高知出身者のそんな思いが建立の背景に隠れているようだ。

　こうして建立された板垣退助像は昭和一九年（一九四四）、金属献納のため軍用に供出されてしまった。それから二〇数年を経、戦後再度復活させようと機運が生じた。昭和四二年（一九六七）のことだ。日光市制施行一〇周年記念事業として銅像復元が決議された。当時の市長は佐々木《ささき》耕郎《こうろう》で、彼も日光製銅所出身であった。しかし今回の制作資金の大半は日光市の拠出金と二社一寺や数百人にのぼる市民の寄付で賄われた。観光地日光の入り口に建てられた銅像が地域景観に溶け込み定着したからであろう。像高二・二メートル、台石からの高さ六メートル。総髪《そうはつ》・ラシャ服の上にオーバー着服、大小刀を帯び

草鞋《わらじ》履きで本宮別所を凝視《ぎょうし》する板垣。本宮別所は日光山明け渡し交渉の場であった（田辺昇吉「日光の板垣退助銅像」『土佐史談』一六一号）。

　私はこの建立を批判しているのではない。日光が焼かれなかったということは歴史的事実であるが、その解釈は様々あっていい。時代や研究の進展によって深められていくからである。ただ読者には昭和四年の建立の背景を知った上で、自己の歴史意識を磨いていただきたい。

鹿沼宿と戊辰戦争

鹿沼宿（鹿沼市）は戊辰戦争で戦場になってはいない。では無関係だったかというと、そうとも言えない。宿は例幣使《れいへいし》街道の重要な位置を占めたから、兵士が行き交い情報も交錯した。宿の西方に位置する西鹿沼村の福田富三郎《ふくたとみさぶろう》が綴った日記（鹿沼市西鹿沼町、福田邦久家文書、現在は寄贈され鹿沼市所蔵）から鹿沼宿と戊辰戦争を綴ってみよう。

鹿沼市中心通り

　日記は「慶応四戊辰年　日記　夏」「慶応四戊辰年　日記　秋」の二冊からなり、慶応四年四月一日より六月二日、七月一日より九月二九日の二冊からなる。日記の目的は「こまこまの日記はなれのやくをする　あとにて人の用を辰年　六十四叟《そう》福田雅物《がもつ》」（「慶応四戊辰年　日記　秋」九月二十九日条）と書かれた如く、富三郎六四歳の時に執筆されたもので、日記を記すことは自分の務めであり後年必ず役立つであろうとの信念からであった。

　戊辰戦争の記録は、慶応四年三月九日の梁田《やなだ》の戦いから始まる。敗残兵が鹿沼宿を通過した際の四月三日の条に「昨夜は歩《ほ》兵躰《へいてい》の者四〇人ばかり来て、当宿に止宿した」（口語訳）とあり、旧幕府歩兵の動行が判る。四月一六・一七日の小山の戦いについては「石橋町へ行き、昨日の小山宿の始末を聞いた。笠間勢・壬生勢・宇都宮勢と江戸の方より進軍してきた部隊と戦争になり、笠間藩の隊長は討死し、大筒二挺が奪い取られたとのこと。壬生勢も敗軍のようで、江戸方は太平山へ行ったようで御家人・旗本で構成されその数およそ弐万人とおもわれ、彼らは俸禄がなくなったため妻子を殺害した上、東照宮へ奉公する決心で来たようだ」と綴った。

　一九日の宇都宮戦争Ⅰが起きた日、小山で戦った旧幕府軍兵士が当宿に来るとの先触れを記し、「覺義隊《がくぎ》壱組、八連隊　壱組、右の二組人数千五百人が止宿」した一方、宇都宮に進軍した旧幕府前軍による宇都宮攻めは以下のように綴られている。

　同日朝四つ時過（午前一〇時）より宇都宮の火災が見へ出した。昼になる

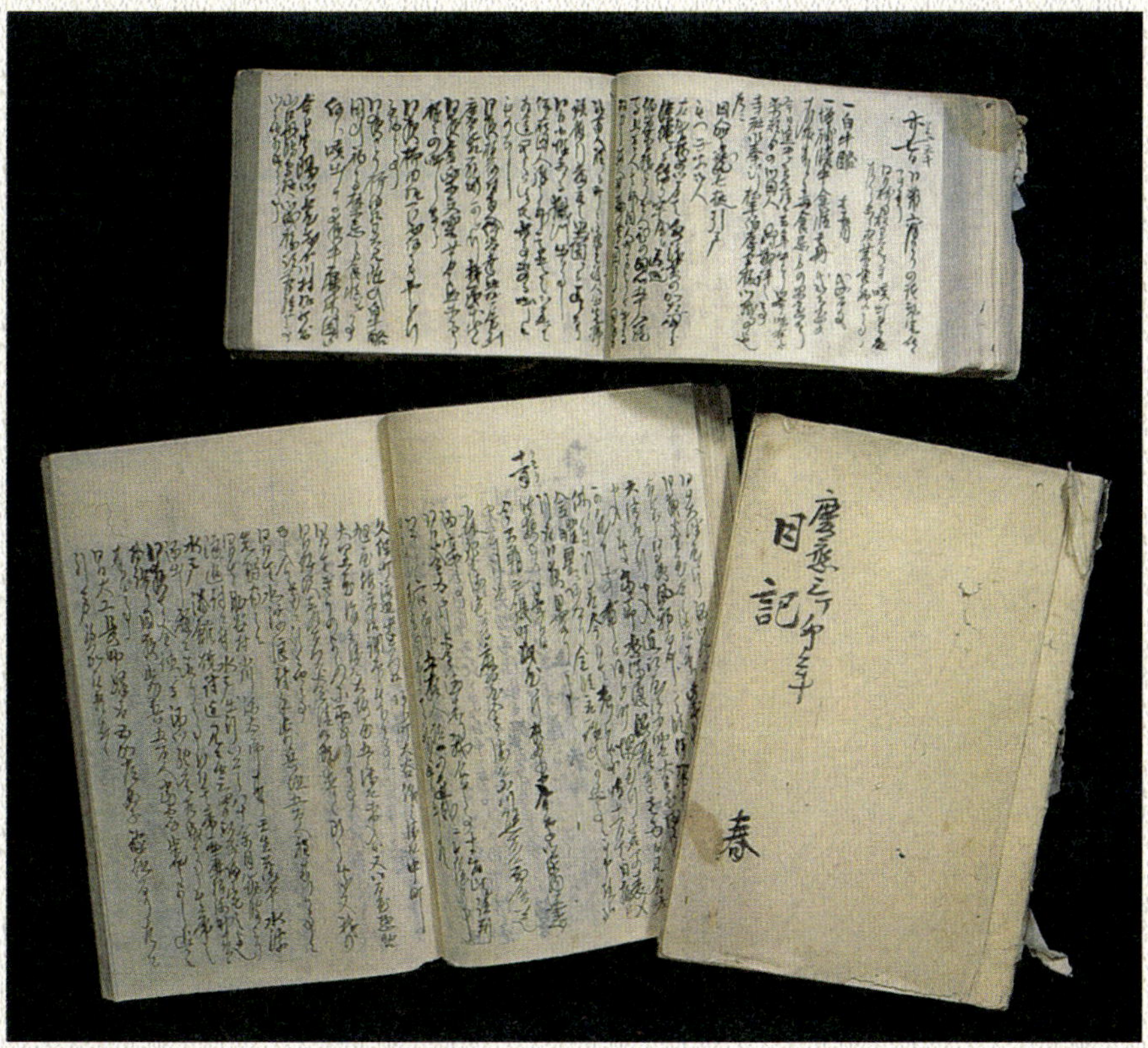

福田富三郎（雅物）日記（西鹿沼町　福田邦久家旧蔵）
西鹿沼村の村役人であった福田富三郎の日記。天保 15 年（1844）から明治 7 年（1874）にかけてのもので、60 冊を超える。（『鹿沼市史 資料編 近世 2』）

と五か所より出火し宮島町の万屋が焼失、宇都宮大明神も焼失したとのこと、夕七つ頃（午後四時）より城に火が移りだした、（中略）同夜、宇都宮全体が火災となり四つ過（午後一〇時）まで延焼した。二〇日未明に軍隊が城へ入ってきた。城下では焚出《たきだ》しが行われているようだ。

二一日は曇り。一九日の宇都宮落城と城下の火災については以下のようであった。町の五ヶ所より出火し、江戸街道入口の新町より日光街道新田《しんでん》町まで城下上町《うわまち》から下町《したまち》まで焼け、宇都宮大明神は完全に焼失、押切《おしきり》橋も焼け、奥州街道博労《ばくろ》町や慈光寺《じこうじ》その他城下は残らず燃えてしまった。町家の蔵々《くらぐら》はあらまし燃えてしまったとのこと、さらに宇都宮藩の殿様もどこへ行ったか行方不明で、占領した徳川浪士たちがいろいろ詮索しているようだ。

二二日の宇都宮戦争Ⅱは「朝未明より

南の方角より大砲の音がしきりに聞こえ、安塚村で戦争があったそうだ」と記している。二三日の宇都宮戦争Ⅲは次のように記された。天気晴れ。宇都宮に官軍が入って大戦争になった。夜じゅう大筒の音響《おんきょう》すさまじかった。

翌二四日になると結果が少しづつ判明しだした。

昨日は宇都宮へ官軍が大勢押入り大合戦となった。夕かた七つ時(午後四時)会津勢と江戸方の決義隊等は大敗北を喫し、城は官軍が奪い返したとの風聞だが何分にも事実は不明で、この辺ではいろいろな話が飛び交い実際はなんだかわからない。

(中略)

二四日夜、宇都宮の状況を見てきた半田《はんだ》村の権次《ごんじ》が云うには、宇都宮城へ援軍に来た官軍が、六道口《ろくどうぐち》で昨二三日に大合戦となり会津方が負けて逃げ去り、官軍が城を奪い返したとのこと。

実に正確な状況報告がなされている。その後、戦線は日光地方に推移し、瀬川十文字の戦いへと移行していく。閏四月二九日のことで、日記は五月一日の記載である。

昨二九日に官軍の土佐藩兵が日光山に進軍した。今市の先の瀬川辺で戦争となった。官軍の土佐藩士は即死が四人、手負は三〇余人との風聞だ。今朝四ツ時(午前一〇時)日光の方より早便が来てどうするか検討中とのことだ。

閏四月二一日の第一次今市攻防戦は以下のように綴られている。

今日今市宿で官軍土州勢と会津方との戦争が行われた。野沢弥八殿が魚商《うおあきな》いに行ったところ合戦があり、今市の手前十石坂《じゅっこくざか》で引き返してきたとのことであった。翌日になり状況が判ってきた。昨日の今市の出来事は大変な戦争だったとのことだが、実情は不明だ。どうやら八四人が討ち死にし死骸が宿中に転がっていたとの風聞だ。今日も今市辺では戦争があり、土佐藩兵が沢山やってきた。

現在の十石坂（日光市歴史民俗資料館提供）

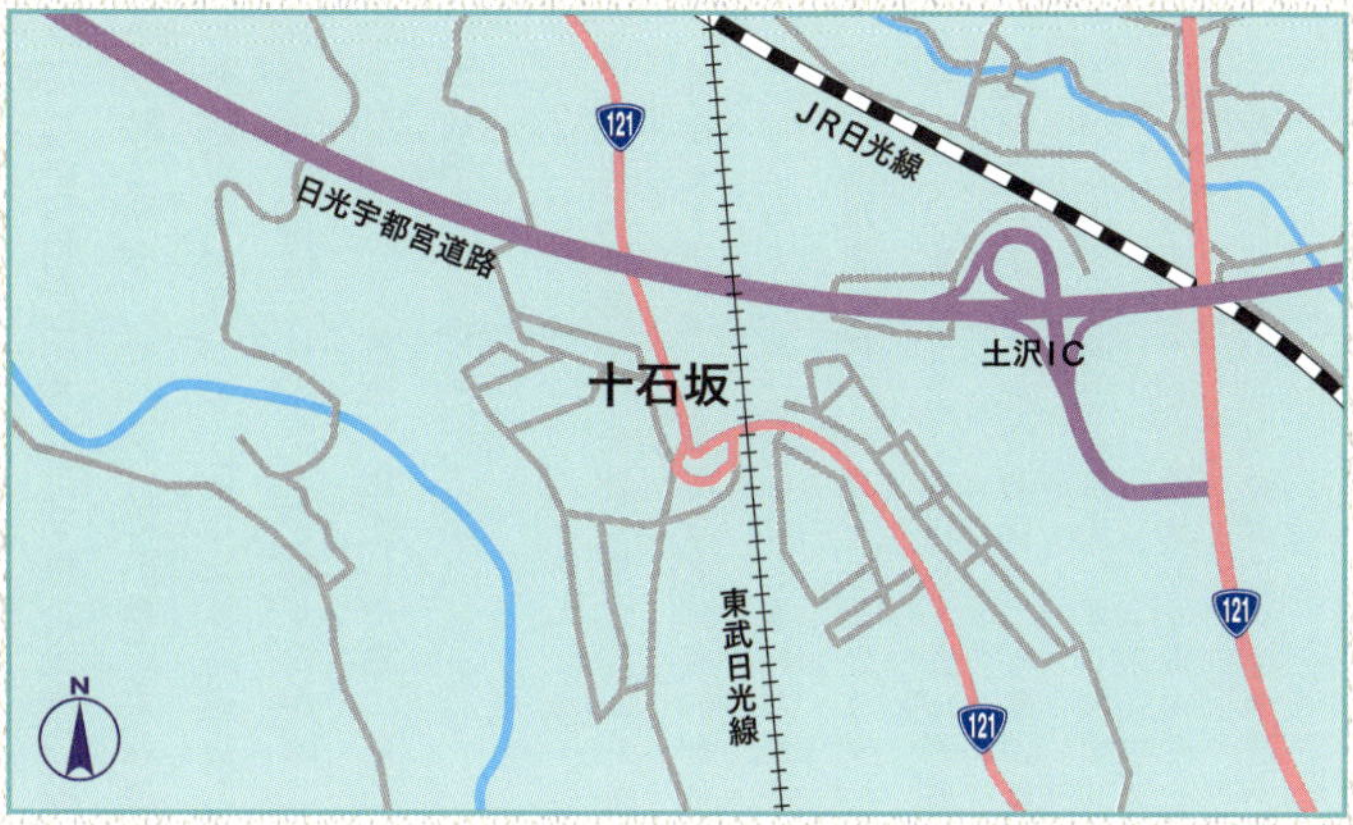

と宿内に多数の死体が転がっている風聞を伝えた。

五月二日の大田原城をめぐる攻防は次の如く、翌三日の日記に掲載されている。

三日夜、白沢宿の清水屋へ行ったところ、宇都宮より官軍と忍《おし》藩兵士が大勢で同宿に繰り込んできたため同宿は大混雑となった。昨日大田原は会津藩兵に攻められ落城した様子だ。町家は普く焼失し、八歳の殿様はお立退きになったようでご家老は鴻《こう》の山法康寺《ほうこうじ》へ行った。どうやら殿様は姥ケ谷（祖母井）・道場宿の方へ逃げていったらしいが、柳原《やなぎはら》村に御止宿との話もある。白沢宿での情報では不明なところも多い。

五日夜になると白沢宿に官軍や薩州兵士がやってきて、清水屋へは忍藩兵器を運ぶ人足五十人が止宿した。

と福田富三郎がわざわざ白沢宿まで足を運んだようで、その見聞を綴っている。

五月六日の第二次今市攻防戦は近隣であったため、鹿沼でも大砲の破裂音が聞こえた。

今日今市の方で大炮の郷音（ママ）が聞こえた。官軍方が登晃したようだ。戦線は拡大したようで九日には官軍と会津方の合戦となり大桑村は焼打にあった。煙りが見えたと伝え、人々は屋根に上って戦闘を見た。

戦線は北上し六月二五、二六日には藤原の戦いが展開された。

昨日は大渡《おおわたり》・唐倉（柄）辺りで浪人方より官軍へ発砲、丑寅《うしとら》之刻（午前三時）ころより戦争となり大炮の号音が遠くで聞こえた。

戦局は下野の攻防から会津街道を北上し、田島や倉谷《くらたに》・大内《おおうち》など陸奥国会津へと迫っていく。九月二二日は会津が落城した日である。翌二三日が最後の記録である。

この日、四国阿波《あわ》藩兵二百人余が玉

薬等を多く持って奥州へと向かって行った。会津は落城したようだが情報は僅《わず》かだ。種々の風聞はあるがどうなっているかなかなか判らない。

これが日記に記された下野と会津の戦争記録である。それ以外に旧幕府大鳥軍や新政府軍が鹿沼に止宿したり通過した際のことも綴られている。いくつか紹介しよう。まず大鳥軍が止宿した際に宿民への乱暴狼藉《らんぼうろうぜき》な行為についてである。

大鳥軍は宿中の金持ち宅に押入り金策を申し出た、彰義隊《しょうぎたい》などは蔵へ押込んでは曰く我々は命のほども判らぬ身で、徳川先祖代々へ身命をなげう立場ゆえ、当家より金子を借用したいと鉄砲を左右より筒先を向け、この蔵には金が五両や七両はあろう、差し出すべきだと詰めよった。酒造桶を案内させて箍《たが》を切り払い、抜け身の刀を鼻先へ向け、みね打として背中を十回も斬りつけ鉄砲を発砲した（「慶応四戊辰年日記　夏」四月十九日条）。

また鹿沼宿（当時は宇都宮藩領）に下向してきた会津藩兵は同宿を「日光神領」へ組み込むと命じた。

同日（四月二二日―筆者）に大勢の会津兵士が当宿へ出張いたし、徳川へ弓引く宇都宮藩やその他の者を残らず征伐する。また当宿を当分の間日光御神領とするから心得なさいとして町役人から受書をとっていった（「慶応四戊辰年　日記　夏」四月二十二日条）

こうして鹿沼宿は大混乱に陥ったが、この中で宿民自らが宿の自衛を自覚しだしていく。四月二一日の条には壬生町から官軍が大勢やってきたとのこと、戦争になるやもしれぬので宿内では家財を片付け始め、近隣の村方へそれぞれ運び始めたとある。二日後の二三日条には夜になると当宿の町々二か所で篝火が焚かれ、家の者も焚き出しに出た。

鹿沼宿が新政府軍の配下にはいると軍事訓練も行われた。四月二九日の条に「当宿に集屯している彦根藩兵が今日大炮を発砲する、このことの触流しがあり昼八ツ過（午後二時）より訓練が行われたとあり、閏四月六日にも坂田山《さかたやま》の城跡で調練《ちょうれん》があり、福田家では娘を見物に行かせた。

日記には揺れ動く日光奉行新庄右近《しんじょううこん》将監《しょうげん》の動向も記録されている。まずこの間の日光奉行の動向を紹介しておこう。

四月二九日、新政府軍土佐藩隊が日光領に進軍し、旧幕府軍と野口村で戦闘が行われ、負けた旧幕府軍が六方沢《ろっぽうさわ》越で会津に向かったその日、新庄は部下数名と栗《くり》山《やま》村に脱走した。閏四月一二日、新政府は旧旗本岩田織部正《いわたおりべのしょう》を日光奉行に任命する。同二一日、第一次今市攻防戦が行われ会幕軍の敗北が明らかになると、五月二日日光に戻ってきた新庄は江戸に護送され、新しい支配者が五月三日、下総古河に軍政機関として下総野鎮撫府《かそうやちんぶふ》が開設される。この五月二日の新庄を日記は記録しているのである。

同日は日光奉行新庄右近将監様は下山となり、当宿へ投宿された。先達ては日光山の御留守居様が出府し、昨日御帰山なされたことは内々伺ってはいたが、日光奉行ともあろう方が官軍に連行されて行くことは誠に結果の悪いことだ。

日光地域の権力者の交代を宿民は見せつけられたのである。二次にわたる今市攻防戦が終え、戦局が藤原地区に移行すると鹿沼宿にも人足役負担が科せられた。

「明治元年戊辰閏四月三日　軍見喜楽信士」という戒名の墓碑。「上野原（JR鹿沼駅あたり）に戦を見に行って亡くなった」という口碑が残る。
（鹿沼市上材木町　宝蔵寺　藤田義明家墓所）

六月九日の条である。

この日、領主宇都宮侯から官軍に従い会津に行くことの命令が来た、大筒引き人足として当宿へ一人と金一分が割り付けられた。

こうして宿内から軍用金拠出と人夫が駆り出されていったのである。一方、戊辰戦争の勃発直前に下野国中央部では世直し一揆が吹き荒れていて、進出してきた新政府軍が指導者を逮捕するが鹿沼宿ではどうであったのか。結論を先に述べると、鹿沼宿では決着が遅れるのである。経過を記そう。

鹿沼宿の世直しは鹿沼南部と宇都宮から波及した中央部の流れの二波に分かれたが、福田家日記に書かれたものは後者の世直しである。慶応四年（一八六八）四月三日、宇都宮の八幡山に結集した世直し勢は追撃を受けて北に転じ、白沢宿で打ちこわしを行った後、鬼怒川を越え

久保町・仲町大通り（明治初期・鹿沼市）
久保町より南方仲町を望む。右側端に柳田金物店の現存する重厚な土蔵が見られる。その先の瓦葺き二階建ての建物は鹿沼郵便局、屋上塔を有する石造２階建ての建物は下野中央銀行鹿沼支店である。
沼尾正彦・柳田芳男編『目で見る日光・今市・鹿沼の 100 年』郷土出版社　1995 年

て奥州道中氏家宿・櫻野《さくらの》村（さくら市）方面に進む。もう一手は白沢宿から鬼怒川西岸を北上したのち、南西に進み、日光道中徳次郎《とくじら》宿（宇都宮市）から四日には河内郡新里《にっさと》、古賀志《こがし》村に進んだ。五日、武子《たけし》村（鹿沼市）で名主惣八《そうはち》宅と清四郎宅の二軒を打ちこわし鹿沼宿に向かった。同日、富岡《とみおか》村（鹿沼市）では村役人によって降参証文が作成されている。

鹿沼宿には四〇〇人あまりが押し寄せ、宿入口にあたる御成橋《おなりばし》に至った。押し寄せる世直し勢に対して、武子村新左衛門は、雨のなか彼らの屯所まで出かけていき、干鰯《ほしか》・〆粕《しめかす》・糠《ぬか》・酒・醤油・味噌の価格と質利息を下げて降参することを伝え、交渉を行った。酒や握り飯を持参しての交渉であったが、まもなく橋を進行した世直し勢とここを固めていた宇都宮藩兵が衝突し、藩兵の発砲によって五人の死者（内訳古賀志村三人・武子村二人）と二〇人あまりの怪我人を出した。世直し勢は、一気に総崩れとなり散乱し、文《ふば》挟《さみ》宿（日光市）と富岡方面へ逃走した（『鹿沼市史　通史編近現代』）。

　芳賀郡の場合は騒動の最中に新政府軍が進軍し、世直し勢の逮捕、処罰となるのであるが、鹿沼地域の場合は、新政府の捜査がなく事件はくすぶり続けていく。

（四月二一日）

　今日宿内の質屋より質物を無代で下げ渡すことを伝えると、町在より多くの者が質物を受け取りに来た。穀質等まで無銭で引き渡すそうで、その関係者は宇都宮より世直しの大軍旗を立て雲霞《うんか》のごとく押し寄せて来て、口々に早く質を出せと叫んでいた。

（四月二五日）

　今朝、宿内の唐紙源平《からかみげんぺい》殿の表塀《おもてべい》に張《はり》札《ふだ》（張紙のこと――筆者）がなされ、宿内で打毀《うちこわ》し行うと書かれていた。それによると

　一、佐渡屋代蔵殿、ほか質屋・穀物屋・
　　酒屋・油屋・宿問屋役人を打ち
　　毀すから早鐘が撞かれたらそれ
　　を合図に駆けつけなさい

という旨の張札であった。

同夜四つ半（午前一一時）頃、今宮《いまみや》地内で早鐘が撞き出された。周辺を見届けたけれど何事もなかった。今朝出された張札を出した者のしわざだろう。

　こうして鹿沼宿内も富裕層と貧困者の対立はくすぶり続けていくのである。

藤岡宿山組宛火札（『藤岡町史　資料編近世』）
「火札」とは焼き払いの制裁を加えることを記した張札のことで藤岡宿内の上・中・下の三組に対し、米の抜け売り、博奕宿の行為をしたなら火付けをすると予告したもの

大田原城の戦い

慶応4年5月2日（新暦6月21日）

那須山麓の攻防—落城寸前の大田原城

反政府に傾く奥羽

白河口・三斗小屋《さんどごや》越えの会幕軍は、白河口・那須山系・塩原に進撃した。「鶴翼《かくよく》の陣形」を張って日光口の主力軍に側面支援を謀ることが目的といわれた（田辺昇『北関東戊辰戦争』）。「鶴翼の陣形」とは、敵陣前線の幅が狭いときに用いる戦法で、左右に位置する部隊が敵の両側に出て囲むかたちで戦う、まさに鶴が羽を拡げたかたちに似る陣形だ。一般的には敵より兵力が優勢な時に行う殲滅《せんめつ》作戦であるが、三斗小屋と塩原から南下した部隊を右翼とし、白河口を左翼と見立てたからであろう。

その白河口は、閏四月一九日に会津軍が新政府側の隙《すき》を衝いて白河城を占領する事態となっていた。白河城は、寛政の改革で有名な松平定信《まつだいらさだのぶ》の居城ではあったが、文政六年（一八二三）桑名《くわな》へ移封《いほう》となり、その後阿部氏が入封したものの、慶応四年（一八六八）三月の時点では二本松《にほんまつ》藩主が管理する

大田原城攻防戦要図（5月2日）

那須塩原市板室の古戦場遠景。写真左奥に板室本村の家屋が見える

領主不在の城であった。古来から白河の関は奥州の関門であり、大平《おおひら》口や勢《せい》至堂《しどう》口からは会津若松に通じていた。閏四月九日、新政府の奥羽鎮撫総督参《おううちんぶそうとくさん》謀世良修蔵《ぼうせらしゅうぞう》(長州藩士)は白河に入城し、会津進撃の足がかりを得ようとしていた。当時白河城には、二本松兵のほか、仙台・棚倉《たなくら》・三春《みはる》などの諸藩兵が駐屯していたが、世良は宇都宮から薩摩・土佐藩兵などが来るはずだからといって、兵力配置の変更を命じたのである。

　しかし、この間奥羽の情勢は反政府へと傾きつつあった。仙台・米沢《よねざわ》藩主のリーダーシップのもと、白石《しろいし》（宮城県）で列侯会議が開かれ、奥羽鎮撫総督に会津藩寛典《かんてん》処分の歎願書を提出を決定したが却下されてしまう。それならば参謀世良の指示は受けられないと、奥羽諸藩は白河城警備の解散を密かに決めていたのである。この動きは会津藩に筒抜けとなっていたから、会津藩の白河城進攻はいとも簡単に行われた。翌二〇日には、世良修蔵が発した密書が仙台藩士に読まれてしまい、「奥羽皆《みな》敵と見て」という文言に激怒した同藩士によって暗殺されるという事件へと発展した。新政府との対立はほぼ決定的なものとなった。

　世良修蔵が斬殺された日は、下野で第一次今市攻防戦があった。再度の決戦が予測されたから、新政府は白河口を何としても奪回する必要があった。そのため、宇都宮にいた伊地知正治（薩摩藩士）の指揮のもと、薩摩・長州・大垣諸藩が白河に派遣された。大田原藩は黒羽藩とともに、下野では早くから勤王で藩論をまとめ新政府に恭順した藩であったから、大田原藩を進攻拠点、白河に接する那須郡芦野《あしの》宿を兵站《へいたん》基地と定めた。会幕軍の主任務も日光口の側面支援から奥州道中の制圧に移行し、那須山麓地方なかでも奥州道中大田原を巡る攻防が浮上してきたのである。

10倍の兵力で攻撃

　閏四月二五日から五月一日にかけての激戦で、新政府軍は白河を再び占領したが、この前後に那須山麓の数か所で戦闘があった。閏四月一六日大網《おおあみ》の戦い（那須塩原市）、二一日塩野崎《しおのさき》の戦い（同）、二二日板室《いたむろ》の戦い（同）、二三日関谷《せきや》の戦い（同）がそれで、新政府軍は大田原に進軍した薩摩・長州・大垣藩兵らで、会幕軍は大網と関谷が塩原駐屯の草風隊ら、塩野崎・板室は三斗小屋から南下の軍勢であった。

　最大の戦いは、五月二日の大田原城攻防戦であった。板室の敗戦で反撃機会を狙っていた会幕軍は、援軍も得て大田原に進撃してきた。これに対して大田原藩は、新政府軍とともに芦野や白河口に詰めていたから、手薄な兵力で自衛せざるをえなかった。その数は一〇〇名に満たぬ兵力で、対する会幕軍は一〇〇〇名と一〇倍の軍勢であった。

　会幕軍は二手に分かれ進撃してきた。秋月登之助《あきづきのぼりのすけ》率いる主力隊は大田原御用堀と呼ばれる用水路に沿って横林《よこばやし》、接骨木《にわとこ》、富山《とみやま》、石林《いしばやし》（いずれも那須塩原市）と進軍、原田主馬之助《しゅめのすけ》率いる迂回隊は関谷（那須塩原市）、石上《いしがみ》、薄葉《うすば》（大田原市）を経て南方から大田原に向かった。午後二時頃、主力隊は大田原藩兵の守る石林の胸壁を突撃し、二陣として経塚《きょうづか》（大田原市紫塚あたり）に配備された守兵を簡単に突破し城下に突入し、外郭にある侍屋敷に火を放った。南からの迂回隊も新田口に進軍し、下町、中町に放火しながら大手門に迫った。こうして戦局は大田原城の攻防に移り、落城寸前までいったが、折からの豪雨のなか両軍互いに退却という結果となった。

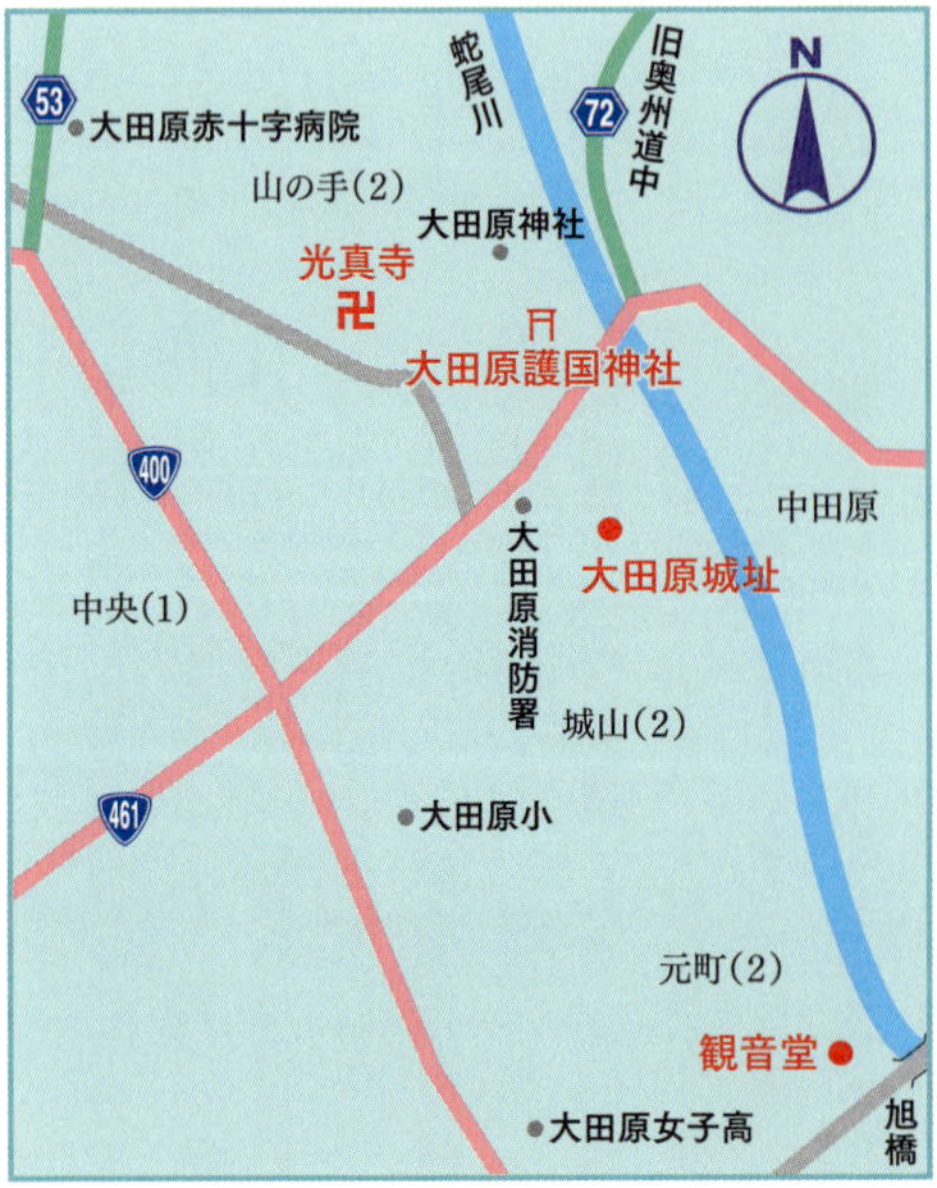

参考写真01

大田原城（大田原市城山）

外様《とざま》大名大田原氏一万二〇〇〇石の居城。複郭式の平山城で、竜体城ともいう。蛇尾《さび》川右岸の細長い丘陵頂とその麓に位置する。本丸は丘陵の最高頂にあり、南側に空堀を隔てて一段低く二の丸、さらに南側に三の丸が存する。三の丸に城主の居館、政庁をはじめ弾薬庫、作事《さくじ》小屋、藩校が設けられた。二の丸入口の坂下門は激しい攻防戦の舞台となり、三の丸曲輪《くるわ》にある作事小屋は大爆発が起きたところである。

運動公園から城跡を望む

激しい攻防戦のあった坂下門跡

参考写真02

戊辰戦死供養塔（那須塩原市板室）

閏四月二二日の板室の戦いは、午前が阿久戸《あくと》（那須塩原市）、午後が板室本村《ほんそん》（同）で戦われた。阿久戸の戦いでは、那珂川を挟む河岸段丘上に両軍が対峙し砲撃戦となったが、新政府軍は迂回部隊を送り側面からの攻撃を開始した。不意をつかれた会幕軍は混乱に陥り、その間隙を縫って新政府軍は渡河し、阿久戸坂上の台地で激しい戦闘となった。会幕軍は二〇名以上の戦死者を出し板室本村に後退していったと推定される。一七人を祀った供養塔は地元民二五名が出資し、明治二七年（一八九四）四月二二日の二七回忌を建てたものであるが、「左いたむろ、右ろくとち」と刻まれているように、道路標識も兼ねた珍しい供養塔で塔姿も美しい。旧道と思われる追分《おいわけ》に建っており、那須塩原市文化財指定にもなっている。幕末期の板室村は阿久戸（六戸）、板室本村（二八戸）、三斗小屋宿（一四戸）からなっていたが、板室の戦いと後述する三斗小屋の戦いで板室本村の一戸を除き総てが焼亡する惨劇にあった。二七回忌の供養塔は、同時に村がようやく復興したことを物語るモニュメントでもあろう。

「左いたむろ　右ろくとち」と彫られてあり、道標の役割も担っていた珍しい供養塔である

追分に建つ供養塔。県内各地の慰霊塔の中でも一際光彩を放つ容姿である

参考写真03

招忠魂碑（大田原市山の手二丁目・大田原護国神社）

本県の護国神社は四社で、前身は招魂社《しょうこんしゃ》である。創建は黒羽招魂社（明治二年）、宇都宮招魂社（明治五年）、大田原招魂社（明治一一年）、錦着山《きんちゃくさん》招魂社（明治一二年・栃木町）の順で、戊辰戦争における旧藩士戦死者や西南戦争戦死者―当然の如く新政府側戦死者を祭神として、旧藩主や藩士（栃木町の場合は栃木県令鍋島幹）らによって設立された。明治七年（一八七二）、国費による維持方針が出され、昭和一四年（一九三九）には護国神社と改称したが、その後の各戦争の戦死者を加え、地域における国家神道の重要な支柱となっていった。大田原護国神社は城の北方丘陵上に、大田原神社に続くかたちで鎮座している。

招忠魂碑《しょうちゅうこんひ》の裏面には「戊辰之役大田原藩戦死人名」が刻まれ、大田原、陸奥田島、片府田《かたふた》村（大田原市）で戦死した軍夫を含めた一八名の名が記されている。明治一〇年（一八七七）建碑。

参考写真04

大田原鉄之進の墓（大田原市山の手二丁目・光真寺）と早川永宣の墓（大田原市　元町二丁目・観音堂）

　下町付近を守衛していた家老格大《おお》田《た》原《わら》鉄《てつ》之《の》進《しん》は、迂回隊の進撃に対して城の防衛が急務と判断、引き返す途中に荒町《あらまち》付近で会幕軍に包囲され正法寺《しょうほうじ》付近で戦死した。また城内坂下門の攻防では、戦士隊組頭早川永《はやかわなが》宣《のり》が二の丸侵入を阻止すべく土塁上で奮戦するも銃撃を浴びて戦死した。双方とも建碑年月は不詳。両墓とも官修墓であるが、早川永宣墓は「早川先生墓」となっていて、現在は墓域塀が取り外されているが、部下や周囲の者から尊崇されていたことが判る。

大田原鉄之進の墓（大田原市・光真寺）

早川永宣の墓（大田原市・観音堂）

参考資料

藩主大田原鉎丸の脱出

藩主大田原鉎丸《としまる》（勝清）は当時八歳。戦争当日、執政大田原数馬《おおたわらかずま》は部下に命じて幼藩主を城裏手から脱出させた。片府田《かたふた》村（大田原市）から河内郡柳原新田《やなぎはらしんでん》（宇都宮市柳田）の今井五郎右衛門宅に宿泊。翌日、大田原藩領である芳賀郡祖母井《うばがい》村（芳賀町）の下郷《しもごう》陣屋に着き二泊、さらに同藩領八ケ代《やかしろ》村（那須烏山市）割元名主宅で七泊後、分家にあたる森田《もりた》村（同）の大田原帯刀《たてわき》宅に落ちのびた。

大田原鉎丸（芳賀町祖母井・杉田一平家蔵）

文献紹介

益子孝治『維新と大田原』（自家版　昭和五七年）

著者は長く大田原市役所に勤務。夫人の実家が大田原藩の重役を務めた関係から、藩関係の古文書が身近にあった。戊辰戦争についての史料解読をしながら戦績の調査と研究に進み、ややもすると大藩の影に追いやられてしまいがちな小藩大田原藩の立場から明治維新を叙述した。戊辰戦争の史料紹介は丁寧であるが、慶応四年（一八六八）三月、勤王に踏み切った藩が、新政府から幕領等の巡邏《じゅんら》の指示を得たことは新政府の下野支配の端緒であり、この点での先駆的研究となった。特に筆者は芳賀郡飛地領への藩の指示に学ぶところ大であった。

人物紹介

伊《い》地《じ》知《ち》正治《まさはる》（1828〜1886）

文政一一年（一八二八）、薩摩藩士の子に生まれる。目と脚《あし》が不自由であったが、努力して薩摩藩兵学を学ぶ。藩校造士館の教官となり西郷従道《さいごうつぐみち》・三島通庸《みしまみちつね》らを教え、文久二年（一八六二）、島津久光《しまづひさみつ》の上京にあたり軍師としての手腕が認められ、軍奉行となった。薩英戦争・禁門の変で藩兵を指揮して戦功をたてた。戊辰戦争では、東山道総督府参謀を命ぜられ、宇都宮・白河口に転戦し、ついで板垣退助らと会津若松城を落城させた。維新後は左院議長や修士館総裁を務めた。

コラム Column

両軍互いに退却、戦争終結を知らせた時の鐘

軍事史家大山柏《おおやまかしわ》は、大田原城の攻防を「両軍互いに退却という珍しい戦況」と評した（『戊辰役戦史』上巻）。市街戦で敗退した大田原藩兵は城中に退却し、本丸・二の丸が攻防戦の場となった。その時、三の丸曲輪《くるわ》にある作事小屋で大爆発が起こった。作事小屋は銃弾や砲弾の収納庫であり、どうやら大田原藩兵が火を付けたようだ。破裂する大音響に驚いた会幕軍は城外に退却したが、大田原藩兵も大半は城の東崖を流れる蛇尾川を渡河して、対岸の中田原《なかだわら》の逃れた。両軍とも土砂降りの雨で銃砲の使用が不可能になったこと、会幕軍にとっては城外から火を付けて、城を包囲する作戦がとれなかったためであったとの指摘は多いが（田辺昇『北関東戊辰戦争』など）、それにしても、本丸を目前にして攻撃を中止した理由は何だったろうか。

会幕軍が最後の攻撃を思いとどまった点について、「慶応兵謀秘策」（『復古記』第一一冊）は次のように記している（口語訳）。

確かに敵兵は窮迫していたので、味方が進撃すれば敵兵を殺戮《さつりく》し、城を奪取することは可能であった。しかし、大田原城は奥州の押さえとしての役割を持っているから、南道からは簡単に攻略されやすい。そのため城外に火を放ち、敵側の生活拠点を焼き払った上で再攻したほうがよい。自軍の兵力を損耗《そんもう》して勝っても、その勝利は下だ。

攻城効果と兵力の損失を秤《はかり》に掛けた結果としたが、やや強がりにも聞こえる。引き上げた理由は大山柏が指摘する通り、前日に白河城が陥落してしまい戦略的効果がなかったからであろう。これが、一両日前の白河落城以前であったなら、新政府軍の白河攻撃はさらに困難を極めたに違いない。

町の大半を焼かれた町民は茫然《ぼうぜん》自失《じしつ》するが、鼓舞《こぶ》するように「時の鐘」が鳴り響いたとのエピソードが伝わる。

戊辰戦役の際、町民は殆《ほとん》ど四方八方に難を逃れて、民家は大火災のため大方焼き尽くされて一面焼野原となってしまったのです。

此《こ》の時、上町の津久井《つくい》氏が帰町して町は大半焼け人影一つ見えない有様を見て、淋しく情けなく憤然として落つる涙も拭《ぬぐ》ふ暇なく、焼跡に転げ出された「時の鐘」を焼柱に引き上げ「町民よ集れ、もう戦乱は止んだのだ、我等の郷土を一日も早く復興せねばなるまい。町民よ此の懐かしい鐘の音を聴いたら安心して集れ」とばかり満身の力を込めて、しきりにゴガンゴガンゴカ

ンゴカンと打ち鳴らしました。近村に避難していた町民は、この聞き馴れた懐かしい鐘の音にほっと安心して、「あの時の鐘が鳴り響く上は、きっと会津兵は逃げ去ったのであろう」とそろそろ荷物をまとめ、町に帰って来て仕事に取り掛ったと云うことです。

古い鐘楼はこの際焼けてしまって、今はその面影は見られません。今の高い鐘楼は役場の新築と同時に建築されたものです。こう考えて見ると、あの「時の鐘」は大田原町にとっては実に意味の深いものであることが分かります。

私達は此の歴史ある時の鐘の音を、朝に夕に聴きながら大田原町に生活しているのです。あの鐘の音の中には「醒《めざ》めよ町民よ、我が報ずる時刻を基準として正しき時間を守り、生活を正せ。うんと勉強し、うんと働き町の発展を計れ」との響きがあるようでなりません。

（大田原尋常高等小学校編『大田原読本』）

町の再興と後世への励ましを伝えた「時の鐘」は、太平洋戦争時の金属供出で今はない。「時の鐘」の設置は大田原だけでなく宇都宮など県内各所にあったが、現在はすべて取り壊され消失してしまった。紹介した左写真さえよく残っていたものと称賛に値する。

時の鐘（益子孝治『維新と大田原』より）

トピックス
Topics

黒羽藩主大関増裕の死をめぐって

黒羽第一五代藩主大関増裕《ますひろ》は英君の誉れ高い人物だ。外様大名にもかかわらず文久二年（一八六二）幕府講武所奉行《こうぶしょぶぎょう》に就任するや、すぐさま陸軍奉行も命ぜられた。国許《くにもと》でも軍制改革を進め西洋式兵術を採用し火器の充実を図ったり、後に農兵隊となる郷筒組《ごうつつ》を編制した。慶応元年（一八六五）には初代海軍奉行となり横須賀《よこすか》造船所など建設事業にも尽力した。当時の増裕にとって最も信頼の置ける直属の部下が、学問の師であった勝海舟《かつかいしゅう》であった。

慶応三年（一八六七）一〇月、将軍徳川慶喜は朝廷に大政奉還を願い出て許されたが、その一ヶ月半後の一二月六日、増裕は黒羽に帰城した。帰藩の目的は、大隊調練を実施するためであったが、公職在職中の一時帰国である。

帰藩するや調練の日は一二月一四日と決まった。それは農兵取立の拠点である須賀川《すかがわ》館など六館の見廻りをその前にやっておきたいという増裕の意向からであった。これにもとづき農兵約二〇〇人の集合と火薬の準備が進められた。

その間の一二月八日と九日、増裕は供を従え遊猟《ゆうりょう》に出かけた。事件は二日目の九日、午後二時頃に金丸原《かねまるがはら》（大田原市）で起きた。突然増裕が死去したのである。増裕が怪我をしたとの知らせで藩士城浄法《しろじょうほう》寺《じ》弥《や》一郎《いちろう》が八幡宮（現那須神社）馬場まで駆けつけると無言の増裕を乗せた駕籠《かご》があった。

周囲にいた者によれば、増裕が持っていた「十三発込」の鉄砲が発砲し、銃弾は左頬《ひだりほお》の耳脇から右耳の上という急所を貫通していたという。遊猟の供をしていた者のうち二人が別々に呼ばれ事情を聞かれたが、揃って増裕の鉄砲に相違ないと答えたのであった。奇しくも増裕満三〇歳の誕生日であり、王政復古の大号令が発せられた日でもあった（『大関増裕—動乱の幕末となぞの死—』栃木県立博物館）。

死因を巡って自殺・事故死・他殺の三説が流布した。まず自殺説。小林華平《かへい》『黒羽藩戊辰戦争』（大正七年）は、会津は服せず朝敵になるであろう。幕閣の一員である自分は、会津と兄弟のような交わりであり、矛《ほこ》を向けることはできない。よって臣節を全うするため一身を犠牲にするとの遺言があったとした。それに反して事故死説をとるのは、黒羽町役場編『黒羽藩資料』（大正一〇年）である。鳥を撃とうとして茂みに入り、銃の引き金がこの枝にかかり暴発したと主張する。最後は他殺説でこれは事件直後から囁《ささや》かれた。浄法寺弥一郎の手になる「御用向手控」（慶応三年）によれば「十三発込」の鉄砲が発砲し弾丸は左耳脇から入って右耳のすぐ上に抜けているとのことであった。このことは、増裕が左手で銃を持たない限りあり得ず、水平に近い弾道は自殺・事故死の可能性を打ち消すとするからである。なお同史料は近年になり初めて公開されたものである。

諸説が生まれた背景には、窮地に立つ幕府の政治状況や外様小藩という黒羽藩の立場、戊辰戦争での同藩の活躍があろう。しかし、増裕の死後、藩論は幕府から離れ新政府への恭順路線を歩んだことは紛れもない事実であり、平成三〇（二〇一八）年に地元黒羽芭蕉の館で開催された『幕末維新期の黒羽藩展』の図録で、「増裕は幕府方・新政府方のいづれにつくかということよりも、まず黒羽藩を守るため、その地固めを目的として、十二月に帰藩したのであり、自殺を意図していたとは考え難く、あるいは藩内の反増裕派によるクーデターの可能性も考えられる」と他殺説を採り、論争に決着をつけた。戊辰戦争期に黒羽藩は政府軍の一員として目覚ましい活躍を遂げるのである。

慶応2年（1866）春浜御殿において（『大関増裕公略記』）
前列右から一人目が海軍奉行大関増裕、後列右から二人目が軍艦奉行勝海舟

第二次今市攻防戦

慶応4年5月6日（新暦6月25日）

梅雨の晴れ間を縫っての攻防—会幕軍の敗北

物量勝る新政府軍

第二次今市攻防戦は、最大の激戦となった。梅雨とかちあい、長雨と大谷《だいや》川《がわ》増水の中で戦われた。会幕軍は第一次攻防戦の失敗から、本営を小佐越《こさごえ》（日光市藤原）から今市宿に近い小百（日光市）に移し再挙を図った。しかし、梅雨のため大谷川の渡河に苦しみ、土佐藩隊も再度の攻撃に備えて野戦陣地の強化につとめた。夜は宿内二二か所に篝火《かがりび》を焚いて兵威を示した。両軍とも野営生活のために、兵士の疲労は溜まった。

五月五日、梅雨が止んだ。会幕軍は深夜、付近の農民数百人を動員して荊沢《おとろざわ》へ橋を架けた。浮橋《うきはし》のようなものだろう。翌朝、今回はすべての兵力を東関門突破に向けた。そのかわり、渡河すると三部隊が波状攻撃をしむけ、最後の部隊は例幣使街道を突破して東関門に迫った。しかし、土佐藩は西関門の防衛を彦根藩兵に任せ、総力を東に廻し、さらに予備隊を投入し、会幕軍三部隊の背後を衝かせた。折しも宇都宮から増援隊が駆けつけてきたから、土佐藩は反撃に転じ会幕軍は多数の死傷者をだして退却した。

一連の戦闘において、杉並木

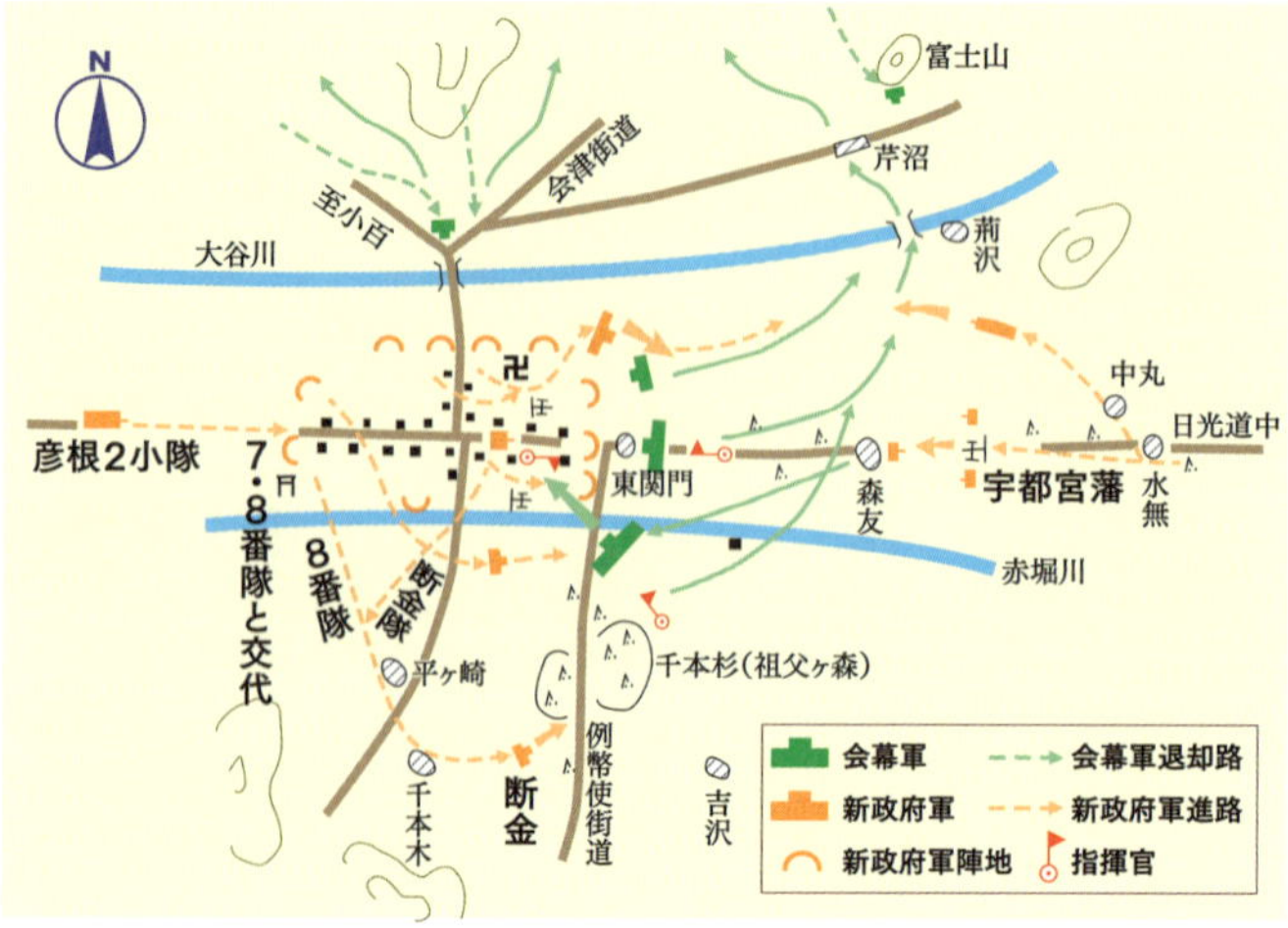

第二次今市攻防戦戦闘要図（5月6日午後1時～4時）

旧今市市街を望む（旧今市消防署屋上より撮影）

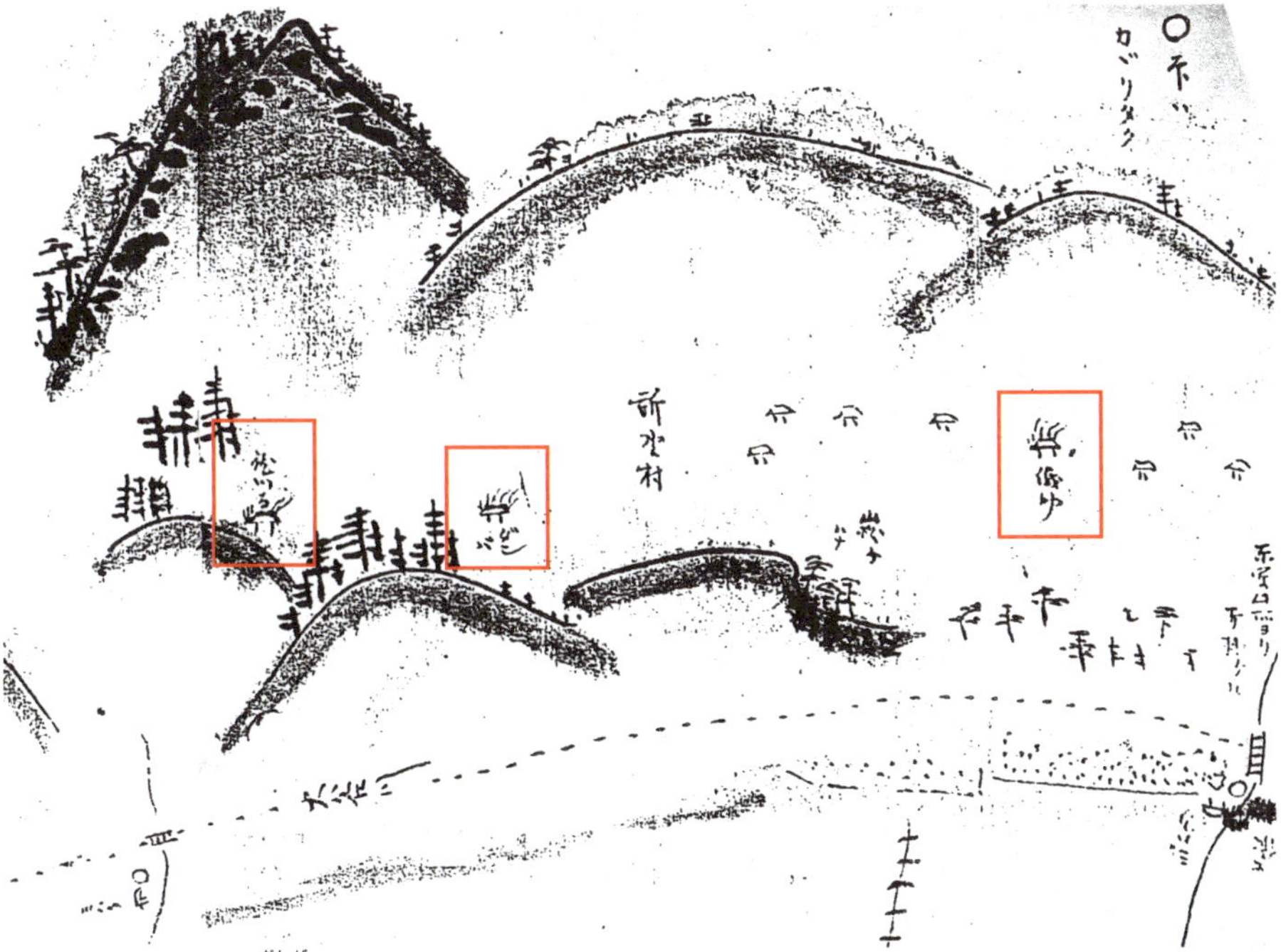

所野村の龍門寺、福田弾蕃《だんば》宅、儀助宅からの火の手が上がる様子（囲み部分）が描かれている絵図
（宇都宮市・平賀イク家蔵「日光附近戦争及雑書記」部分）

を両軍とも楯として利用したため、戦場付近の杉には銃砲弾が撃ち込まれた。今日でも風倒木の杉から時々発見される。

今市宿攻防戦は、物量に勝る新政府軍が勝利したが、攻略に失敗した会幕軍は、以降藤原口の持久《じきゅう》防衛へと戦術を転換した。この後も日光山麓では戦闘は続いたが、全体として戦局は奥州白河口を巡る攻防へと移行していった。

犠牲となる地元民

この間、攻防が長期戦となったことで、地域の民衆には様々な負担が課せられた。今市宿近隣の村々には、土佐藩から篝火用の薪木《まきぎ》や鍬《くわ》の献納が命ぜられ、杉並木が大量に切られた。軍夫の徴発もあり、戦争の巻き添えになった者もいた。民衆にとって最大の不安は戦火で家を焼かれることであった。焼き討ちは新政府・会幕両軍とも行った。特に鬼怒川左岸では、新政府軍によって盛んに行われた。

放火の事例を二、三あげる。五月一日、所野村《ところの》（日光市）の神人《じにん》福田《ふくだ》弾《だん》蕃《ば》・名主儀助《ぎすけ》・龍門寺《りゅうもんじ》の三軒が彦根藩の放火で焼失し、儀助の妻が焼死した。弾蕃らが会幕軍進軍の案内を務めたとの密告があり、その報復としてであった。（一五三頁絵図）次は第二次攻防戦のさなか、五月六日である。高百村《たかひゃく》（日光市）に彦根藩兵数百名が繰り出し、村内を探索した。村人は残らず会幕軍にかりだされていた。その時、神人手塚新右衛門《てづかしんえもん》家が会幕軍の本陣に使われたとして放火され、一五軒ほど焼失した。この件につき日光奉行所の役人は、百姓にはなんの罪もないことで、実に気の毒なことと同情した。

会幕軍が荊沢の渡河点から東関門を攻撃するために通過した森友《もりとも》村（日光市）では、名主斎藤嘉兵衛《さいとうかへえ》・永岡歌之丞《ながおかうたのじょう》が兵糧を密送したとの理由で新政府軍によって処刑された。その他大沢村・板橋宿（同）の農民二人が間諜《かんちょう》と疑われ獄門に処せられたとの言い伝えもある。今日、日光山麓の戊辰戦争を綴った史料を読むと、次の歌が民衆の間に広まっていたことがわかる。「いくさは会津　鉄砲は歩兵　火付けは土州にとどめさす」（柴田豊久家文書「慶応四年諸綴」）。

参考写真01

旧今市市街全景（日光市）

今市宿は日光の喉元《のどもと》にあたる要地だ。日光街道、例幣使街道が追分地蔵《おいわけじぞう》の所で出会い、下町と上町浄泉寺《じょうせんじ》付近の入口から会津街道が走った。宿は上・下町に分かれ、両町入口には木戸があった。宿内中央の大通りには本陣・旅籠・問屋が並び、真岡代官が管

写真左手から例幣使街道、右手から日光街道が合流し日光へと続く（栃木県立博物館蔵）

理する今市御蔵もあった。御蔵には下野国内の幕府領から運ばれた年貢米が貯蔵され、日光奉行所役人や日光山奉仕者への扶持米に支出された。近くには一〇数軒の穀問屋が軒を並べ、付近には幕末期に日光領で行われた報徳仕《ほうとくし》法《ほう》の役所も置かれていた。

参考写真02

無名戦士の墓（日光市七本桜）

日光街道、日光市役所入口近くの和尚塚《おしょうつか》には会幕軍兵士が埋葬されたといわれる塚がある。塚そのものは以前からあったが、説明板によれば今市攻防戦を通した会幕軍の戦死者は約一〇〇名、散乱していた二〇数名の遺体を付近の住民がここに埋葬し冥福を祈ったとある。また下木戸に晒された首級《しゅきゅう》（その数は一六あるいは二七ともいわれる）を葬ったという言い伝えも

ある。日光市大室の狐塚義久《こづかよしひさ》氏宅前山林には、会津藩無名戦士墓がある。墓碑はなく供花筒が置かれているだけであるが、口碑に寄れば三人墓という。

参考写真03

土佐藩戦死墓
（日光市今市・回向庵）

瀬川十文字、第一次、大桑・柄倉戦、第二次攻防戦を通し土佐藩は手島金馬《てじまきんば》ら一〇名の戦死者（うち軍夫一名）を出した。如来寺の末寺である回向庵《えこうあん》には土佐・佐賀藩戦死者の官修墓があり、墓所からは鬼怒川を挟んで対峙した茶臼山が望まれる。佐賀藩は、六月下旬に土佐藩兵と交替して今市に入り、藤原方面で会幕軍と激戦を展開した。土佐藩士は鉄柵に囲まれた個人墓として建てられた。戦死日は四月二九日一名、閏四月一九日一名、同二一日二名、五月六日五名である。

参考資料

第二次今市攻防戦絵図
（高知市・森田忠明氏蔵）

土佐藩士森田団右衛門《もりただんえもん》が描いた第二次攻防戦図で、原図は約一メートル四方ある。大谷川を挟んで対峙する両軍の布陣が描かれ、北方の毘沙門《びしゃもん》山には会幕軍「東照大権現」の旗が翻《ひるがえ》っている。土佐藩兵が夜警のため焚いた篝火が二二か所在り、うち五か所は川を渡った対岸で燃えている。会津街道から今市宿への入口には二重・三重にも胸の高さまでの防壁が築かれ、会幕軍が荊沢方面から攻撃せざるをえない状況も判明する。絵図内には「コノ戦争夜明ニ始リ、七ツ時（午前四時頃）賊兵崩《くず》ル」などの朱書き何か所もあり、戦闘の推移が解説されている。兵士はアリのような姿で克明に記され、四斤山砲もあちこちに見え壮烈《そうれつ》な戦闘場面が浮かび上がってくる。

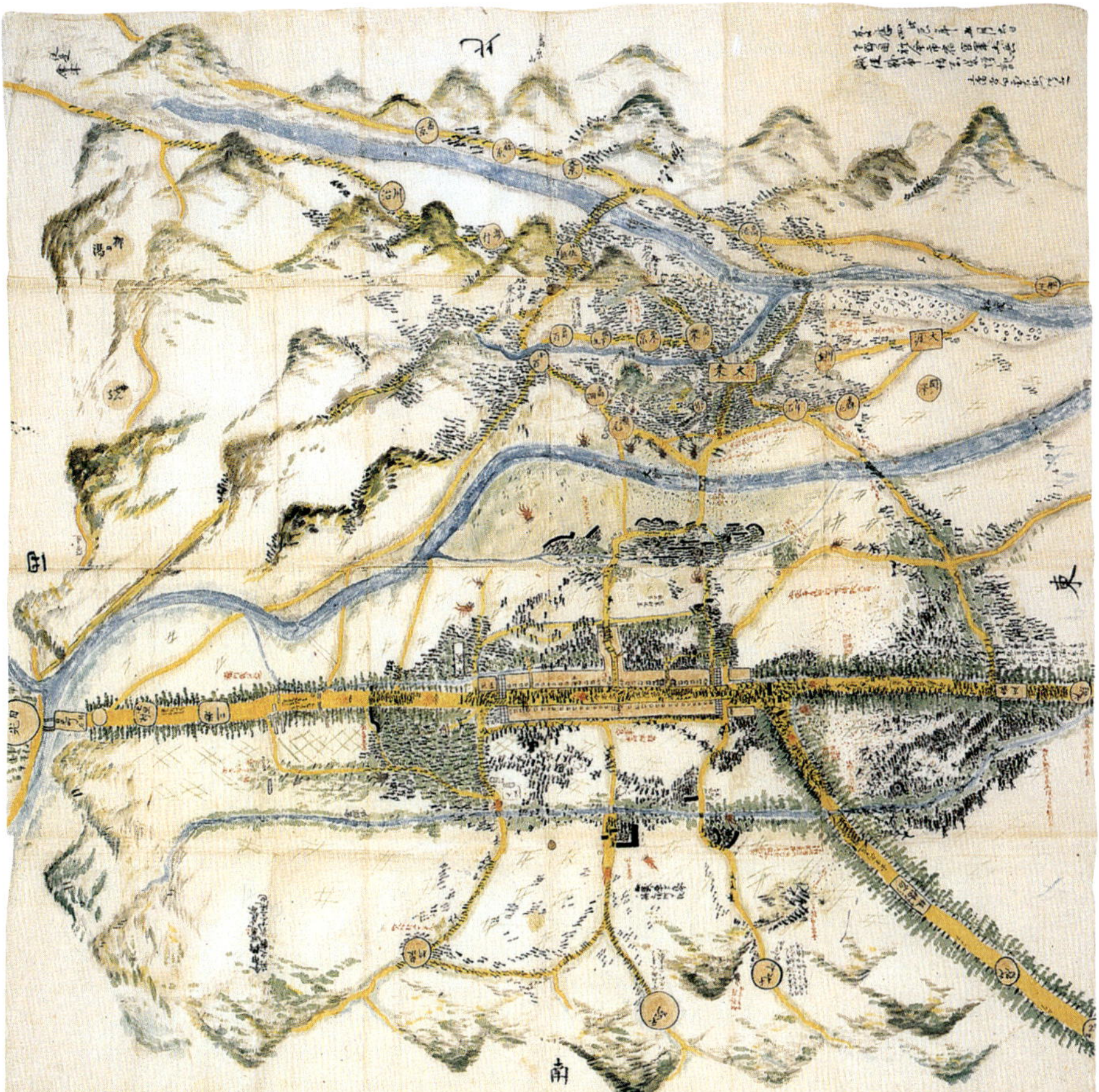

コラム
Column

人肉を喰う話

日光山麓の戊辰戦争を、元日光御殿役《ごてんやく》所《しょ》役人が記した「日光騒動戦争略記」（『いまいち市史』史料編・近世Ⅶ）には、瀬川十文字の戦いの前日にあたる四月二十八日、日光鉢石《はついし》宿で旧幕府軍が長州の間者《かんじゃ》を召し捕らえた際のこととして、次のような聞き書きが出てくる。

> 是者乞食之体《このものこじきのていなり》なり身にこもをまとひ髪形ぼふ〳〵として全く非人の体なれ共《ども》間者なれハ、か丶る霊地の御山守護の神祇《じんぎ》申し上て然るに、召捕候間者を五分切ニ切下ケ籏本方《はたもとがた》弐三拾人斗《ばか》り集り、肉を喰へ殊ニ懐中《かいちゅう》の金子《きんす》四拾両余分取《ぶんどり》致し、其上《そのうえ》首ハ其所《そのところ》ニさらし置候、跡ニて大谷川河原ふちへうづめ候よし

正確を期すために原文を紹介したが、乞食に身をやつした間者を、旗本（旧幕府軍兵士）たちが首を晒し、肉は切り裂いて食べ、遺体は河原に埋めたという記録である。末尾は「埋め候由」とあるから、筆者が現場を見たわけではなくあくまでも伝聞で、下野戊辰戦争においては類似した話があと二件程出てくる。

一つは三斗小屋宿（那須塩原市）における百村《もむら》名主の虐殺に際してである。閏四月の板室の戦いに敗れた会幕軍は、五月再び会津中街道を南下して百村に現れた。ここで名主源右衛門《げんえもん》を、新政府軍の道案内を務めた廉《かど》で三斗小屋に連行し、またの肉を切り落とし、串刺しにして焼いて食べた。さらに若い兵士らが耳を切り、鼻をそいだりして惨殺したことが、逃げ遅れた老人の目撃談として語られた（田代音吉『三斗小屋誌』明治四四年、註）。

二つめは五月一一日以降、草風隊と交替で塩原に入ってきた郡上《ぐじょう》藩凌霜隊《りょうそうたい》が起こした事件である。塩の湯に駐屯していた凌霜隊が、八方ヶ原で浮浪人を捕らえ、間者に違いないと決めつけて斬殺し、その肉を味噌煮にして食べた（君島一郎「凌霜隊塩原始末記」『下野史学』第二四号、昭和四二年）。

三つの話しに共通するのは、旧幕府軍が行った蛮行として批判的に語られてきたこと、対象となった人物が間者ないしは敵側に内通していたと疑われた者ということである。人肉食が本当にあったかどうかの判断は慎重でなければならないが、このような話が戊辰戦争下の下野《しもつけ》で流布したことは間違いのない事実である。

しかし、ことは幕府軍に限らず民衆も関わっている場合もある。これは陸奥国田島（福島県南会津郡南会津町）でのことであるが、下野関係者に絡むことなので紹介しておきたい。後述する「下野国外の戦い」の一つ、九月九日の田島の戦いの一場面である。農民に襲われた大田原藩士が逃亡後、人里に出てきて捕まっ

た際の話しである。

九月一一日、くどつ沢で見張りをしていると一〇時頃であったろうか、五〇歳前後の両刀を下げた武士がたき火のところに現れた。九人の番兵は連日のことで疲労し、昼寝をしていたが、うち二人が目を覚まし残りのものを起こして武士を調べた。下野にて男鹿岳の沼を開墾する役目のためこの村に来たと言い立てたが、見張りたちはとにかく名主宅まで連行し、太刀・脇差を取り上げて本人が持参していた酒を五合ほど飲ませた。酔ったところを縛り上げてくどつ沢の入口で殺した。金子は二両二分持参していて、大田原藩士であった。水無《みずなし》村の者が銃で撃ったが、ただちに腹を割き肝《きも》を喰った。

(『田島町史』第六巻下、近世史料Ⅱ口語訳)

これは、「栗生沢《くりうさわ》村名主湯田久右衛門《ゆだきゅうえもん》聞書」という史料の一部である。タイトルにもあるようにこれも聞き書きである。殺した者の腹を割いて肝を食べるという行為は、民俗学的考察が必要であろう。田島に残った新政府軍は地元住民に多大な課役を強いたし、『田島町史』はこの農民を会津藩農兵と位置づけして、背後に会津藩士がいる可能性もあるとしている。それ故に、史実の確定には慎重にならざるを得ないが、たとえ幕府軍に連なる者とはいえ、戦争という極限状況で民衆が起こした事件として研究の深化が待たれる。

註　磯忍氏の調査に依れば、田代音吉『三斗小屋誌』の原本は下野史談会発行本、大黒屋《だいこくや》所蔵本、黒磯市立図書館所蔵本、黒磯市立穴沢小学校所蔵本の四冊が確認されていて、記述内容に同一性を欠くという。上記の記述は黒磯市立図書館本に依ったが、史談会本では名主虐殺を黒羽藩兵の行為としている。本書は描写の詳細さ等から前者の記述を採用した。

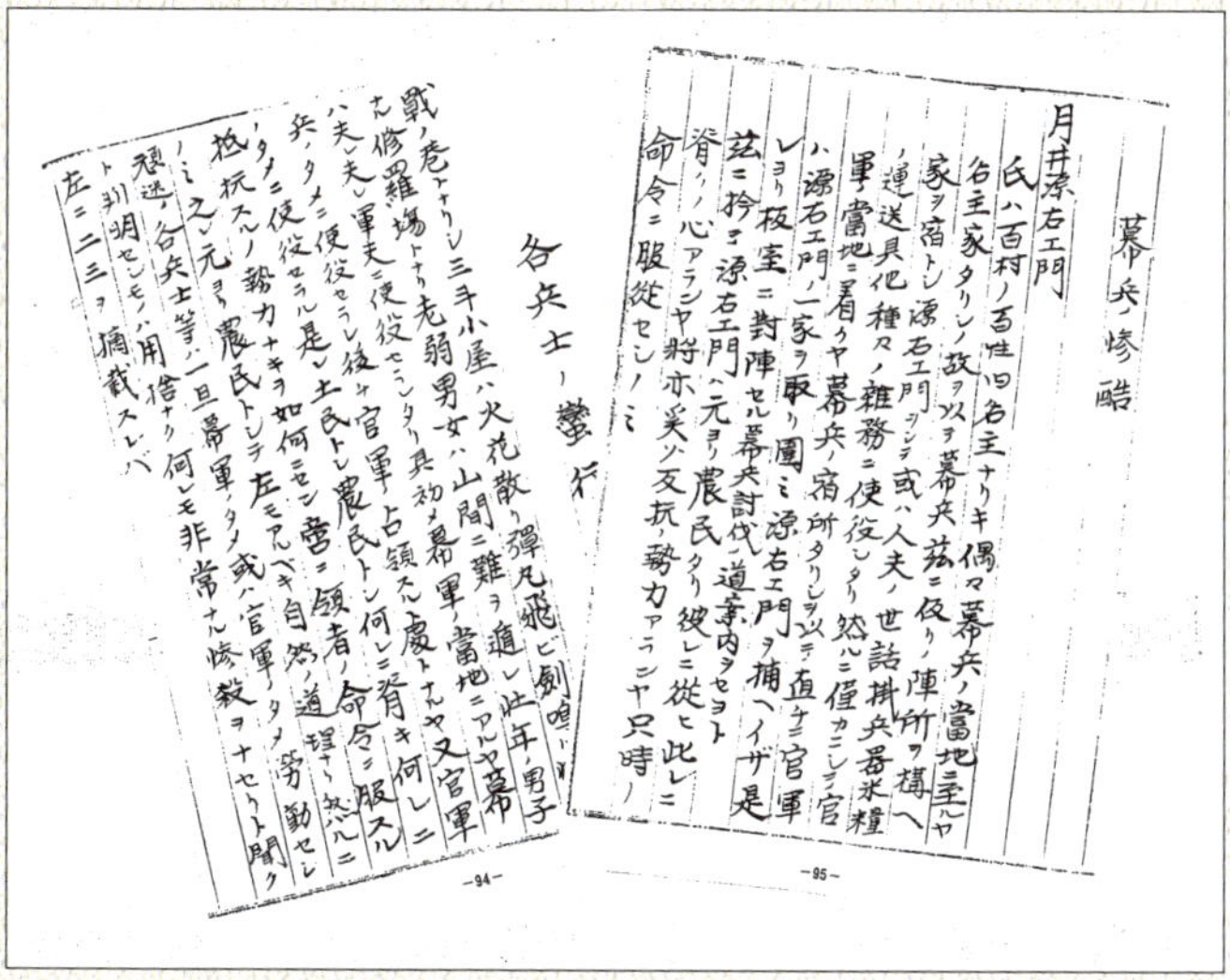
幕兵ノ惨酷

月井源右エ門

氏ハ百村ノ百姓旧名主ナリキ偶々幕兵ノ當地ニ至ルヤ名主家タリシノ故ヲ以テ幕兵茲ニ依リノ陣所ヲ構ヘ家ヲ宿トシ源右エ門ヲシテ或ハ人夫ノ世話掛兵器米糧ノ運送其他種々ノ雑務ニ使役シタリ然ルニ僅カニシテ官軍ノ當地ニ着クヤ幕兵ノ宿所タリシヲ以テ直チニ官軍ハ源右エ門ノ一家ヲ取リ囲ミ源右エ門ヲ捕ヘイザ是レヨリ板室ニ對陣セル幕兵討伐ノ道案内ヲセヨト茲ニ於テ源右エ門ハ元ヨリ農民タリ彼レニ従ヒ此レニ脅サレシノ心アランヤ将亦奚ゾ反抗ノ勢力アランヤ只時ノ命令ニ服従セシノミ

—95—

各兵士ノ蠻行

戦ノ巷トナリシ三斗小屋ハ火花散リ弾丸飛ビ剣鳴リナル修羅場トナリ老弱男女ハ山間ニ難ヲ避ケ壮年ノ男子ハ夫レ夫レ軍夫ニ使役セラレタリ其初メ幕軍ノ當地ニアルヤ幕兵ノタメニ使役セラレ後チ官軍占領スル處トナルヤ又官軍ノタメニ使役セラル是レ土民トシ農民トシ何レニ背キ何レニ抵抗スルノ勢力ナキヲ如何ニセン営ニ領者ノ命令ニ服スルノミ之レ元ヨリ農民トシテ左モアルベキ自然ノ道理ナリ然ルニ穏送ノ各兵士等ハ一旦幕軍ノタメ或ハ官軍ノタメ勞勤セシト判明セシモノハ用捨ナク何レモ非常ナル惨殺ヲナセシト聞ク左ニ二三ヲ摘載スレバ

—94—

『三斗小屋誌』(黒磯市図書館所蔵本復刻のコピー)

トピックス
Topics

真岡代官獄門の背景

第二次今市攻防戦直前の五月三日、下《しも》総《うさ》古河《こが》（茨城県）に占領地の軍政機関として下総野《かそうや》鎮撫府《ちんぶふ》が開設され、鎮撫方に佐賀藩主鍋島直大《なべしまなおひろ》が任命された。その半月後の五月一七日、下野真岡では突然の異変が起きた。代官所が鎮撫府配下の肥前藩士島団右衛門《しまだんえもん》率いる土佐藩兵によって襲撃され、代官山内源七郎《やまのうちげんしちろう》ほか四名の手付手代《てつけてだい》は討ち取られ、陣屋は焼き払われた。代官は三日間の獄門となり町中の高札場前に晒された。罪状を記した捨札《すてふだ》には賊への手助けが討ち取り理由と書かれてあった。

真岡代官は、四月四日真岡町で世直しが勃発すると逃亡した。もちろん領民には知らされてなかったが、宇都宮に在陣の新政府軍香川敬三に支配権の維持を歎願していたのである。願いは聞き届けられ、山内は四月二〇日、新政府配下の一員として真岡に帰陣した。二八日には、真岡代官支配地八万石を新政府領として、山内の身分と支配権が正式に承認された。帰陣後の山内は、新政府軍の人馬継立業務を行う能吏として行動していた。その山内が急襲されたのである。その背景は何か。

山内代官の処置については、土佐藩大隊司令片岡健吉《かたおかけんきち》と肥前藩士島団右衛門との会談で決定したようだ。表面は新政府軍に付きながら内々は会津に通じていたとか、新政府用の名目で米・雑穀を会津軍に送った等々の噂は流されていたが、相談を受けた当初、片岡は襲撃に賛成しなかった。しかし、次の島団右衛門との会談で風説は事実だという探索結果を聞き、同意して三原兎弥太《みはらとやた》と日比虎作《ひびとらさく》二隊の派遣を決めた。

日光奉行が会津藩の日光領進攻を黙認したり、山内が奉行と謀って今市御蔵米を日光山に隠匿したことは、たしかに日光奉行と山内が会津側に内通していたと判断されてもしかたがないことであろう。加えて新政府側には情勢の変化があった。戦局が移行して、土佐藩兵の白河口派遣が決まり、代わって肥前藩兵が下野を守備することになったこと。さらに五月一五日の上野戦争で彰義隊が壊滅

し、関東地方すべてが新政府の支配下に入り後顧《こうこ》の憂えがなくなったこと等々である。この結果、鎮撫府は背後の心配がなくなり下野を一円的に支配できる条件がそろった。佐賀藩関係者にとって、疑わしきは罰すという意志が働いてもおかしくはない状況が生まれた。

代官所襲撃の二日後に「これまで御支配所の分は鍋島様御預り」(『栃木県史』史料編・近世七)になったとの触が流され、支配者の交代が告げられた。新政府は、六月四日に肥前藩士鍋島道太郎《なべしまみちたろう》(後に幹《かん》)を下野国《しもつけこく》真岡《もおか》知県事《ちけんじ》に任命し、真岡代官領の支配を命じた。占領地の民政を担当する統治機構の発足であった。

この道太郎こそ、明治六年(一八七三)に成立した栃木県の初代県令で、本県の近代史に名を残した。

真岡代官山内源七郎の墓 (真岡市田町・円林寺)

文献紹介

安岡章太郎『流離譚《りゅうりたん》』（昭和五六年、新潮社）

現代日本文学の重鎮であった安岡章太郎《やすおかしょうたろう》が昭和五六年（一九八一）に発表した作品で、日本文学大賞を受賞。幕末から戊辰戦争、明治維新を経て自由民権期までの激動期に安岡章太郎の父方の人々が、どのように生きたかを描いた長編小説。当家に残された史料をもとに大和天誅組《てんちゅうぐみ》の変、戊辰戦争、福島の民権運動が描かれており、下野戊辰戦争の執筆にあたっては今市地方の現地取材も行われた。その際の協力者が田辺昇吉氏であり、文中に感謝の念を書き綴っている。土佐藩兵安岡覚之助《かくのすけ》の手紙をもとに物語が進行し、板垣退助や谷守部の動向など隊内事情も的確に描かれており、引用文の史料的価値も高い。

人物紹介

大鳥圭介《おおとりけいすけ》（1833〜1911）

天保四年（一八三三）播磨《はりま》国赤穂《あこう》郡の医者の子として生まれる。若くして大坂の適塾で蘭学を学び、出府して江川《えがわ》英敏《ひでとし》の塾で兵学を修めた。慶応二年（一八六六）、江川の推薦で幕臣に列し、歩兵差図役頭取から歩兵頭並となる。戊辰戦争が起きると主戦論を主張して歩兵奉行となった。江戸開城にあたってはこれを不満とし、旧幕府歩兵を率いて市川に脱走した。結城・宇都宮・今市から会津・仙台を転戦したが敗れ、榎本武揚の艦隊に合流し蝦夷地に逃れた。榎本のもと、陸軍奉行として箱館を守ったが、明治二年（一八六九）五月、五稜郭の戦いで降伏し獄に投ぜられた。五年（一八七二）出獄し、明治政府に出仕した。七五歳で没。

藤原の戦い

慶応4年6月25・26日（新暦8月13・14日）

佐賀藩兵による戦闘―天然の要害に阻まれ大敗

日光口をめぐる攻防

宇都宮戦争と二度にわたる今市攻防戦は、以後の戊辰戦争の帰趨《きすう》を示すものとなった。今市攻略に失敗した会幕軍は、宇都宮を奪取するという野望を捨て、藤原方面に陣地を築き会津街道口の持久防御《じきゅうぼうぎょ》に移った。五月一日に新政府軍が白河城を奪還したものの戦局は膠着《こうちゃく》状態であった。五月三日には奥羽列藩同盟《おううれっぱんどうめい》が成立し、第二次今市攻防戦のあった六日には北越六藩が加盟して奥羽越列藩同盟《おううえつれっぱんどうめい》へ発展していた。新政府軍の方も五月一五日に上野戦争で彰義隊《しょうぎたい》を壊滅させ、後顧《こうこ》の憂えをな

藤原の戦い戦闘要図（6月25日～26日）

〈アームストロング砲〉イギリスのアームストロングが開発した後装施条砲。砲身の爆発がたびたびあったために、輸入した佐賀藩は自力開発に成功。遠距離射程と命中率に優れ、上野戦争と会津戦争に威力を発揮した。最大射的距離4000～5000メートル。

町の中心を鬼怒川が流れる（藤原町）

くし江戸から安心して軍を進めることができるようになった。総督府は膠着状況を打破するために土佐藩兵の白河増援を決め、交代として佐賀《さが》（肥前《ひぜん》）藩を今市に進駐させた。土佐藩の今市滞陣は二か月の長きにわたった。五月一七日と一八日の両日にかけて今市を去ったが、一七日は真岡代官所が襲撃された日でもあった。

着陣した佐賀藩は、専守防衛《せんしゅぼうえい》の方針をとった。一か月後の六月二五日、宇都宮藩と連携して本陣のある藤原口を攻めた。佐賀藩兵は二手に分かれ、一隊は小百《こびゃく》（日光市）からもう一隊は大渡《おおわたり》（同）から鬼怒川を渡河し、宇都宮藩兵は鬼怒川左岸の船生《ふにゅう》（塩谷町）から小佐越《こさごえ》（日光市）にあった会幕軍の第一戦陣地を攻撃した。兵力は会幕軍四〇〇人前後、対する新政府軍は一一〇〇人であった。小佐越を突き進み、大原《おおはら》（日光市）で陣地を構えた会幕軍と交戦した。かねての打ち合わせ通り、船生村から山を越えて大原陣地の背後に回った別働隊の働きや、佐賀藩のアームストロング砲が威力を発揮し会幕軍は藤原方面に退却したが、降り出した豪雨と日没で引き分けに終わった。

泥まみれの帰陣

明けて二六日、新政府軍は鬼怒川の両岸から進撃を開始した。対する会幕軍は右岸ではモウキ山（日光市）の難所で断崖《だんがい》から激しい攻撃を加え、西岸では上滝《うわたき》（同）まで兵を引かせ、敵を引きつけて叩くという戦術を駆使した。アームストロング砲が分捕られるなど新政府軍は大敗した。宇都宮藩の場合、県信緝《あがたのぶつぐ》の弟である安形半兵衛《あがたはんべえ》の長男靭負太郎《ゆきえたろう》や城代家老の一族彦坂新《ひこさかしん》太郎《たろう》などのリーダーを失った。二七日未明にかけ今市宿に帰陣した佐賀藩兵の姿は、田植え戻りの百姓のように衣服は泥だらけで、素足や無刀、あるいは差しているのは鞘だけという目も当てられぬ有様だった。

敗因は右岸と左岸の指揮系統の不統一や地形に応じた戦術がとれなかったためである。高山と断崖の間の幅一〇〇メートルもない渓谷《けいこく》を進む場合、左右の山上に側衛《そくえい》を立てながら注意深く進軍する必要があった。佐賀藩に引き継ぐにあたり、板垣は「藤原口は攻撃至難の地形だから、当面は専守防衛で日光・今市を確保し、白河口における我軍の進撃を待ってから前進すべき」（『板垣退助君伝』口語訳）との忠告をおくったが、それは守られなかったと記した。

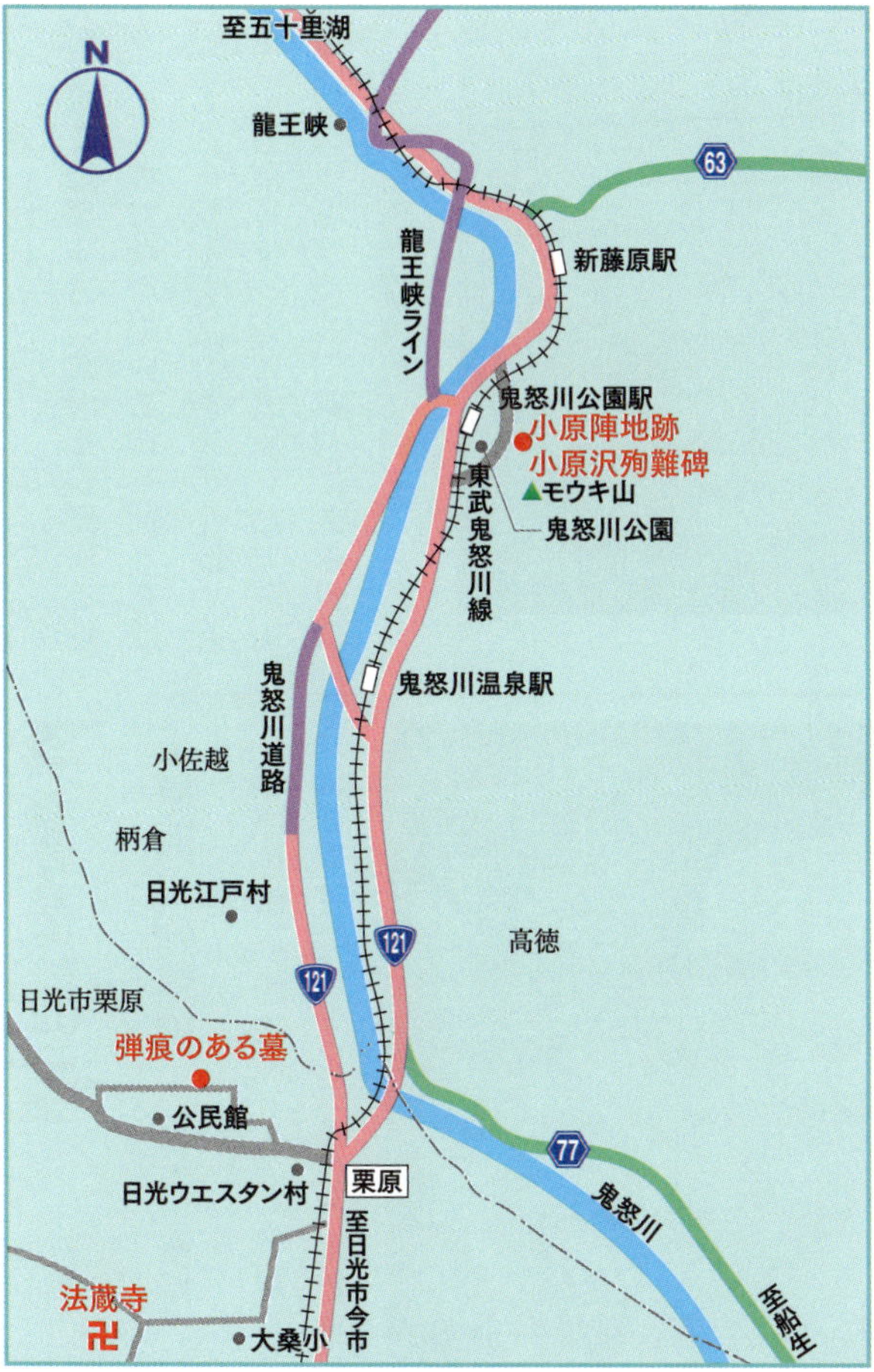

参考写真01
会幕軍が築いた陣地跡
（日光市藤原）

会幕軍は伝習歩兵部隊・草風隊・会津藩隊からなった。戦場となった小原《おばら》沢《ざわ》はモウキ山が鬼怒川に突き出たとこ

モウキ山（写真後方）が突き出て切り通しとなっている難所

ろで、通行には難所の一つであった。会幕軍を追撃する新政府軍が難所を越え、上り坂になっている切り通しを通行するや、渓流を挟む対岸の小高い丘から、会幕軍は一斉に射撃した。現在も溝型の塹壕《ざんごう》が残る。県内にある塹壕では一番形態が保たれている。

現在も塹壕が残る陣地跡

参考写真02

小原沢「殉難碑」（日光市藤原）

藤原の戦いで戦死した新政府軍・会幕軍双方の兵士を供養した殉難碑《じゅんなんひ》。

田辺昇吉『日光山麓の戦』で戦死者が判明したことを機に、昭和五六年（一九八一）六月、田辺氏や友人の星光二氏（当時、藤原町町長）らが激戦地小原沢に建碑した。会幕軍一〇人（うち軍夫など姓名なし五人）、新政府軍

（宇都宮藩九人・佐賀藩一七人うち姓名なし五人）が裏面に刻名されている。碑の近辺は整備され小公園となっていて、毎年六月には追悼祭《ついとうさい》も行われている。

参考写真03

「佐賀藩兵戦死之墓」（日光市今市・回向庵）

藤原の戦いで戦死した佐賀藩関係者のうち一八名は回向庵《えこうあん》に埋葬された。うち二人は軍夫である。先述したように土佐藩戦死者の場合は個人墓であったが、佐賀藩は合葬墓の形をとり、明治三年（一八七〇）に建てられた。小林健次郎氏の調査によれば、小原沢での戦死者は四名で、あとは上滝・大原・大沢で戦死、さらに連行され獄門となった者もいたとのことである。

参考写真04

「官軍七首級之墓」（宇都宮市西原一丁目・報恩寺）

宇都宮市報恩寺には、「官軍七首級《しゅきゅう》之墓」がある。墓石側面と傍らの碑から、宇都宮藩士斎田権兵衛《さいだごんべえ》・田中《たなか》伍太夫《ごたゆう》・彦坂新太郎と佐賀藩四士の首級墓であること、田中については六月二六日の藤原の戦で戦死し、後年首のない遺骸が送り届けられ埋葬されたことがわかる。佐賀藩士の姓名は不明。墓は明治五年（一八七二）に建てられ、明治二六年（一八九三）に改葬された。

鉄柵で被われた威厳ある墓所で、設立当初の雰囲気を今に伝える官修墓。少々色あせたが鉄柵は白色に塗られていた。

コラム
Column

日光領に軍政敷かれる

第二次今市宿攻防戦後、日光町に彦根藩、今市宿に佐賀（肥前）藩兵が守衛することとなったが、六月二七日、日光に駐屯していた彦根藩兵に白河口への出動命令が下ると、代わって芸州《げいしゅう》（広島）藩兵四〇〇名が進駐してきた。大総督府は七月一八日、芸州藩に対して日光山内《さんない》と市郷の取締りを命じたが、日光町と今市宿を守衛し藤原口の攻防に勝ち抜くためには、日光領（二万九六六石）の支配が必要だと意識され、日光領は芸州藩の軍政下に置かれた。

ところで、芸州藩の軍政は下総野鎮撫《かそうやちんぶ》府《ふ》の廃止、鎮将府《ちんしょうふ》の開設という新政府の動向と深く関連していた。下総野鎮撫府が廃止された七月一七日は、江戸が東京と改められた日であり、駿河《するが》（静岡県）以東一三か国の東国を管掌《かんしょう》する鎮将府が置かれた日であった。鎮将府は軍政機関として、事実上の東京分置太政官《ぶんちだじょうかん》としての権限を持った。軍隊指揮権は大総督府、軍政は鎮将府と分離し、その下に芸州藩は入ったのである。

下総野鎮撫府が廃止されたといっても、肥前藩兵は依然として駐屯したので、同藩は宇都宮の下野知県事役所と今市宿の

日光奉行所跡地（日光市安川町）

守衛に専念することになった。芸州藩の軍政にしても、今市宿在陣の肥前藩と連携の下に進められたことはいうまでもない。

芸州藩が最初に発した触れは、日光山に対して帰順を再確認するものであった。日光山側は四月中旬に勤王の誓約書を提出していたが、四月二六日に東照宮御神体が別当大楽院《だいらくいん》貞侃《ていかん》らによって動座されるという事件が起きていたので、芸州藩としては再度勤王への態度確認の必要性があった。

次は、日光奉行所地役《じやく》の者を呼び出し、王臣への確認を行った。その背景には、吟味役《ぎんみやく》山口忠兵衛《やまぐちちゅうべえ》の日光脱出事件があった。四月二九日に日光奉行新庄右近将監が栗山に脱走し、その後日光に戻り江戸に護送されたが、山口も同日脱走し会幕勢に合流するなど、明確に反政府側に立ったことが町内でも囁《ささや》かれていた。七月二八日には、山口宅の捜査と明け渡しがあり、反政府側についた者へは厳罰で臨む姿勢を顕わにした。前後して日光奉行所武器蔵や八王子千人隊《はちおうじせんにんたい》役宅と土蔵改めがあり、武器弾薬を没収するなど幕府統治の終焉《しゅうえん》を、町民の眼前で見せつけたのである。日光奉行所の武装解除と並び、猟師の呼び出しと見張り番への組織化、藩兵による関門監視、関門通過の際の印鑑発行など治安強化に努めた。

この間、石裂山《おざくさん》の御師《おし》湯沢監物《ゆざわけんもつ》の逮捕とか日光七里《しちり》の商人宅捜査などが行われ、恐怖政治的な印象を強めた。時には日光領民への不信感からか、会津藩兵に姿をやつし農民の会津への心情を探るというおとり捜査もとられた。これは民衆に対する芸州藩の強い猜疑心《さいぎしん》を物語る。それ故に、芸州藩に対する水面下の反発は強く、六月末には新政府の高札三枚が、何者かによって川に投げ捨てられる事件が起きた。また帰順した旧日光奉行同心神《どうしんかみ》山作兵衛《やまさくべえ》が、自宅で応接中に殺害され、翌朝日光奉行の表門に首を晒されるといった奇怪な事件も起きている。

町民にとって不安を増したのは、歩兵隊への組み入れと百石につき一名の軍夫徴発であった。さらに宗教者にとっても我慢ならぬことがあった。芸州藩による娼妓《しょうぎ》設置である。日光山は聖地が汚れる所業としてして苦々しく思ったが、開設された。娼妓屋開設願いは彦根藩駐屯時にも出されていたが、その際は肥前藩が差し止めただけに憤慨は大きかった。元日光御殿諸役人は、「慶応四年日光騒動戦争略記」で次のように記した（口語訳）。

日光山は霊地であるから、日光奉行支配の節は遊女《ゆうじょ》の類は厳重な指示があって置くようなことはなかった。然《しか》るにこの節、芸州藩は山内《さんない》と市郷の取締方を命ぜられたが、その結果、入町《いりまち》に三軒程、鉢石《はついし》に四軒程、稲荷町《いなりまち》に三軒程の女郎屋《じょろうや》が開設され、日夜太鼓《たいこ》や三味線《しゃみせん》の音が響き、くだらぬ寝言も聞こえてその賑わいは苦々しき次第だ。

（『いまいち市史』史料編　近世Ⅶ）

トピックス
Topics

東照宮御神体動座と輪王寺宮

揺れ動く戦局の狭間《はざま》にあって存在を翻《ほん》弄《ろう》されたのは真岡代官や日光奉行だけではなかった。日光東照宮の御神体もその典型といえるであろう。日光に戊辰戦争の危機が迫ると、御神体は東照宮から持ち出され、七か月間にわたって奥羽地方を動座したあげく、最後は東照宮に還座《かんざ》した。東照宮動座事件については、柴田豊久「東照宮御神体の奥州御動座事件」(『大日光』一一号、のち『近世日光・下野刀剣考 柴田豊久著作集』に所収)が詳しい。以下、氏の論文や森鷗外『能久親王事蹟《よしひさしんのうじせき》』に依拠しながら事件を追ってみよう。

慶応四年(一八六八)四月二四・二五日、宇都宮戦争で敗北した旧幕府軍が日光に着陣した翌日、東照宮別当大楽院貞侃《べっとうだいらくいんていかん》は御神体と家康遺品の神宝を捧持《ほうじ》して日光山を脱出した。大楽院とは東照宮の別当寺(神仏混淆《こんこう》時代、神社に設けられた神宮寺)である。神仏分離以前の日光山は、古代・中世以来の日光権現《ごんげん》、江戸幕府の開祖徳川家康を祀る東照社《とうしょうしゃ》(のち東照宮)、家光を祀る大《たい》猷院《ゆういん》をあわせた一大聖地であった。近世前期に後水尾上皇《ごみずのおじょうこう》の第三皇子が日光山と東叡《とうえい》山寛永寺《ざんかんえいじ》(江戸上野)の貫首になり、輪王《りんのう》寺宮《じのみや》の称号が下賜されて以来、日光山の堂塔・社殿全体を日光山輪王寺と称した。さらに輪王寺宮は天台座主《ざす》も兼ねたので比叡《ひえい》山延暦寺《ざんえんりゃくじ》・日光山・東叡山寛永寺など天台一宗をすべて管領《かんれい》した。幕末の輪王寺宮は伏見宮《ふしみのみや》第九皇子で仁孝《じんこう》天皇の養子となった公現法親王《こうげんほっしんのう》(のち北白河宮能久親王)であった。平素、輪王寺宮は上野寛永寺にいたから日光山を統括したのは日光御殿役所であった。この実質的責任者が本坊御留守居《ほんぼうおるすい》で山内衆徒から選出された。御留守居のもと御殿役所の要職のひとつに御宮(東照宮)別当があり、これは老中任命職であったから大楽院は影響力のある地位にあった。

大楽院に供奉《ぐぶ》したのは、社家中麿丹波《なかまろたんばの》守《かみ》・古島織部《ふるしまおりべ》のほか供僧、神人《じにん》など二〇人ばかりであった。二六日午前六時頃、御宮殿から取り出した「神像・御璽《ぎょじ》ヲ初メ、軍旗・甲冑、在世ノ刀剣類ヲ新調ノ長櫃《ながびつ》ニ納メ」(東照宮文庫蔵「秘録稿」、ただし同上論文より)て目立たぬように稲荷《いなり》河原《かわら》に出た。大雨の降る中であったが、ここで待ち受けていた会津藩兵一〇〇人に護衛され六方沢《ろっぽうさわ》越えの間道を使って会津街道に出ようとしたのである。六方沢で遅れて日光山を出立した板倉勝静《いたくらかつきよ》も追いついた。板倉とは宇都宮戦争の際に、宇都宮を脱出し山内南照院《さんないなんしょういん》に隠れていた前老中である。これらの事実から、動座は日光山首脳・会津藩・旧幕閣が協議の中で進められたことを物語る。その後、残った衆徒たちからは、熟議もなく大楽院の独断と非難されるのだが。

二六日は六方沢を越え、栗山郷日陰《ひかげ》村(日光市)を通り日向《ひなた》村(同)の竜蔵寺《りゅうぞうじ》泊。その後、西川村(同)を経て閏四月一日、会津街道に出て五十里《いかり》村(同)に入った。会津藩兵が守衛する関門があり、二日は横川村(同)、三日は山王峠《さんのうとうげ》を越え会津南口の要衝田島に下った。さらに火玉《ひだま》峠(氷玉峠)から本郷《ほんごう》を経て、五日若松に達し、御神体を会津城内東照宮に安置したのである。一七日には藩主松平容保《まつだいらかたもり》が拝礼している。

一方、輪王寺宮は五月一五日の上野戦

争で彰義隊が敗北したのち、しばらく江戸市中に潜居《せんきょ》したが、羽田《はねだ》沖の旧幕府軍艦長鯨《ちょうげい》丸に乗船し、五月二八日常陸平潟《ひらかた》に上陸した。ここからは陸路仙台を目指した。平《たいら》、小野新町、三春を経て本宮《ほんみや》に着いた時に、日光詰御門主《ごもんす》家臣が待ち受けていて大楽院たちとの連絡がついた。そのために路を転じ六月六日、若松に至り会津城に入った。日光山に納めてあった衣も届いたので、一七日に東照宮に安置の御神体に拝礼した。この頃、奥羽越列藩同盟の盟主となった輪王寺宮はその後、若松を発し米沢から一坂峠《ひとさかとうげ》・白石《しろいし》を経て七月二日、仙台東照宮の別当寺仙岳《せんがく》院《いん》に入った。やがて列藩会議が白石で開催されるため、盟主もそこに移った。

御神体は、八月二三日に新政府軍が防御戦を破って会津盆地に迫ると、危機を避けるため立ち退いた。いったんは日光を志し田島付近まで南下したが、横川口まで新政府軍が迫っていて如何ともしがたく、やむなく北に転じて米沢から山形城下、九月一四日に立石寺《りっしゃくじ》（山寺）に着いた。

しかし、九月二二日に会津藩は降伏し、二四には仙台藩も続いた。それに伴い輪王寺宮も帰順した。宮にとって御神体は気がかりであり、日光に還座できるよう請願した。そのため一〇月八日、立石寺から御神体は仙台仙岳院に移され、津《つ》藩兵に護送される宮の荷物として御神体は仙台を発った。一〇月二八日、大田原で東京に向かう宮と御神体は分かれた。二九日、日光に還座しただちに安座式が行われた。七か月の旅が終わる前日、大田原まで同行してきた大楽院貞侃は、輪王寺宮に別れを告げたあと行方をくらました。芳賀郡西水沼《にしみずぬま》村（芳賀町）の常珍寺《じょうちんじ》に潜居していたことが同地に伝えられている。近世の末期、同寺は日光山光樹院《こうじゅいん》と方縁がありその関係で潜行したと考えられ、乗ってきた長棒駕籠や使用していた宜徳《ぎとく》の平炉、別れにあたり輪王寺宮から賜った詠草が残る。詠草は「一夜降霜数樹楓　野庭満目受西風　可歎世上無常事　昨日碧青今日紅」と七言絶句で「右楓樹有感」の題名がついていて、艱難《かんなん》に遭われ宮が晩秋の風景に托し、無限の悲痛を敍《の》べたものとおもわれる（昭和三四年一月二〇日発行「芳賀町のあゆみ」）。その後についての貞侃は郷里信州に戻ったようで、明治七年（一八七四）八月に死去し、墓は長野県上水内《かみみのち》郡牟礼《むれ》村の徳満寺《とくまんじ》墓地にあること以外は不明だ。

幕末の輪王寺宮であった公現法親王（のち北白河宮能久親王）の木像「鎮護王院宮御木型」（県指定文化財、輪王寺所有）

文献紹介

小林友雄『宇都宮藩を中心とする戊辰戦史』（宇都宮観光協会　昭和四五年）

著書は明治一〇〇年を意識して上梓《じょうし》された。下野各地に眠る「官軍」戦死者墓（官修墓）八四か所の踏査に基づき、宇都宮藩を中心に戊辰戦争をまとめた。著者は調査中に旧幕府軍墓所を数か所発見し、「賊軍」という呼称を退けて「官幕不二《ふじ》、ひとしく御国のため」の犠牲者としての視点を初めて主張した。県内各所に眠る戊辰戦没者の墓所を「官・賊」問わず博捜し、一点一点カメラに収め、現況を報告した業績は大なるものであった。宇都宮市六道にある戊辰役戦士墓の祭祀をめぐる叙述は著者ならではのものであり、本県における官軍中心史観の終焉といえる。

人物紹介

鍋島《なべしま》道《みち》太郎《たろう》（1844～1913）

弘化元年（一八四四）、佐賀藩上級武士伊藤祐元《すけもと》の子に生まれ、藩主の家系である鍋島藤蔭《とういん》の養子となる。諱《いみな》は貞幹のち幹と改める。慶応四年（一八六八）五月、真岡代官が下総野鎮撫府に処刑されたあと、真岡仮代官、下野国真岡知県事に任命され、占領地の民政を担った。明治二年（一八六九）二月から明治四年一一月まで日光県知事を務めた。廃藩置県後、栃木県が誕生すると初代栃木県令、のち宇都宮県令も兼ね、明治一三年（一八八〇）まで当時の地方官としては異例の長期間、民政に意を用いた。栃木県令として栃木町に県庁を新築し、明治六年（一八七三）一月に開庁、今も県庁堀に名残を留めている。

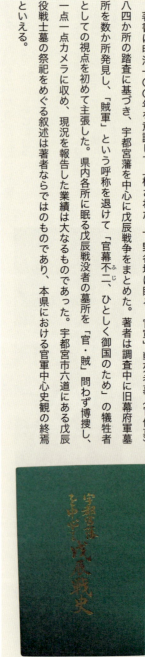

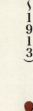

船生の戦い

慶応4年8月7日（新暦9月23日）

会幕軍と宇都宮藩の攻防――農民だけが犠牲に

結束乱れる列藩同盟

五月一日、新政府軍による白河城奪回の戦いで、会幕軍は七〇〇名に近い戦死者を出した。一日の戦闘でこれだけの犠牲者を出したのは、戊辰戦争の過程では唯一ここだけであった。六日に結成された奥羽越列藩同盟《おううえつれっぱんどうめい》軍の白河城奪回攻撃は、二六日に行われた。仙台・会津・棚倉《たなくら》・二本松・相馬《そうま》の各藩兵が八方面から白河に進軍した。しかしあいにくの雨天と諸藩兵の白河城到着にズレがあって、一斉攻撃が不可能となり奪回はならなかった。さらに、二七・二八日にも波状攻撃をかけたがうまくいかず、反対に板垣退助率いる土佐藩兵が到着し新政府軍は隊列を一層強化した。六月一二日の第四次攻撃も、三方より攻撃したものの連携がうまくいかず、須賀川《すかがわ》へ後退する始末であった。全軍を統制する指揮官を持たなかったことが原因で、この後も数次にわたる攻撃は失敗に終わった。

六月一六日から、新政府軍は太平洋岸の平潟《ひらかた》港（茨城県北茨城市）に海路一五〇〇名の兵を上陸させた。隊は仙台に向け陸《りく》前浜《ぜんはま》街道を北上していったが、この頃から新政府軍は攻勢に転じた。二六日、土佐藩兵は棚倉

ダムにより水没した旧五十里宿（宇都宮市・赤羽佐介氏蔵）

城を攻めた。浜街道北上部隊は、二九日に平《たいら》城下（福島県いわき市）に迫り、七月一三日の戦闘に勝利した。同盟の結束が乱れだし、相馬中村藩が新政府軍に内通し降伏した（八月六日）。そのため、磐城《いわき》・陸前《りくぜん》の国境にある駒ケ《こまが》嶺《みね》の戦闘で、仙台藩は決定的な打撃を受けた。白河口面では、七月下旬三春藩が寝返り、それを知らない二本松藩は完全に欺《あざむ》かれた。二九日二本松藩は少年から老人まで藩士すべてを部隊に編制したが、兵器の差は否めず落城した。こうして、石筵《いしむしろ》・母成峠《ぼなりとうげ》を経て猪《いな》苗代《わしろ》から会津へ攻め入るルートが開けた。

略奪が目的？

いっぽう、会津街道日光口の戦局は、六月下旬の藤原の戦い以降、大した戦闘もなく藤原付近で両軍が対《たい》峙《じ》したまま推移していたが、七月に

船生より見た日光山麓

入り今市には芸州（広島県）・中津《なかつ》（大分県）・今治《いまばり》（愛媛県）・人吉《ひとよし》（熊本県）の各藩兵が到着し陣容が補強された。今市攻防戦で最も損害を受けたのは会幕軍のなかで、伝習隊であった。大鳥は、七月二一日部隊を休養させるため、大隊を縮小させて若松に向かった。ところが、若松では石筵口の守備兵力が微弱であり、そこへの転進命令が出された。そのため、藤原に残留していた伝習隊を引き上げたので、残りは副総督山川大蔵指揮する部隊と会津藩軍事奉行小山田《おやまだ》伝四郎《でんしろう》率いる塩原方面の諸隊となり、主力は会津藩兵となった。

その会津藩兵が八月七日、鬼怒川東岸の船生《ふにゅう》村（塩谷町）を襲った。船生村は宇都宮藩領で五月以降、新政府軍が屯営していたからしばしば会幕軍の侵入に見舞われ、同村名主平《へい》作《さく》宅は二度にわたって兵火を受けた。そのため宇都宮藩は西船生村（塩谷町）と熊ノ木《くまのき》村（同）に陣所を設営し、六月二五日の藤原の戦いには兵三〇〇名を率いてここから出兵した。七日早朝、会津藩兵は村内道谷原《みちやばら》の見張所を襲撃して四名の農兵を討ち、砥沢《とざわ》川を越えて船生の宿に進出を企てた。ここで宇都宮藩と支援する壬生藩勢の銃撃を受け、退却し砥沢川を挟んで砲撃戦となった。鬼怒川の増水で渡河不能なため、佐賀藩は対岸の大渡から砲撃し側面支援をした。戦いそのものは小一時間で終了したが、この間に三集落三三戸が略奪のうえ放火された。

この戦いについて日光奉行所役人は、「東軍方は間もなく寒さに向かう折りがら、寒さ凌ぎのため夜具・蒲《ふ》団《とん》を持っていこうとしたのだろう」（「日光附近戦争及雑書記」『いまいち市史』史料編近世Ⅶ、口語訳）と記したが、たしかに戦闘そのものは中途半端に終了し、放火と略奪を目的にしたような節も見える。「山川大蔵の指揮する藤原口部隊が、会津転進をはかる欺騙《ぎへん》作戦であった」（『戊辰秘話　日光山麓の戦』）とする偽装《ぎそう》説を田辺昇吉氏は紹介しているが、あながち否定できない。

八月二〇日、板垣退助・伊地知正《いじちまさ》治《はる》両参謀に率いられた新政府軍は、会津攻撃を開始した。若松城に危機は迫り、藤原口防衛の会幕軍は抵抗しつつも撤退を余儀なくされた。この時も会津街道の各宿へ焼打ちが行われた。七月末に藤原口駐留の会幕軍が、五十里《いかり》村（日光市）に撤退する際に、大鳥圭介が長期間宿泊した本陣に火を放つという非情な行動をしたが、八月二一日には五十里宿、二五日には中三依《なかみより》・上三依《かみみより》村、そして二七日には横川《よこかわ》宿が焼かれ、奥羽と下野国境である山王峠《さんのうとうげ》を退却していった。

参考写真01

焼失を免れた斉藤家四脚門（塩谷町船生　斉藤喆《さとし》家）

消失を免れた四脚門

西船生村の庄屋斉藤平作方は、五月一七日と二九日の二度にわたり会幕軍の兵火を受け、母屋《おもや》や蔵など焼き払われた。宇都宮藩の庄屋という理由からである。四脚門《よつあしもん》だけは焼失を免れ、見事な土塁《どるい》とともに今も残る。

見事な土塁も残る

船生村は日光北街道が通る交通の要所である。日光市大渡で鬼怒川を渡り、船生、玉生、矢板、大田原へと向かう街道で、松尾芭蕉が『奥の細道』の途次、日光から奥州路に向かう途中に通行し、玉生では宿泊していることで有名である。村南西端にある鬼怒川の北岸は、籠岩《かごいわ》と呼ばれる名勝地で、籠をいくつも並べた姿で岩下を川が潜流し、雄大な奇岩怪石の眺望であったため、日光山参拝の帰路、奥羽の大名の多くが立ち寄っている。

　船生宿は玉生・大宮を経て鬼怒川最上流の河岸である阿久津河岸と繋がっていたため、会津藩の廻米をはじめ、田島（福島県）商圏から江戸方面への盛んな商品流通があった。また安政三年（一八五六）には、名主（斎藤）平作は、宇都宮藩の融資を請け村内用水路の開鑿《かいさく》を行い、二代平作が完成させ新田を形成した。用水は安政堀と命名されたが、村民は平作堀と称した。

　西船生村で戦闘があったということは、会津に通じる街道をどちらが掌握するかという攻防戦であり、船生が重要地点であったことを物語る。

参考写真02

西古屋官修墓（塩谷町船生）

道谷原の見張所には農兵が五名歩哨《ほしょう》に立っていた。敵襲を受け一名は報告のため逃げ帰ったが、大島利平《おおしまりへい》・大島治郎左衛門《じろざえもん》・大島長八《ちょうはち》・伴瀬角次《ばんせかくじ》の四名は戦死した。西古屋《にしごや》の官修墓には前二者が祀られていて、右が利平（五三歳）、左が治郎左衛門（三八歳）である。

コラム
Column

会幕軍の戦火から村を守るために軍夫として戦死

日光市瀬尾《せのお》の明静寺《みょうじょうじ》境内の阿久津家墓所には、「明治元辰年十月六日卒　忠運全恵清信士霊位」と刻まれた阿《あ》久《く》津《つ》安《やす》之助《のすけ》の墓がある（写真）。裏面には「会津軍行村惣代死《ぐんこうむらそうだいし》　安之助」とあり、墓石横に建つ「史記」にはもともと市の北方にそびえる毘沙門《びしゃもん》山麓の雑木林（瀬尾上ノ平一二五七番地）にあったが、平成三年（一九九一）に当墓地に改葬したこと。過去帳によれば慶応四年（一八六八）一〇月五日に戦死したとあり、北関東戊辰戦争末期の良き史料であると記してある。

田辺昇吉『北関東戊辰戦争』には「九月中、会津軍従軍の瀬尾村阿久津安之助、会津において戦死し遺髪《いはつ》が届く」と記して、以下のような口碑《こうひ》を載せている。

今市攻防戦のころ、東西両軍の中間地帯であった瀬尾村に東軍《（会津軍）》兵士がきて、「若者を従軍させよ。さもなくば村を焼く」と村役人を脅した。村では一同相談のうえ、安之助ら三人の若者を差し出し焼打ちをまぬがれたが、若者たちは会津まで同行し、安之助はそこで戦死してしまった。

遺族は、同僚が持ち返った遺品の頭髪と小刀を埋めて村惣代という墓碑を建てたが、時の流れで地元の人びとでも知る人はほとんど無くなってしまった。

氏の前書『戊辰秘話　日光山麓の戦』では、聞き伝えとして「若者たちは、肉親や村人と水盃《みずさかずき》を酌みかわして別れを惜しみ、故郷を去った。やがて会津城に籠城《ろうじょう》、城が落ちてから三年後に帰ってきた」と記してある。ここから判ることは、自村の焼打ちをまぬがれるために村を代表して若者三名が従軍し、一人は会津で戦死した。戦死日については九月と一〇月の二説があることなどである。

関連史料はないのか探してみたところ、瀬尾の手塚元吉《てづかもときち》家に明治二五年（一八九二）八月二八日付けの「故阿久津安ノ輔《（ママ）》氏二十五年回忌　寄附帳」という文書があった。そこには供養祭の寄附趣意書が冒頭に掲げられていて参考になる。原文を紹介しよう。

当字《あざ》阿久津安之輔《（ママ）》氏ハ、去ル明治元年国乱ノ際、夫役《ぶやく》惣代トシテ会津ニ趣キ、不幸ニモ飛弾ノ為メニ光泉ノ客トナラレタリ、嗚呼《ああ》是レ我カ一小部分ノ代理ナリト雖《いえど》モ、当字人夫ノ惣代ヲ兼ネタル重大ノ義務ニシテ、如斯《かくのごとき》難々ノ場所ニ趣キ不幸極マル場合ニ立チ至ラレシハ、実ニ愁然《しゅうぜん》ノ極《きわみ》ニシテ、我等幾分其《その》心意ニ報謝セザルヲ得ス、依《よっ》テ本年八廿五年回忌ニ相当セルニ付、今回我等相謀リ供養ノ為メ陰暦七月十六日ヲ以テ爰《ここ》ニ施餓鬼《せがき》ヲ執行セントス、諸君厚意ヲ同フシテ応分ノ寄附アランコトヲ企望《きぼう》ス

発起者は手塚栄三郎・阿久津久吉ほか三名で、寄付者は六二名。金額は一二銭から二銭までで、合計は三円三一銭五厘であった。当時の戸数は一〇六戸であるから六割が寄附したことになる。瀬尾村は本郷・高百《たかびゃく》・高畑の各坪に分かれ、阿久津家は本郷にあったから本郷の全戸という可能性もあろう。陰暦の七月一六日は、精霊送《しょうりょうおく》りの日で施餓鬼を行い有縁無縁の霊を弔る習わしがあるから、二五回忌を記念に供養しようというものであった。重要なことは戊辰戦争を「国乱」としてとらえ、官賊史観を超えていることである。ここでは村の焼亡を救ったという文言はない。夫役惣代として会津に従軍し、戦死した安之助を村として供養するその意義づけが、結果として村が焼かれなかったという事実と結合して、上記のような言い伝えを生んでいったのであろうか。なお、戦死月日や墓碑がいつ建てられたかは不明である。会幕軍の軍夫墓はたいへん珍しいが、墓碑の場所は変わったとはいえ守り続けてきた遺族に敬意を表したい。また鬼怒川沿岸に位置するためか、自然石を加工することなく、そのまま利用した墓碑も大変珍しい。

墓碑と史記（日光市瀬尾・明静寺）

墓碑の裏面

トピックス
Topics

戊辰戦争と軍夫

戦闘地域にて食糧や武器弾薬を運搬する従軍人夫を軍夫《ぐんぷ》と呼ぶ。軍夫は会幕軍・新政府軍の双方から徴発されたが、記録の残る新政府側について実態を見ていこう。五月に奥羽越列藩同盟が成立し、戦局が白河口に移行すると新政府側は大量の兵士派遣を必要としたした。そのため、下野国内からは多くの農民が人馬役を負担しただけでなく、軍夫も徴発されたのである。

五月に下野国内から徴発された数は、二〇〇〇名に近い。宇都宮藩四五〇名、大田原藩三五三名、烏山藩二二二名と各藩領から約一六〇〇名。その他、真岡代官支配の村から三三四名で、うち芳賀郡からは三二五名であった（『芳賀町史』通史編近現代）。芳賀郡西高橋村《にしたかはし》（芳賀町）から徴発された一一名に例をとると、五月一三日から一五日までは芦野宿詰め、一五日からは白河宿に詰めた。うち五名は薩摩藩三番隊、六名は大垣藩一六番隊の配下に所属した。また四名は七月中旬まで白河に詰め、八月初旬には二本松の戦いに従軍していたことが確認でき、普通業務のほかに夜間の篝火《かがりび》焚きを勤めたこともわかる。

日光領の軍夫徴発は六月から一〇月にかけて白河口や会津街道田島宿（福島県）へ、九月には会津若松総攻撃の必要から行われた。後者の場合は百石につき三人の割合であったから、領内でみれば六三〇名という軍夫数になった。五月、白河口への軍夫徴発基準は大田原藩の場合、百石につき一名五分、幕領は一名一分であったから日光領の基準はいかにも高い。会津若松総攻撃という緊急性からだされたものだろうが、下野の他領に較べ日光領民への軍夫と人馬役《じんばやく》は一段と重い負担となった。それゆえ、時として強引な徴発も行われた。人馬役について一例を示すと、八月二三日芸州藩の会津進攻に際し、日光町や近郷からは一五〇名の人夫が集められたが、領民の動揺とそれに対する芸州藩の説得ぶりは次のようであった（口語訳）。

町と村の動揺は激しく、人足として出かける者へは無事で帰るようにと、三社権現《さんしゃごんげん》へ千度参《せんどまい》りをしただけでなく、村の鎮守へも千度参りや護摩《ごま》を焚くなど祈願をした。親が行けば子は泣く、子が行く家は親が泣き、夫が行けば妻が泣くなど市中の騒ぎは目も当てられぬ有様であった。

芸州藩の兵士が広言《こうげん》がましくいったことに、人足どもよ泣くことはない恐るゝことはない。その方ども会津まで供をいたしなさい、敵からの分取りは

会津の西軍基地にある軍夫の墓碑
（会津若松市・東明寺）

勝手次第だ。金がほしければ金をやろう、美婦が欲しければ美婦をやろうといって進軍していったが、荷物継人足《つぎにんそく》が不足していて約束地点で帰れず、その先々まで引連れられたから逃げ帰る者も多かった。

（『いまいち市史』史料編近世Ⅶ）

異郷の地で斃れた軍夫を地元の村人が祠堂金を利用して祀った（白河市・清光寺）

当然のこととして人夫や軍夫の士気は乱れた。会津領に入ると分捕りと称して農家から農馬や家財等の略奪行為が行われたようである。後に下野国知県事役所は、このことについて厳正な取り調べを村々に布告したからである。しかしその種は新政府が蒔いたようなものではなかったか。

軍夫のなかには、異国の地で戦病死した者がいた。会津若松市にある「西軍墓地」には、多くの新政府軍兵士に混ざって土佐藩軍夫「野州福原村三蔵」（八月二三日、若松城で戦死）「野州芳賀郡市塙《いちはな》村政吉」（九月二八日、病死）「野州吹上之者一人」（氏名、月日不詳）、佐賀藩軍夫「野州真《も》岡《おか》善吉」（九月一八日若松城下死　写真）、薩摩藩「宇都宮岡右衛門」（八月二三日）の墓碑がある。

宇都宮藩領から徴用された軍夫の墓は、宇都宮市を中心に一四、五基あるが、やはり異国で祀られた者もいる。白河市田島の清光寺《せいこうじ》内墓所にある「官軍兵食方宇都宮藩増渕勝蔵之墓」（写真）だ。墓碑には戦場にあって兵士の食事を担当していたこと、釜子《かまのこ》村（福島県白河市）から白河城に進軍途中、潜伏していた敵兵に砲撃され、七月二六日に戦死したことが刻石されている。勝蔵《かつぞう》は一七歳。注目したのは「寄附祠堂金《しどうきん》」と別面に刻まれていることだ。祠堂金とは祠堂修復のために村人が寄付した金で、これを墓碑建立に使ったと解釈できよう。土佐藩に徴用された軍夫と推定されるが、異郷の地で戦死した者を哀れみ、村人が建てた墓である。それゆえ官修墓ではない。

文献紹介

立松和平『二つの太陽』（河出書房新社　昭和六一年）

下野の戊辰戦争を八つの短編で描いた。主人公は何れも大地に生きる民衆だ。「当時、太陽はふたつあった。時々刻々入れ替わるふたつの太陽のもとで武士であれ百姓であれ猟師であれ、もうどうしてよいかわからなかったに違いない」これがモチーフだ。もちろん文学作品だから登場人物は想像の産物だが、田辺昇吉氏などの研究成果を下地に綿密な調査も窺い得る。世直し一揆、梁田戦争、小山の戦い、宇都宮戦争、今市攻防戦、三斗小屋の戦い、塩原焼打ちなどが舞台で、土や猟に生きる者の生業《なりわい》も作者ならではタッチで描かれている。「文学とは、黙契によって闇から力をたくされた者の術」とあとがきに記すが、なかなか味わい深い言葉で、文学の有効性を象徴する作品でもある。

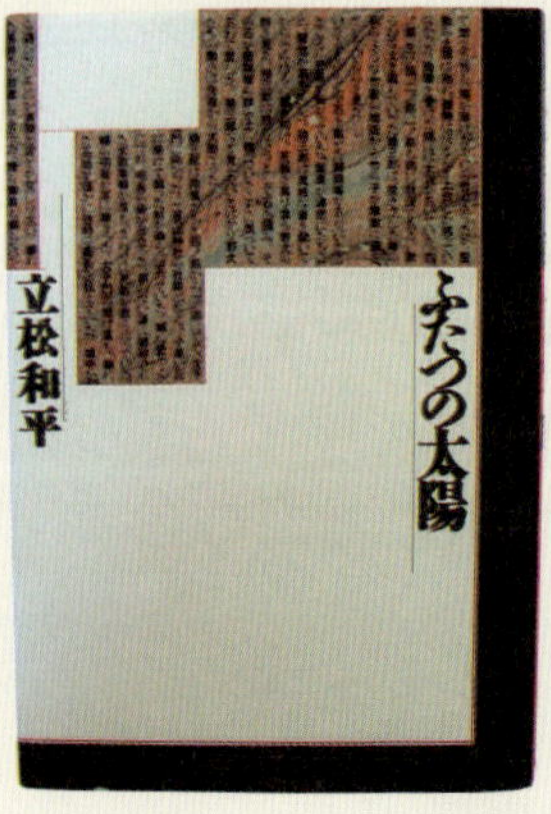

人物紹介

山口忠兵衛《やまぐちちゅうべえ》（1833~1870）

天保四年（一八三三）、日光目代《もくだい》を出した山口家に生まれる。日光目代とは、日光山の代官として日光領の支配にあたったが、寛政三年（一七九一）以降は日光奉行下の組頭が兼任し、山口家も奉行配下に入った。歴代忠兵衛か新左衛門・図書《ずしょ》を襲名するが、忠兵衛常夏は日光奉行吟味役の任にあった。新政府軍の日光進撃で日光奉行は逃亡、多くの役人は恭順的態度をとる中で、山口は抗戦論を唱えて脱走し上州から会津に落ちた。この間、足尾庚申山《こうしんざん》の僧大忍坊《だいにんぼう》と連携をとりながら、上州さらに野州小俣《おまた》村（足利市）で活動。米沢藩士雲井龍雄《くもいたつお》や会津藩士原直鐵《はらなおてつ》とも面会し、かれらの企てに賛同した。明治二年九月、塩谷郡東泉《ひがしいずみ》村（矢板市）で手習師匠《てならいししょう》をして機会を窺っていたが、徳川家の復活を企てたとする雲井龍雄事件の連累者として逮捕され、翌年一一月獄死した。神道無念流《しんとうむねんりゅう》の使い手、享年三八歳。雲井龍雄事件については史料がないので、未だ全貌は解明されていない。

14
Shimotsukeno
Boshinsensou
Chapter 14

三斗小屋・横川の戦い

慶応4年8月23・27日（新暦10月8・12日）

下野最後の決戦と全村焼打ち

戦局は会津総攻撃へ

八月二三日、新政府軍は怒濤《どとう》のように会津若松城下に進撃した。この日、会津では白虎《びゃっこ》隊士一九名が飯盛山《いいもりやま》で自刃、藩の婦女子も城下で自決する悲劇が起こった。会津危急の知らせは、数日前から五十里《いかり》本陣（日光市）に届いていた。山川大蔵の部隊は、会津街道の防衛を塩原口の小山田伝四郎に託して会津若松へ急いだ。小山田は兵力を五十里方面に結集させるため、塩原防衛の郡上《ぐじょう》藩凌霜隊《りょうそうたい》（飛騨郡上藩）や関宿脱藩兵の引揚げを命じた。この時に塩原の全村が焼打ちされた。二二日に数巻《すまき》・甘湯《あまゆ》・荒湯《あらゆ》・塩の湯の村々が、翌二三日には下《しも》塩原・福渡《ふくわた》・塩釜《しおがま》・畑《はた》下《おり》・門前《もんぜん》・中《なか》塩原・上塩原の村が焼き払われた。

この頃、三斗小屋宿《さんどごや》（那須塩原市）

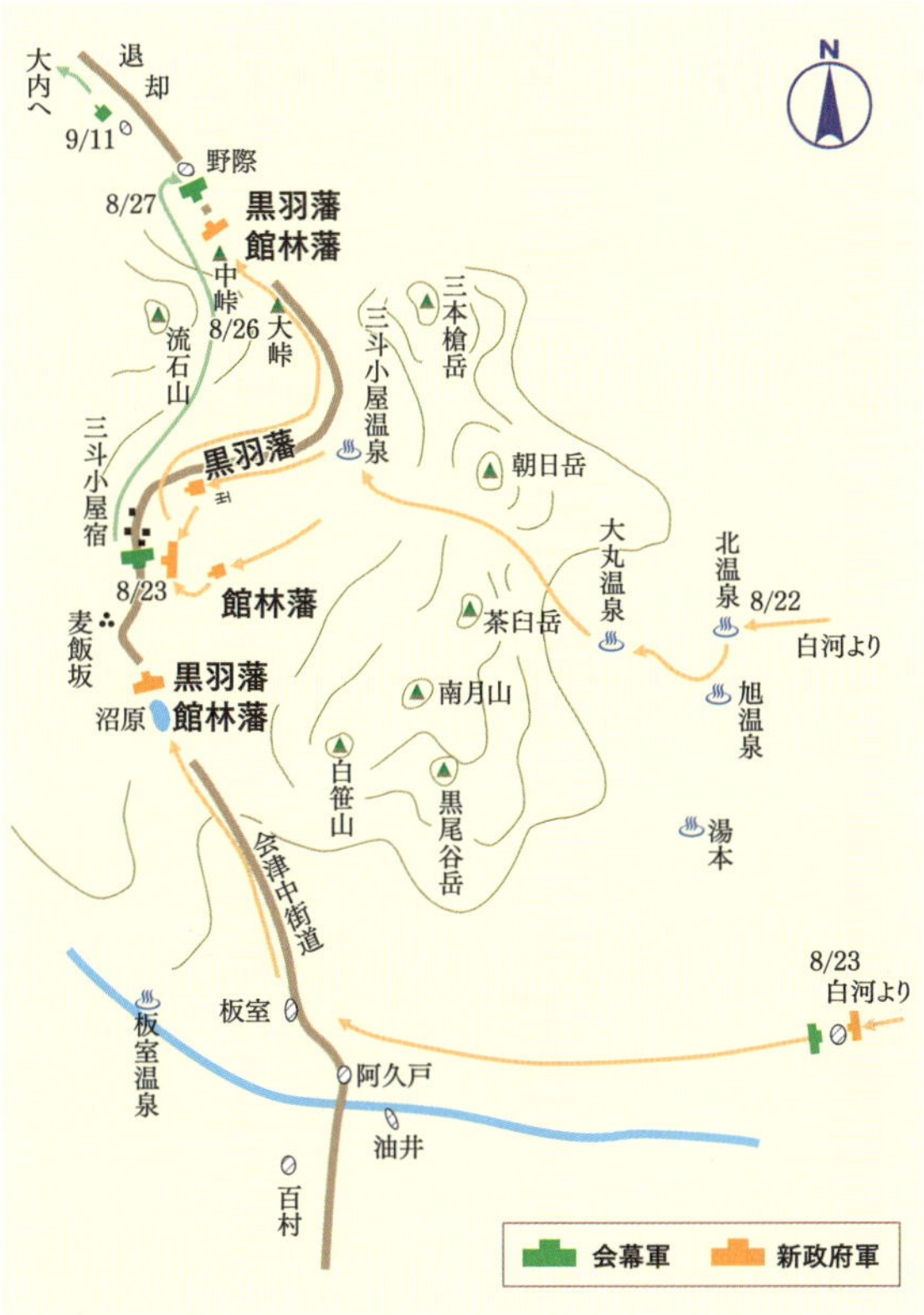

三斗小屋の戦い戦闘要図（8月23日～27日）

黒羽・館林藩兵が三斗小屋に向け山越えした那須岳（写真提供・小杉国夫氏）

には会津藩兵が駐屯していた。総督府は白河口にいた黒羽・館林両藩兵を二手に分けて転進させた。両隊とも紅葉の那須山麓を三斗小屋宿に向かった。一隊は北温泉《きたおんせん》から那須岳《なすだけ》を廻って、もう一隊ははるか南方の池田《いけだ》から板室《いたむろ》を経て三斗小屋に進めた。八月二三日の三斗小屋宿での戦闘では、双方合わせて二〇数名の戦死者を出しただけでなく、宿の制覇権が移動する中で三斗小屋の大黒屋文五郎《だいこくやぶんごろう》は黒羽藩兵に、百村《もむら》（那須塩原市）名主月井源右衛門《つきいげんえもん》は旧幕府軍に捕らえられ虐殺された。いずれも敵への協力が理由とされた。この結果、会津藩軍は藩境に後退したため、二六日には大峠《おおとうげ》を越えた中峠で交戦があった。会津軍は激しく反撃をしたが、損害も大きく国境を越え野際新田《のぎわしんでん》（福島県下郷町《しもごう》）へと退却していった。黒羽・館林両藩兵には会津若松総攻撃の指示が出たため、残留部隊を残して会津南口に向かったが、九月一〇日残留部隊によって三斗小屋宿は全戸焼打された。

いっぽう、藤原口の今市・日光・船生に待機していた新政府軍諸藩隊へ、八月二一日全軍進撃との総督府命令が出された。今市には佐賀・今治・中津・人吉藩兵約六五〇名、日光には芸州藩四二〇名、船生には宇都宮藩四二〇名が駐屯していた。

先鋒を担ったのは芸州藩。一隊は富士見峠、一隊は六方沢《ろっぽうさわ》越え栗山村を経由して横川村（日光市）に向かった。宇都宮藩も同様で、鬼怒川を渡河し原宿・小百（日光市）から大笹《おおざさ》峠越えで栗山を目指した。すでに藤原の地

会津中街道の現況（那須塩原市・三斗小屋から大峠へ）

に会幕軍は不在であったにもかかわらず、会津街道を避けて横川を目指したのは、六月下旬藤原の戦いでの苦い敗北からきていた。猟師鉄砲隊を擁し、渓谷という地の利を生かした会幕軍の戦術をいかに恐れていたかが分かる。大田原藩にも進撃命令が下り、塩原を経由して尾頭《おがしら》峠越えで横川村に向かった。

八月二五日、会津街道横川宿の手前まで進軍した芸州藩隊は、小山田伝四郎率いる会幕軍に急襲された。三倍近い兵力を持っていたにもかかわらず浮き足だって上三依《かみみより》まで退却した。二六日になって宇都宮藩隊が上三依に到着したが、途中の五十里村などは会幕軍の兵火で焼き払われており、露営をしての進軍であった。二七日、宇都宮藩隊は街道を、芸州藩隊は両側の尾根伝いを進んで、会幕軍の陣地を占領した。新政府軍約一〇〇〇名、対する会幕軍は二〇〇名、多勢に無勢であり銃砲の差も明白であった。同夜、大田原藩隊も到着し、横川宿総攻撃の態勢は整ったと思いきや、夜半に宿の二一軒から一斉に火の手が上がった。小山田の指示であろう。住民が銘々の家に火を放った。この間に会幕軍は山王峠を越えて田島方面に退却し、下野の戊辰戦争は終了し会津城総攻撃へと舞台を移した。

「清野」という作戦

三斗小屋宿は黒羽・館林藩兵の残留部隊によって焼打ちにあうが、塩原撤退と横川宿の戦いを振り返ると、戦闘そのものより会幕軍による放火のすさまじさが目立つ。古来から「清野《せいや》」と呼ばれた作戦であるが、今日ではすっかり死語になってしまい『広辞苑』(岩波書店)クラスの辞書では出てこない。「敵に利用の便を与えないために、家屋等を取除くこと」(大修館書店『大漢和辞典』)がその意味で、「堅壁清《けんぺきせい》野《や》」(城壁を堅くし野にある物を一物余《あま》さず片づけるとか、獲る物をなくして敵を苦しめる戦法)という熟語もある。だが、清野作戦はもちろん後ろめたさがつきまとった。たとえば、塩原の焼き打ちに際して、旧幕府軍の凌霜隊士から「小山田伝四郎の如きは、三か月もここに泊まっていて、そのうえ焼打ちにするとは、無惨というべきであろう」(『辛苦雑記』口語訳)と内部批判が出ている。大鳥圭介も五月下旬、会津藩兵が西船生村を二度にわたって兵火を放った際に責任者を処罰し、その理由を「たとい敵地へ接近し、敵手に陥る時は我々に害ありといえども、無辜《むこ》の農民を虐《しいた》げ、人心を失う」(『幕末実践史』)点にあるとした。しかし、上述した一連の放火は大鳥の指揮が不徹底であったか、後年の反省に基づいてつけ加えられたかのどちらかであろう。

参考写真01

「三斗小屋宿跡」(那須塩原市三斗小屋)

会津若松から国境の大峠を越え、下野阿久津河岸《あくつかし》(さくら市)を結ぶ三一里(一二四キロ)を会津中街道《あいづなかかいどう》という。冬季の降雪で道が途絶するため条件が厳しい悪路であったが、生活物資の輸送路として利用されていた。下野側最奥部の宿が三斗小屋《さんどごや》宿であり、今日の三斗小屋温泉から西に三キロほど下ったところにある。那須岳の温泉湧出口を崇《あが》める白湯山《はくとうさん》信仰が広範囲に流布し、三斗小屋宿は一定の賑わいがあった。幕末には旅宿など三四戸といわれたが、九月一〇日残留した新政府番兵によって民財が略奪され全戸が焼打ちされた(『三斗小屋温泉誌』)。

(写真提供・磯忍氏)

参考写真02

大峠(那須塩原市)

三斗小屋宿は標高一一〇〇メートルあり、黒羽・館林藩隊は那須岳南山腹の行人道《ぎょうにんどう》を廻るコースと大丸越えの二手に分かれた。前者は山岳信仰の行者が通る険しい道であり、ともに一七〇〇メートル位標高を越えねばならなかったから、三斗小屋攻めはまれにみる山岳戦となった。「山道は険しくて兵糧を運ぶことが困難だ。そこで餅を搗《つ》いて各自が担ぎ、飢餓を防いだ」(『黒羽藩記』口語訳)とある。途

(写真提供・平塚静男氏)

中にはガスも出て行く手を阻まれた。八月二三日、三方から宿に突入し会津藩兵を散乱させた。翌日、両藩隊は国境の大峠を目指して追撃した。峠を越すと会津藩領だ。大峠から四キロいった中峠《なかとうげ》と、その後方二キロの駒返《こまがえ》し坂《さか》（小峠）で激しい戦闘があった。大峠には塹壕《ざんごう》のあとが残っているというので探索したが、地竹に覆われてしまって確定できなかった。

参考写真03

「戊辰戦死若干墓」
（那須塩原市板室・三斗小屋）

三斗小屋宿は黒羽藩領であったにも関わらず、同藩兵による略奪や民間人虐殺は恨みの的となった。「黒羽藩士等ノ蒙昧《もうまい》野蛮ノ惨酷《さんこく》ナル行動ニ驚カザルモノアランヤ（中略）野蛮的行為ノ仕跡《しせき》見ルモ聞クモ実ニ痛恨極《つうこんきわま》リナシ」（田代音吉『三斗小屋誌』）と永く語り継がれた。宿の屋号に「会津屋」「三春屋」が見られるなど、会津との関係が深いと思われていたからだろう。それに対して宿民は、明治一三年「戊辰戦死若干《じゃっかん》墓」を建てた。二名の世話人の名が刻まれ、裏面には「戊辰戦死者十三年忌《ねんき》供養」とある。会津藩兵一〇数名の墓である。

コラム
Column

兵火を逃れた塩原妙雲寺

　会津軍の塩原全村焼き払いのなかで、兵火を免れ得たのは名刹妙雲寺《めいさつみょううんじ》、古町《ふるまち》の温泉神社そして逆さ杉で有名な八幡宮だけであった。どうして妙雲寺は焼かれずにすんだのか。昭和九年（一九三四）五月一七日の『下野新聞』は、本堂の大掃除で俳句額を取り外した際、裏面にその理由が記されていたと伝えた。額の裏文を紹介しよう。

　戊辰の役に保科《ほしな》の兵士多く此《この》地に出張し険《けん》に拠り官軍を拒《ふせ》くに当り、本邨《ほんそん》古町渡辺新五右衛門《わたなべしんごえもん》なる者、之に左袒《さたん》し命を惜しまず偵《てい》となり四方に周旋し功を積むと雖《いえど》も、衆寡《しゅうか》支へ難くして、同年八月遂に若松城敗れ藩主既に降す。兵士本邨を退くの際、偏戸燹焼《へんこせんしょう》に係《かかわ》り。然《しか》るに新五、右仏刹《ぶっさつ》の消滅せん事を歎き隊長に乞ひ、己が尽力の功に換《かえ》て本堂焼亡赦宥《しゃゆう》あらん事を。因《よっ》て以て免るゝを得るも、是《これ》全く仏の力添あるが故なり。今吾《われ》其《そ》の信義の厚きを表し、後世の諸君に報せんと欲して茲《ここ》に遺記す。

懸額人
塩谷郡遅野沢《おそのさわ》村
八木沢信七識《しるす》

　内容は会津軍の塩原進駐以来、古町の渡辺新五右衛門は斥候《せっこう》として協力した。八月、会津軍撤退時に全戸焼打ちを行おうとした際、新五右衛門が古刹の消滅を憂えて歎願し、遂に焼亡を免れたというものである。八月の時点で会津藩はまだ投降しておらず、史実と違う点もあるが、寺社への奉納額ということを考慮すれば内容の信憑性《しんぴょうせい》は高い。奉納月日は不明であるが、遅野沢村（那須塩原市）は明治二二年（一八八九）に箒根《ほうきね》村の大字となるのでそれ以前と考えられる。

　同記事は「妙雲寺の焼残された理由は、今迄の伝説に依ると会津軍が焼払う為め、本堂天井《てんじょう》の八十八の御紋章を抹消《まっしょう》してゐ

塩原温泉郷のほぼ中心地にある妙雲寺。「門前温泉」はここ妙雲寺の門前に由来

る所へ官軍が攻め入ったので、遂に火を放つ暇がなく逃げ延びた」と記している。少なくとも昭和になると新政府軍の功績

２つを残して墨✕印がつけられた本堂の格天井

に帰されていったことが解る。ところで本堂の格《ごう》天井には八八の菊の紋章が描かれている。そのうち二つを残して墨で×印が付けられた（写真上）。凌霜隊が付けたという話と焼かれないために住職が新五右衛門を含む檀徒《だんと》と相談して菊紋を汚したという両説が地元には残る。

昭和四二年（一九六七）、藤田清雄著『戊辰戦犯の悲歌、鶴ヶ城を陥すな—凌霜隊始末記』を読んで義憤に駆られた地元の史家君島一郎氏は、いたたまれぬ気持ちから「凌霜隊塩原始末記」（『下野史学』二四号）を書いた。紋章抹消《まっしょう》事件がこう要約されていたからである。「南朝の忠臣の末孫である青山藩としては、菊花の御紋章を灰にすることはできぬ。それにバッテンをつけて消してから焼けば朝廷に不敬にならぬと考えた苦悩と教養がしのばれる」。これに対して氏は渡辺新五右衛門の功績を紹介したあと、次のように反論し自説を述べた。「天井の紋章を消してから焼けば不敬にならぬとあるが、（中略）足場《あしば》を組むか長い竿《さお》を用意して手を挙げて、わざわざ消す方が余っ程不敬だ。」「寺は焼かぬと我慢したものの、せめて憎っくい薩長が表看板にかざしている菊の紋だけでも消してやらなきゃ腹の虫がおさまらぬと敵愾心がほど走ったのではなかろうか。」痛いほど氏の気持ちが分かる。妙雲寺本堂の格天井は、地元民の苦悩を伝える戊辰戦争の生き証人だ。

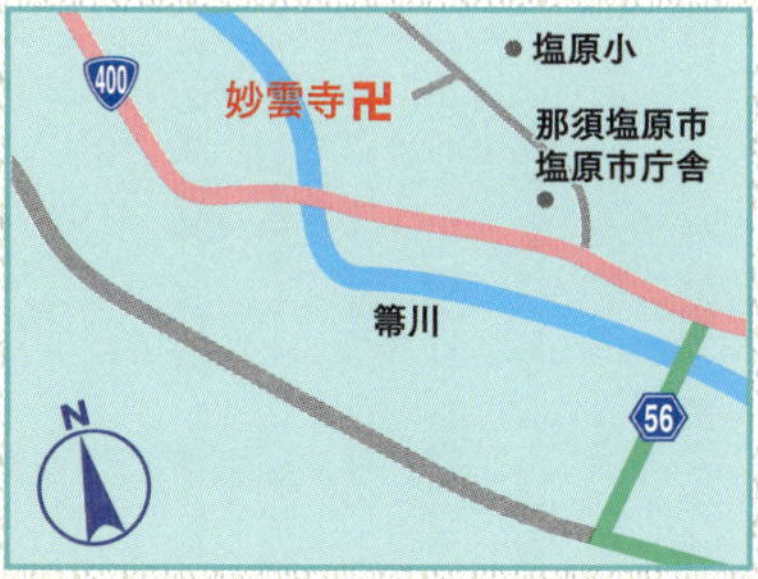

トピックス Topics

府藩県三治制―下野国真岡知県事の開設―

下野国《しもつけこく》真岡《もおか》知県事《ちけんじ》の開設は、関東地方における民政の一環として最初に開設された。各地域における知県事役所設置をみてみよう。

○慶応四年（一八六八）六月四日　佐賀藩士鍋島道太郎を下野国真岡知県事に任命、真岡代官支配地の八万五千石を接収し仮役所を宇都宮に置く。

○六月一七日　彦根藩士大音龍太郎《おおとりりゅうたろう》を上野岩鼻《こうずけいわはな》知県事に任命、上州全郡と武州六郡の旧幕領を接収し旧岩鼻陣屋を役所とする。

○六月一九日　下総《しもうさ》一郡、武蔵《むさし》四郡の旧幕領を接収し、忍藩士山田一太夫《いちだゆう》を武蔵国知県事に任命。

○六月二七日　下総三郡、常陸《ひたち》四郡の旧幕領を接収し、三上藩士粥川小十郎《かゆかわこじゅうろう》を知県事に任命。

○七月二日　常陸四郡、下総三郡、上総《かずさ》、安房《あわ》の旧幕領を接収し、久留米藩士柴山典《しばやまてん》を安房上総知県事に任命。

関東地方を南からではなく下野、上野、下総、常陸、武蔵と北から順に知県事を開設していったことに注意したい（一九三頁地図参照）。これは下野と上野は、国境沿いが戊辰戦争の戦場になっており、支配下に置いた地域の民政が急務であったからだ。岩鼻知県事大音龍太郎の場合は、軍監と知県事の兼務が特徴であった。大音は五月中旬の上越国境戦において、上州連合軍を率い会津軍に勝利を収めた際の上野巡察使《じゅんさつし》であり、戦争中に軍監に昇任して上州諸藩の軍事的指導権を全面的に掌握していた。それ故に、岩鼻知県事の場合は民政とはいうものの軍政的側面が強く出された。上州の場合、世直し勢の逮捕等の課題が残されていたからである（中島明『上州の明治維新』）。北関東の世直し一揆は、三月の上州岩鼻陣屋の焼き討ちに始まり各地に波及しただけに、知県事開設の意図も世直し勢の鎮圧が強く意識されている。大音の施策は兵隊による廻村や捕亡吏《ほぼうり》や斥候を使った世直し勢の探索など、執拗を極め恐怖政治と怖れられた。

下野国真岡知県事の開設も、国境地帯における攻防に勝利することと世直し対策が目的であったから上州と共通していた。しかし戊辰戦争の当初から日光山を巡る攻防があっただけに、日光地方が特別の意味を持った。当初は、日光山が旧幕府側の反抗拠点になりうるとの疑念を持たれたが、やがて戸口や租税収入の調査を通して日光領の様々な問題が浮かび上がってきた。維新政府の重要な政策であった神仏分離の推進という点からも日光山と日光領を重視する必要があった。これが本県最初の置県である日光県の開設に繋がる。

下野国真岡知県事と名乗ったものの、真岡代官所は新政府軍兵士により焼かれたため、役所は真岡に置かれず宇都宮であった。知県事の鍋島道太郎はのちに幹と改名し、日光県知事、そして初代栃木県令となっていき、近代国家発足時の栃木県政に大きな役割を発揮した人物である。

さて上述した各知県事は、この後に日光県・岩鼻県・浦和県・若森《わかもり》県・宮谷《みやたに》県とそれぞれ県名を付していくが、大田原・黒羽・宇都宮藩など帰順藩には従来通りの統治を認め、旧幕府領には府や県を置くという地方統治制度は閏四月の政体書で定められたもので、一般には府藩県三《ふはんけんさん》治制《ちせい》と呼び、明治四年（一八七一）の廃藩置県まで続いた。

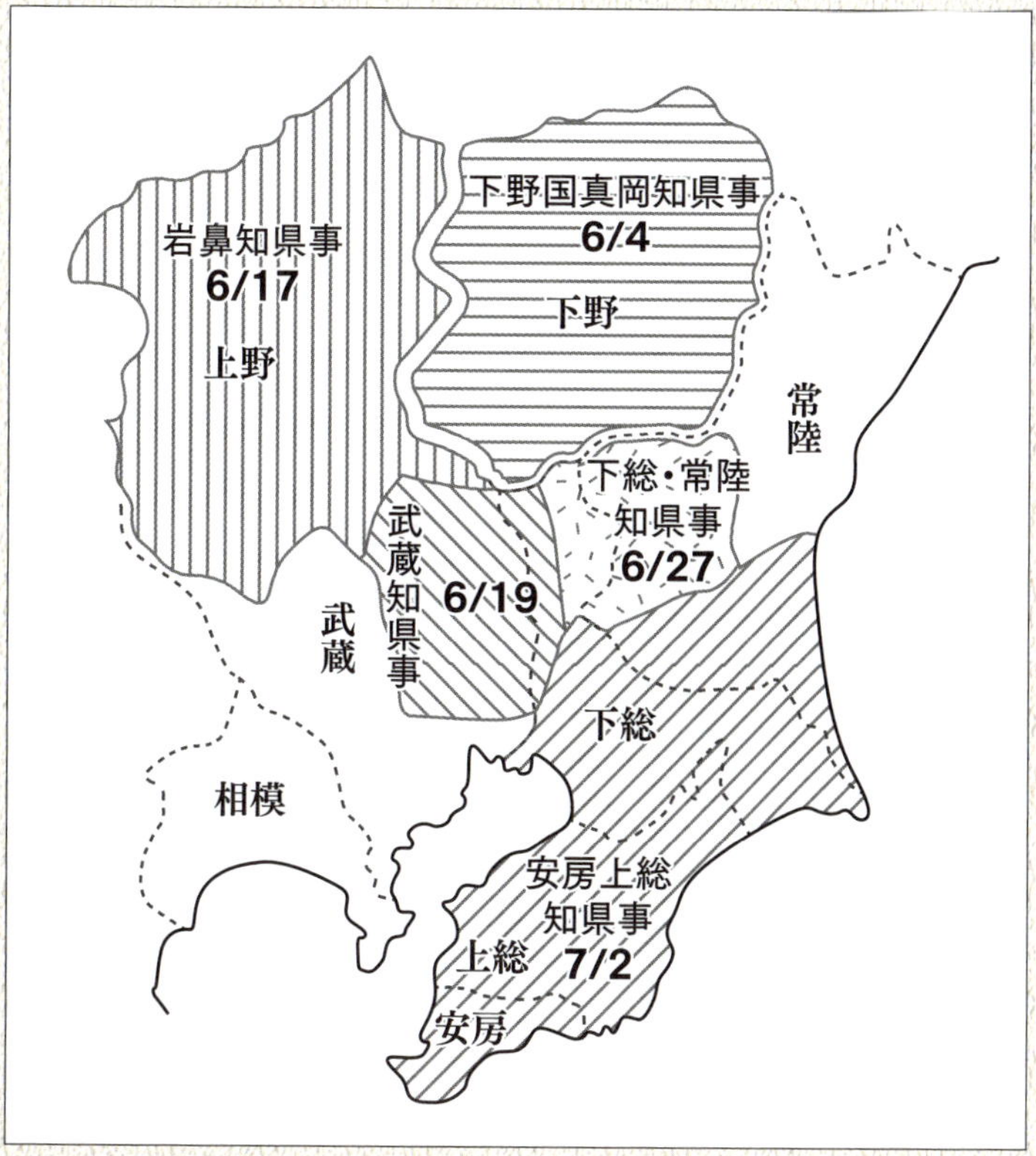

関東地方における知県事の設置（『復古記』第10冊より作成）

文献紹介

日光東照宮社務所『日光叢書《そうしょ》 社家《しゃけ》御番所日記《ごばんしょにっき》』二二（昭和五七年）

近世日光山の歴史を知るうえで欠かせない史料は、『当役者日記』と『社家御番所日記』だ。日光御殿役所要職の当役者や社家によって記された日記で、前者は一四一冊、後者は三二七冊が残された。『社家御番所日記』二二は慶応元年（一八六五）から明治三年（一八七〇）までの六年間の記事で、戊辰戦争と日光山の瓦解《がかい》、神仏分離が記録されている。巻末には慶応三年の日光領支配替一件と戊辰戦争関連史料が付録として収録されていて、新政府と日光山、あるいは日光奉行所との関係を探る際の必読史料だ。東照宮による息の長い編纂《へんさん》事業は、まさに本県の歴史文化を下支えする偉業である。監修は雨宮義人《よしと》、校訂は石川速夫《はやお》・大野信一・柴田豊久《とよひさ》の各氏が担った。

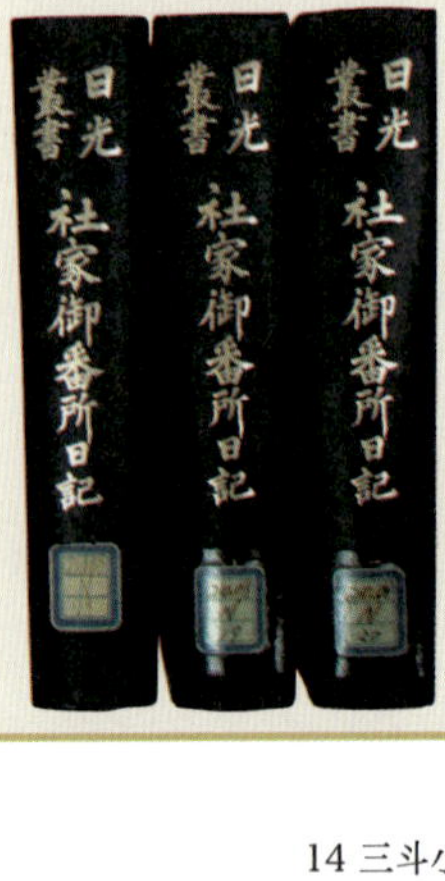

人物紹介

大橋《おおはし》善《ぜん》兵《べ》衛《え》（1788〜1868）

天明八年（一七八八）、今市宿の本陣で名主役でもあった家に生まれた。家業は酒造業を営み、当主は代々善兵衛を名乗った。善兵衛貞徳は朝鮮人参の参作《さんさく》世話人となって一時傾いた家運を立て直した後、四〇歳で家督を譲り、若い頃から学んできた漢学に打ち込んだ。その頃から静庵《せいあん》と号し、多くの文人と交わった。戊辰戦争時には難を避け藤原村名主宅から滝温泉、さらに川治温泉に避難し明治二年七月そこで没した。長男今一郎《こんいちろう》は出奔し、大鳥圭介隊に加わって箱館五稜郭まで従軍しており（田辺昇吉『戊辰秘話　日光山麓の戦』）、善兵衛の避難先が会幕軍の勢力圏であったことを考えると、旧幕府軍への協力者であった可能性が強い。会幕軍には日光奉行所吟味役山口忠兵衛や同心樋山始次郎長男昌太郎が加盟する一方、武士の他、有力町民も協力するなど会津との関係性が強い土地柄であった。

下野国外での戦い

慶応4年4月から9月

三国峠・白河・会津飯寺の戦い

下野諸藩の出兵

恭順諸藩に待っていたのは戦場への派兵である。主として黒羽・宇都宮・大田原藩等は戦闘に参加し、壬生・吹上藩等は兵糧・弾薬輸送という輜重《しちょう》などの後方任務を与えた。ここでは野州外の戦争に関わった下野諸藩の動向を追ってみよう。

塩谷郡横川村（日光市）や上・中三《み》依《より》村（同）は会津藩領であり、ここでの戦争は先述した通りであるが、下野で最初に会津藩と交戦したのは足利藩や佐野藩であった。四月二〇日の上州戸倉村《じょうしゅうとくら》（群馬県片品村）と閏四月二四日の上越《じょうえつ》国境三国《みくに》峠の戦いにおいてである。会津藩は越後国魚沼《うおぬま》郡（新潟県）にも二万七〇〇〇石を有し、小《こ》出島《いでしま》（新潟県小出町）に陣屋を置いていた。鳥羽・伏見の敗戦後、会津藩は新政府軍の東征に備えて郡《こおり》奉行の町野《まちの》源《げん》之助《のすけ》を派遣し、農兵を組織し国境の警備を強化していた。そのため、新政府軍の上州

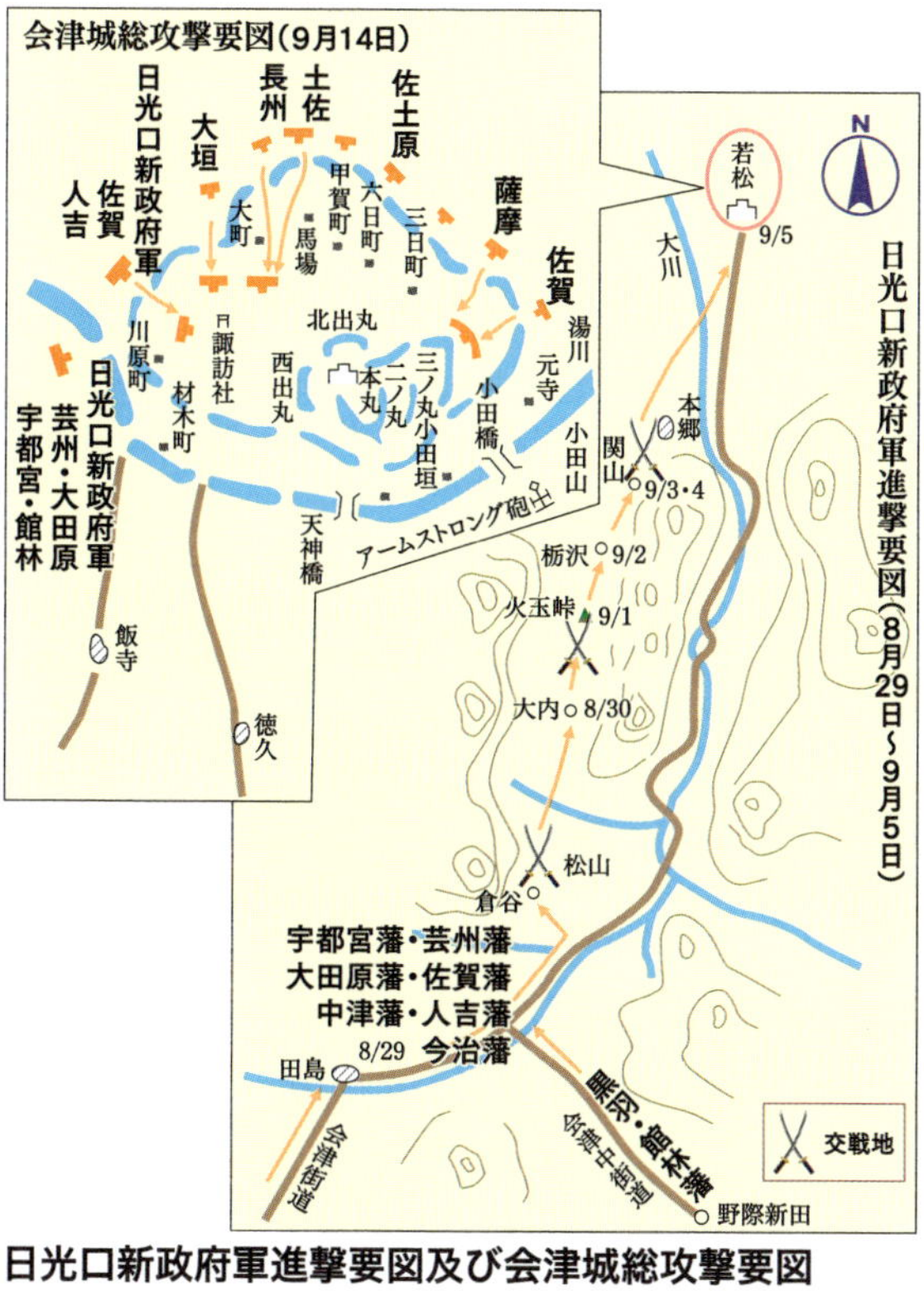

日光口新政府軍進撃要図及び会津城総攻撃要図

白河城（白河市）

巡察使軍監原保《はらやす》太郎《たろう》(土佐藩士)の命令で、高崎・前橋・沼田など上州七藩とともに佐野・足利藩が出動した。二〇日、沼田・足利・佐野藩兵が沼田街道の戸倉村に進出していた会津藩兵を追撃し、二四日には上州五藩と佐野藩兵が、三国峠の四キロ手前の般若塚《はんにゃつか》に築いた会津藩陣地を襲撃した。

　戦局が下野攻防から白河口に移行すると、黒羽藩が積極的に新政府軍の一翼を担った。閏四月一九日、会津軍が白河城を占領すると、危機感を感じた新政府は宇都宮在陣の伊地知正治指揮する薩摩・長州・大垣・忍《おし》藩兵を白河に向け発進させた。大田原に着いた新政府軍に黒羽藩は、敵情を報告し連携をとった。二五日からの白河城奪還にも一員として参戦し、五月六日以降は板垣退助率いる新政府軍に加わって、棚倉《たなくら》・三《み》春《はる》・本宮《ほんみや》・二本松《にほんまつ》に転戦した。七月一日、黒羽藩へは占領地区である棚倉領や近隣幕領の民政取り締まりが命ぜられた。八月にはいると、会幕軍が駐屯している白藩領の三斗小屋宿への転戦が命ぜられ、館林藩とともに追撃した。

　宇都宮城奪還に加われなかった宇都宮藩は、城郭と城下の焼亡のなかで財政はより逼迫《ひっぱく》していた。まともな銃砲はなく、薩摩藩から洋式銃一五〇挺《ちょう》を借り受け、土佐藩から不用になった三〇挺の小銃と総督府から一〇〇挺の小銃を交付され、五月末にようやく態勢を整えた。この間、藩主忠恕《ただゆき》が病没。新政府は帰城していた前藩主忠友に隠居を勧め、別養子を指令するなど藩内の動揺は続いていた。六月二五日、藩領塩谷郡船生村《ふにゅう》（塩谷町）の警戒に当たっていた宇都宮藩兵は佐賀藩兵と連携して大原《おおはら》（日光市）に陣地を構えた会幕軍を攻めたが敗北した。八月にはいると、会幕軍に襲撃され船生村の三集落が焼かれた。この後、宇都宮藩は薩摩藩参謀中村半次郎《なかむらはんじろう》（桐野利秋《きりのとしあき》）の配下に入り会津街道を北上していくことになる。

それゆえ、宇都宮藩は大田原・黒羽藩兵や芸州・佐賀藩兵とともに会津街道を北進し、会津若松の日光口から進攻する役割を担った。八月二七日の横《よこ》川《かわ》宿の戦闘の後、山王《さんのう》峠を過ぎて陸奥国に入り田島村（福島県南会津町）を占領したものの、三〇日には倉谷《くらたに》村で、九月一日には火玉《ひたま》峠（氷玉峠）、二日から三日にかけて関山《せきやま》村の戦いと激しい戦闘が展開され、戦線は少しずつ北上していった。四日本郷《ほんごう》村に進軍、若松城とはわずかな距離となり、翌日城から二キロの飯寺《にいでら》で大川を挟んで対陣した。城下への突入を謀り、八日には濃霧の中で長岡《ながおか》藩兵と遭遇して、山本《やまもと》帯刀《たてわき》以下一四名を捕虜とした。二二日の会津藩主松平容保《まつだいらかたもり》の降伏時には、横川宿に布陣していたがここで帰藩命令を受けた。

黒羽藩へ破格の評価

黒羽・大田原藩は落城前に帰藩命令を受け、会津若松城を脱出し水戸へ帰還しようとした水戸藩諸生党《しょせいとう》を、九月二七日に片府田《かたふた》・佐良土《さらど》（大田原市）で迎撃した。

明治二年（一八六九）六月、戊辰戦争の論功行賞がおこなわれ、黒羽藩の軍功が高く評価され、一万五〇〇〇石の賞典禄が与えられた（二四一頁表）。破格の評価で禄高では五位、藩の数で見れば一五位に位置した。これは黒羽藩が奥州に接した場所にあって早くから恭順したこと、洋式の近代的装備を調えていたこと、那珂川《なかがわ》を通した補給輸送の大役を買ったことが理由とされる（大木茂「下野の戊辰戦争の展開」『栃木県立烏山高校研究紀要叢生』二一号）。この年は特に水量が豊かで、食糧・武器・弾薬を越堀《こえぼり》河岸（那須塩原市）に揚げて白河に運び、負傷兵を那珂川から海路横浜に運んでいた。

会津飯寺集落入口に建つ碑（会津若松市）

参考写真01

落書　芸州弐《に》番隊
（福島県田島町・龍福寺）

逆さまに文字が書かれている

会津街道を北上し田島町の中心街に入る六キロ手前に龍福寺《りゅうふくじ》がある。本堂の板襖《いたふすま》には「芸州弐《に》番隊」と逆さまに書かれた落書きがある。会津若松に向け進軍中の芸州藩は八月二八日、糸沢《いとさわ》村（南会津町）に泊し龍福寺を本陣とした。その際に兵士が落書したものであろうが、『田島町史』は「杉戸を外し、衝立《ついたて》がわりに立てかけて二番隊の場所を表示したらしく、戸を逆さに立てたので今日も文字が逆さに書かれている」と推定している。

参考写真02

宇都宮藩卒　倉田弥十墓
（宇都宮市西原二丁目、一向寺）

卒《そつ》とは人に使われ身近の用を足す者という意味がある。江戸時代、武士は士分と軽輩《けいはい》に分れていて、足軽《あしがる》とか中間《ちゅうげん》などの軽輩は卒と位置づけられた。倉田弥十は熱木《ねぎ》町の人であったが、宇都宮戦争に功あって藩卒に抜擢《ばってき》され、八月三〇日、陸奥国倉谷《くらたに》村での戦闘で斃《たお》れた。享年四一歳。もとは長楽寺《ちょうらくじ》に祀られたが、廃寺となり現在は一向寺境内に墓所がある。宇都宮藩は三〇日と翌九月一日の戦闘で多くの死傷者を出し、市内の慈光寺《じこうじ》・観専《かんせん》寺《じ》・安養寺・光琳寺・報恩寺・台陽《たいよう》寺《じ》・光明寺《こうみょうじ》・天勢寺《てんせいじ》等に藩士の官修墓が残る。

参考写真03

「官軍宇都宮藩軍夫　菊地長吉・山口亀吉・関口竹三郎之墓」
（宇都宮市簗瀬一丁目）

旭陵通《きょくりょうどう》りから農業用水路に沿ってあがっていく道路の左手にある。石塀に囲まれた官修墓で、宇都宮藩軍夫とし

て戦死した三名の墓だ。裏面には「明治元年九月五日、岩代《（陸奥）》国会津郡若松において戦死」とある。この日、宇都宮藩隊は薩摩・黒羽藩とともに本郷村を出発、濃霧の中を若松城二キロ手前の飯寺で会津軍と砲戦、これを撃破して城下に突入し兵火を放った。佐川官兵《さがわかんべ》衛《え》指揮する会津軍が反撃に出る。地理を知悉《ちしつ》した会津軍に包囲され、大苦戦した。食糧・弾薬を捨て日暮れを待って突破、七日町・飯寺《にいでら》に退却した。新政府側は戦死一一名・負傷二九名を出したが、これは兵士だけの数である。宇都宮市山本にある「宇都宮藩坂本吉二二年一月官立」とあるから二〇年忌を記念して建てたものであろう。

参考写真04

「長岡藩士戦死碑」
（会津若松市門田町飯寺）

九月五日の戦闘で輜重《しちょう》（食糧・弾薬）に大損害を受けた新政府軍は飯寺《にいでら》に後退して再び態勢を整えていた。会津軍も若松城包囲網が形成されてきたので、輜重補給路の確保が急務であった。包囲網の中で一番兵力の手薄な南東面、飯寺を突破目標とした。八日、佐川官兵衛率いる会津軍が南下するのと併行して、八十里越《はつじゅうり》で高田に来ていた長岡藩勢が同地にいた会津軍と合流して飯寺を攻めた。飯寺付近で両部隊は出会うものの、佐川隊は南進を優先

し、高田合流部隊が飯寺の新政府軍を攻撃した。激しい濃霧の中の攻防は合流部隊の敗北となるが、この時長岡軍は味方と誤認した宇都宮藩隊に包囲され、指揮を執った山本帯刀《やまもとたてわき》以下一四名が捕虜となり、一一名が討ち取られた。飯寺には当地での戦死者四四人の名が刻まれた「長岡藩士戦死碑」と「長岡藩士殉節顕彰碑」が建つ。

参考写真05

「官軍戦死十九人墓」（福島県田島町・慈恩寺）

南会津町慈恩寺《じおんじ》の本堂裏の墓所に「官軍戦死十九人墓」がある。墓碑の左右と裏面には戦死者名と戦死日が刻まれているが、剥落《はくらく》があって判読不可能なところが多い。幸い剥落以前の記録をもとに墓誌が建てられ、九月九日芸州藩四名、大田原藩五名、一〇日芸州藩三名、一二日芸州藩一名、一四日芸州藩一人、肥州藩二人、宇都宮藩一人、八月一一日芸州藩一名、二四日肥前藩一名と記されている。九月一四日の宇都宮藩士は宮沢治部助《みやざわじぶすけ》で、明治四四年（一九一一）に宇都宮市観専寺に改葬された墓碑には「九月一〇日会津田島にて戦死」とあり、八月の二人も『田島町史』では九月か？としており、九月九日に戦闘が行われた可能性が高い。それにしても九日の戦闘とは何か。大山柏『戊辰役戦史』などによれば、佐川官兵衛《さがわかんべえ》指揮する会津軍が進攻し、大内村に至り宇都宮藩兵が管理する兵器・糧食を分捕り、倉谷村でも同様の成果を上げて田島を戦わずして奪還したとある。ではなぜ一九名も戦死したのか。田島には兵站《へいたん》基地として諸藩兵が業務に従事していた。芸州藩兵の戦蹟を

綴った『芸藩志《げいはんし》』には、九日に佐川軍の進軍に呼応し、農民が襲ってきて行方不明となった藩兵は、その後に死亡が確認されたとある。『田島町史』近世史料Ⅱには名主の聞き書きが紹介され、数名については死亡場所まで確認されている。背景には芸州藩による強引な軍資調達があった。益子孝治『維新と大田原藩』には一〇名の戦死者名を載せ、うち六名は「夫卒」とある。ここでの戦死者は武士若しくはその従者で、軍夫は入ってないことが分かる。

参考写真06

「三碑」（大田原市黒羽田町・大雄寺）

黒羽藩は明治二年（一八六九）六月、新政府から一万五〇〇〇石の下賜（一五位）という破格の論功行賞を受けた。小藩ながらいち早く新政府軍に属し、各戦役でも功績があったと評価されたためである。同年一二月、旧藩主大関増勤《おおぜきますとし》や藩士が祭主となって戦死した二四名の藩士を弔う招魂場《しょうこんじょう》を、大関家の菩提寺である大雄寺《だいおうじ》に設けた。その際、「戦死吊祭塔《ちょうさいとう》」が建立されて前記戦死者の名が刻まれた。同時に「黒羽表忠碑」「軍夫死亡之墓」の墓碑も造られたが、前者は三田称平《みたしょうへい》の撰文になる忠魂の碑で、高い論功は二〇余士の力によるものと称えてある。招魂場は明治一一年（一八七八）に黒羽田町の現在地に社殿を移築し、凱旋《がいせん》した一〇月一三日を例祭日とした（その後二名を合祀《ごうし》）。昭和一四年（一九三九）に護国神社と改称し、戦後は黒羽神社となったが、大雄寺の各墓碑は三碑と呼ばれて境内に建つ。

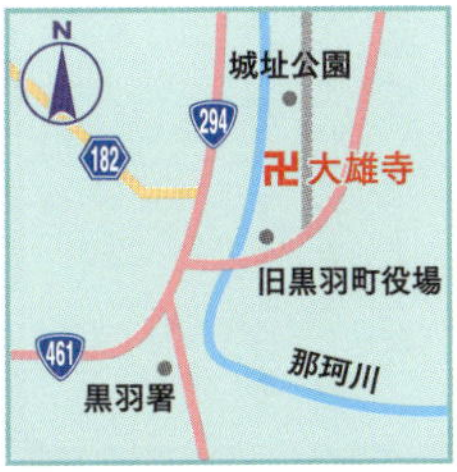

コラム
Column

烏山藩領農民闘争と戊辰戦争

戦局が白河口の攻防に移行すると、下野からも多くの軍夫が徴集された。この時、烏山藩領四六か村からも動員されたが、うち二六か村の農民は戦場で土佐・薩摩藩隊長へ自藩の不公平な年貢負担を訴え出た。二六か村とは畑年貢米納《はたねんぐべいのう》の村で、田地よりも畑が多いこれらの村は、煙草《たばこ》や楮《こうぞ》など畑作物を売って米に換え、それを年貢として納めていた。米価が高騰すると著しく不利となり、金納《きんのう》の村（二〇か村）と比較して三〇数倍の高負担を押しつけられていた。農民たちの要求は、同じ藩領なのにあまりにもひどい差がある、金納の村々と同様の扱いをしてほしいという公平の論理であった。

対応した両藩隊長は、戦争終結後には悪弊《あくへい》改正が御一新《ごいっしん》なのだから、畑年貢米納は金納に改善されようとの見解を述べた。畑年貢金納を求める二六か村の闘争は、一七世紀末以降、烏山藩領固有の農民闘争として延宝《えんぽう》・元禄《げんろく》・宝永《ほうえい》・天保《てんぽう》・慶応《けいおう》期と何回も展開されてきたが、明治二年（一八六九）の凶作時には、藩を乗り越え維新政府に直接訴願する農民一揆《いっき》となった。翌年、訴願惣代《そがんそうだい》たちは大蔵・民部省を始め弾正台《だんじょうだい》へ粘り強く訴願した。訴願は却下されたので、戊辰戦争時の約束をたてに薩摩・土佐両藩邸に歎願した。薩摩藩邸の返事は、大名が他大名のことを云々《うんぬん》するわけには行かないと、取り付く島もない有様で他機関へのたらい回しを示唆しただけであった。惣代たちが弾正台に再提出した嘆願書には、軍夫の際に訴え出たこととその後の経過がよくわかる部分がある。

明治元年の五月から会津追討の戦争が始まり、私どもの村からも大勢が軍夫として参加しました。土佐藩の隊長・大野磯之丞《おおのいくのじょう》様と薩摩藩の四番隊長様の指揮のもと、奥州棚倉や白河などの戦場に参りまして、その数は延べ二万人余に及び、弾薬や大砲などの運搬など一生懸命ご用を勤めました。その機会に、私ども村々の不公平な年貢のことをお話し申し上げましたところ、この戦争が決着つき次第、解決するよう取りはからってやるからという約束を、両隊長様よりいただき帰村いたしました。

その後御一新となり、これまでの諸制度が改正され人民の生活も楽になると聞いて、私どもは烏山藩役所へ事情を説明し歎願《たんがん》いたしました。これに対し役所の方では、政府にその旨を申請するが、改正となるまではこれまでの通りのやり方で上納せよとの指示で、私どもは必死の思いで金を作り上納致しました。

ようやく上納すると役所の方は改正は無理と言い出す始末で、何度頼んでみても聞き入れてはくれず村では大騒ぎとなりました。村役人がなんとか騒ぎを取り鎮めようとしましたが、やむをえず代表を立て民部省や弾正台様へ嘆願に行きました。弾正台では事情を調査した上、烏山知藩事《ちはんじ》へ農民が困らぬよう処置せよと命令するから、惣代も帰村して農民の騒ぎを取り鎮めよといわれました。どうすることもできず、一応書類だけは受けとってもらい旅宿の方に戻ったわけです。しかしなんらの成果もなく、ただ知藩事からの連絡を待てというだけでは、帰村し農民たちを納得させることはできません。困ったあげく薩摩藩屋敷に出むきました。先の会津戦争の縁で、なんとか村の騒ぎがおさまるまで惣代たちの面倒をみて欲しいと頼んだところ、理解は示してくれましたが願書を受けとってはもらえませんでした。帰村すると惣代たちを逮捕する動きが出始めました（中略）。これで惣代による歎願も困難になったと考えたのでしょうか、村々の農民たちは会津戦争時の約束にすがって解決を図ろうと、約一〇〇〇人余の農民たちが上京することになりました。

宇都宮まで来たところで、同藩役人に差留《さしと》められました。事情を説明したところ、大変に同情していただき、なんとか取りはかろうとの配慮を受け各旅宿預けとなりました。薩州・土州両家様へ大勢で出かけ、御両家様にすがって米納から金納への変更を嘆願しないうちは決して帰村するまいと固い決意を持っています。どうか御両家様とも打あわせをお願い申しあげます。宇都宮藩役人様へ提出した歎願書を持って参りましたので、当弾正台のお力を持って宇都宮藩にも連絡をとっていただき私ども二六か村の畑方年貢金納化の実現のため、お力添えをお願い申し上げます。

（下野烏山農民一揆記念会『圃租法変更記念碑実記』口語訳）

烏山藩領の農民は、軍夫体験の中で培った薩摩・土佐藩との関係を武器にして農民闘争を行った。最終的には東京両藩邸の「押出《おしだ》し」まで辞さずという決意であった。押出しそのものは宇都宮で差し止められてしまい失敗に終わったが、敗北体験が新政府との最初の出会いとなった。民衆は自己の政治体験や運動を通して新政府の本質をつかんでいくのである。不公平の是正そのものは、地租改正《ちそかいせい》の実施まで待たねばならなかった。

毎年4月に行われている一揆記念会の慰霊祭と記念碑（左）

トピックス Topics 農兵

　農兵とは幕末、戦闘要員として組織された農民（工商を含む）を指す。下野では、元治《げんじ》元年（一八六四）の天狗党《てんぐとう》騒乱に際し猟師《りょうし》鉄砲隊が幕府領や日光領、各藩で編制された。外部からの侵入者に対し地域防衛を主目的としたが、慶応四年（一八六八）の頃になると「農兵」という言葉が一般化し、役割も広がった。黒羽藩に例をとろう。

　この時期、幕府は西洋軍事技術の摂取《せっしゅ》を急速に進め、兵器と戦術の近代化を一段と志向した。歩兵・騎兵・砲兵の三兵からなる軍事編制と戦術がそれであり、三兵の中核は銃装した歩兵であった。銃砲そのものも幕末期に前装滑腔銃《ぜんそうかっこうじゅう》から施条銃《せじょう》、そして元込《もとご》め銃へと急速な発展を遂げ、戦術も密集体制の一斉射撃から散兵方式へと変化していった。三兵戦術の採用は下級兵士である兵卒《へいそつ》を大量に必要としたため、幕末には兵卒徴発の問題が登場し、兵賦《へいふ》とか軍役銃卒と呼ばれる農村から取り立てた戦闘員を組み込んでいた。

　これらの幕府軍制改革を推進していたのが陸軍奉行の大関増裕《おおぜきますひろ》であった。文久三年（一八六三）増裕は自藩の軍制改革にも乗り出した。①三兵の編制を行い、武器・弾薬の輸入と製造を開始したこと。②江川英龍《えがわひでたつ》門人を指導者として招来し、洋式銃砲術の訓練を行った。③猟師数百名を郷筒組《ごうつつ》に編制する一方、慶応二年（一八六六）には三〇二名を農兵に組織したことに特徴があった。まさに幕府軍制改革の地方版であり、当然の如く下野では先駆的改革となった。農兵は洋式戦術に対応すべき必要性から組織されたわけであるが、慶応四年の時点ではどう活用されたのか。

　まず第一には、世直し一揆鎮圧に出動したことである。芳賀地方の世直し一揆は、真岡町の打ちこわしを契機として芳賀郡一帯に広がったが、黒羽藩の飛地益子でも農兵が組織され、黒羽より出陣してきた三〇数名の藩兵とともに鎮圧にあたった。農兵は益子・大羽《おおば》・清水《しみず》村の有力農民によって構成され、生田目《なばため》村（益子町）で非人《ひにん》を含む打ちこわし勢五名を無宿人との理由で銃殺したように、鎮圧軍の一翼を担った。農兵は当座の治安維持という限定された役割であったが、豪農層が自己の生活を防衛するための軍事力という性格を持った。

　次は新政府軍の一員として戊辰戦争に参加したことである。戊辰戦争下の農兵の実態は不明な点が多いが、ここでは峯《みね》岸館《ぎしかん》農兵を見てみよう。黒羽藩は戊辰戦争で最も活躍した藩であるが、出兵員数は四一七人、死者は三四名であった。このうち農兵の占める割合は不明であるが、五か所（須賀川《すかがわ》・峯岸・寺子《てらこ》・迯室《にがしむろ》・松《ま》子《こ》）ある農兵館の一つである「峯岸館」農兵（四〇名前後）の従軍経過を追ってみると、以下の長期間にわたる。

　五月二三日、黒羽藩家老の五月女三左《そうとめさんざ》衛門《えもん》が歩兵四小隊・砲二門を率いた際に、峯岸館農兵もこの一員として従軍した。旗宿《はたじゅく》（福島県白河市）・中野で戦ったが、守るに不利な地形であったため白坂《しらさか》（白河市）に移った。ここで奥羽越列藩同盟

軍の白河城奪還作戦に遭遇し、白坂で激しい攻防戦に参加した。六月二四日、板垣退助指揮する新政府軍の兵七〇〇の一隊として棚倉城を攻略した。七月一日、黒羽藩に占領地区である棚倉領や近隣幕領の民政取り締まりを命ぜられ、うち峯岸館農兵は浅川陣屋《あさかわじんや》（三万石）の治安維持に当たった。この時、同盟軍の来襲を受け、救援隊を得てようやく撃退した。続いて板垣は同盟軍の腹中深く潜行することを狙って、二六日三春を攻め、続いて本宮から二本松へと進撃した。本宮攻撃に際しては忍藩とともに先陣を命ぜられたから、被弾する場合も多かった。この後、黒羽藩隊は一転して三斗小屋への進撃を命ぜられた。八月二三日、館林藩隊とともに那須岳を越えて三斗小屋宿を襲い、胸壁《きょうへき》を連破した。撤退する会幕軍を追撃して再び会津に入り芸州・佐賀・大田原軍勢とともに会津若松城を包囲した。落城後、会幕軍から脱走した水戸藩諸生党を追って、再度下野に戻った。佐良土（大田原市）で交戦し追撃しようやく帰村した。この日は九月二七日で、四か月ぶりの帰国であった。那須町横岡《よこおか》に建つ「峯岸館兵従軍之碑」（写真）には、振り返ると「大小二十余戦、衆みな奮励、力を致さざるなし。峯岸館従軍者三十六名、死傷者十有一名」とある。

農兵を大局的にみればどういう問題をはらんでいるのだろうか。いうまでもなく近世は兵農分離《へいのうぶんり》に基礎を置く社会であった。豊臣秀吉の太閤検地《たいこうけんち》と刀狩を通して、武士と百姓という身分制社会が造られたのである。武器を独占する武士、耕作に専念し年貢負担の義務を負う百姓、そして商・工に従事する町人という士農工商社会である。たとい末端の兵士であっても大量の兵卒を農兵として組み入れるということは、軍事という封建社会の最重要部門での瓦解を物語る。

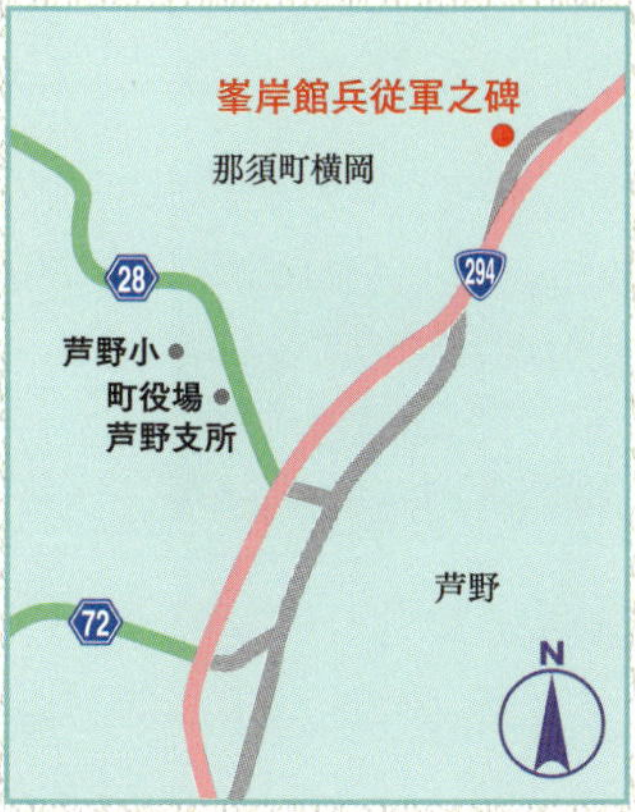

文献紹介

北那須郷土史研究会編『那須の戊辰戦争』（下野新聞社　平成四年）

北那須郷土史研究会とは川島武夫氏を代表とした北那須地区の教員による研究会で、那須郡の歴史を調査研究し学校教育に役立てようとする目的で、昭和六二年（一九八七）に結成された。本書以前に『那須の戦国時代』（平成元年）、以後にも『那須の太平洋戦争』（平成八年）を発刊するなど活発に活動した。本書は那須地区の戦争を重点に、写真や図表を多く入れわかりやすい叙述に努めている。聞き取りや墓碑調査に地元の教員という特性が生かされていて、現地調査に基づく記述が特徴であり、地形図も付されるなど丁寧な編集が本書の魅力である。残念ながら、いずれの書籍も品切れ、増刷未定とのことである。

人物紹介

三田《みた》称平《しょうへい》（1811〜1893）

文化八年（一八一一）、黒羽藩士秋庭清房《あきにわきよふさ》の子で、三田政武《まさたけ》の養子となる。地山《ちざん》と号した。郡《こおり》奉行として民政に尽力、飛地益子においては益子焼きを奨励した。学者としても優れ安積良斎《あさかごんさい》に朱子学を学び、陽明学者大塩平八郎《おおしおへいはちろう》の門下生にもなった。藩校作新館《さくしんかん》の学頭をしていた慶応四年（一八六八）閏四月、情勢探索のため仙台に派遣された。時に白石で奥羽列藩会議が開催中であったから称平も招かれ、列藩同盟への加入を求められたが拒否した。帰藩して尊王としての藩論をより強固にした。維新後は藩公議人を勤め、私塾地山堂を開き子弟に教育に当たった。明治二六年（一八九三）、八二歳で没した。

片府田・佐良土の戦い

慶応4年9月27日（新暦11月11日）

水戸藩と戊辰戦争

城奪還狙う諸生党

慶応四年（一八六八）三月、一五代将軍慶喜が帰府した後も京都にとどまっていた水戸藩尊攘派藩士（本圀寺《ほんこくじ》党《とう》）と、天狗党《てんぐとう》の生き残り藩士（武田《たけだ》耕雲斉《こううんさい》の孫の武田金次郎《きんじろう》ら）が、新政府の指示をうけて水戸に戻り藩の主導権を諸生党《しょせいとう》から奪回した。

天狗党とは、元治元年（一八六四）三月末、筑波山に挙兵した水戸藩尊王攘夷派で、幕府の開国政策に反対し横浜鎖港《さこう》を求めて決起した政治党派（激《げき》派《は》）である。諸生党とはその反対派で、いわば守旧派である。幕末の水戸藩は斉昭《なりあき》の藩政改革が挫折したあとに、改

片府田・佐良土の戦い要図（9月27日）
（北那須郷土史研究会編『那須の戊辰戦争』より、一部加筆）

藩内抗争の舞台となった水戸藩校・弘道館。斉昭が天保 12 年（1841）に建設。国特別史跡

革派と保守派の藩内抗争が激化し、双方が豪農層を巻き込みながらいわゆる天狗—諸生の抗争へと発展していった。天狗党が常陸国内の戦いで敗北し、在京中の一橋慶喜《ひとつばしよしのぶ》を頼って一〇〇〇名の軍勢で上京（天狗党西上）したが、願い叶わず越前敦賀（福井県）で処刑されてから三年後であった。

　尊攘派は京都では本圀寺党と呼ばれていたが、彼らがまず推進したのは諸生党に対する血なまぐさい報復であった。その情報を得た諸生派は水戸を脱走し会津に向かった。会津や越後で新政府軍と交戦したが、戦闘で水戸藩兵が会津領に出陣したことを知る。そこで会津若松落城後、隙を狙って水戸城奪還を決意した。兵力は三〇〇名で、この隊列には指揮者を失った長岡藩残兵も混じっていた。

　会津田島から三斗小屋を下り、遙か水戸を目指した。九月二七日、那須郡片府田《かたふた》村（大田原市）を通過したとこ

水戸城跡（茨城県水戸市）

ろで大田原・彦根・阿波藩兵が待ち受け交戦となり、続いて佐良土《さらど》村（同）でも黒羽藩兵と戦闘となった。諸生党は水戸帰還を第一義としていたので、二時間足らずの戦闘で終わり、馬頭《ばとう》（那珂川町）近辺から那珂川を船で下り逃走した。水戸藩隊の戦死者は一〇名、新政府軍は四名であった。

水戸では弘道館《こうどうかん》の戦いに敗れた後、下総の八日市場《ようかいちば》（千葉県八日市場市）にのがれ、ここで尊攘派軍の追撃にあい壊滅した。旧馬頭町一帯は武茂郷《むもごう》と呼ばれ水戸藩領であった。それゆえに旧馬頭町からは、この戦闘に関わる二名の戦死者を出した。一人は天狗党、一人は諸生党に組みした。諸生党を指導していた朝比奈弥太郎《あさひなやたろう》も戦死し、巨頭の市川三左衛門《いちかわさんざえもん》はのがれて東京に潜伏したがとらえられ、明治二年（一八六九）四月水戸の郊外で逆さ吊りの極刑をうけた。

参考写真01

「戦死供養塔」（大田原市片府田・宝壽院墓地）

片府田で戦死した水戸・長岡藩兵の墓である。当初、無縁仏《むえんぼとけ》として葬られたが、明治二一年（一八八八）九月二七日、村人によって供養塔が建立された。ちょうど二一回忌であり、台石には「村女人中」とある。女性によって建てられた珍しい供養塔である。

参考写真02

戦死塔（大田原市佐良土）

自然石に「戦死塔」「明治元年九月二七日」と刻まれてある。道路拡幅のため現在地に移動したのであって、元々は道路に面していた。なお『湯津上村誌』によれば、傍らの別の石には、供養のため寄付者の人名が記されているとあるが、草に埋もれたのか不明であった。

参考写真03

「大森元茂碑」（那珂川町小口）、**「北條重参之墓」**（那珂川町馬頭、乾徳寺）

那須郡小口《こぐち》村（那珂川町）の大森家は、水戸藩の郷士《ごうし》（二五石）。郷士とは農民身分でありながら武士的特権を認められた者を指し、幕末の水戸藩では多く者が取り立てられた。天狗党に属し、市川三左衛門隊が水戸帰還のため馬頭の関門を通過した際、小勢のため敵せずその後を追った。一〇月一日、弘道館の戦いで天狗党は勝利するも、元茂《もとしげ》は戦死した。碑文には「槍をとって進撃、身九創を被り、ついに戦没す」とある。三四歳。明治三五年（一九〇二）に建碑された。

北條重参《ほうじょうしげみつ》（斧四郎《おのしろう》）は逆に馬頭村の諸生党郷士であった。市川のもとで北越・会津で戦う。会津落城前に脱出し高原山《たかはらさん》を越え宇都宮に至るも、敵兵に見つかり自刃。北条氏は闕所《けっしょ》となり、一家離散の憂き目にあう。重春は当初桂林《けいりん》寺《じ》(宇都宮市清住町)に埋葬されたが、文武に優れていたため門弟たちが明治一六年(一八八三)、馬頭の乾徳寺《けんとくじ》に改装し墓碑を建てた。撰文は三田称平《みたしょうへい》。当時は敵・味方に分かれたが、志士仁人意識の発露だろう。彼らの死を『馬頭町史』は無惨《むざん》極まりない党争の結末と評した。

北條重参之墓(馬頭町馬頭・乾徳寺)

大森元茂碑。道路沿いに建ち、見逃しがちである(馬頭町小口)

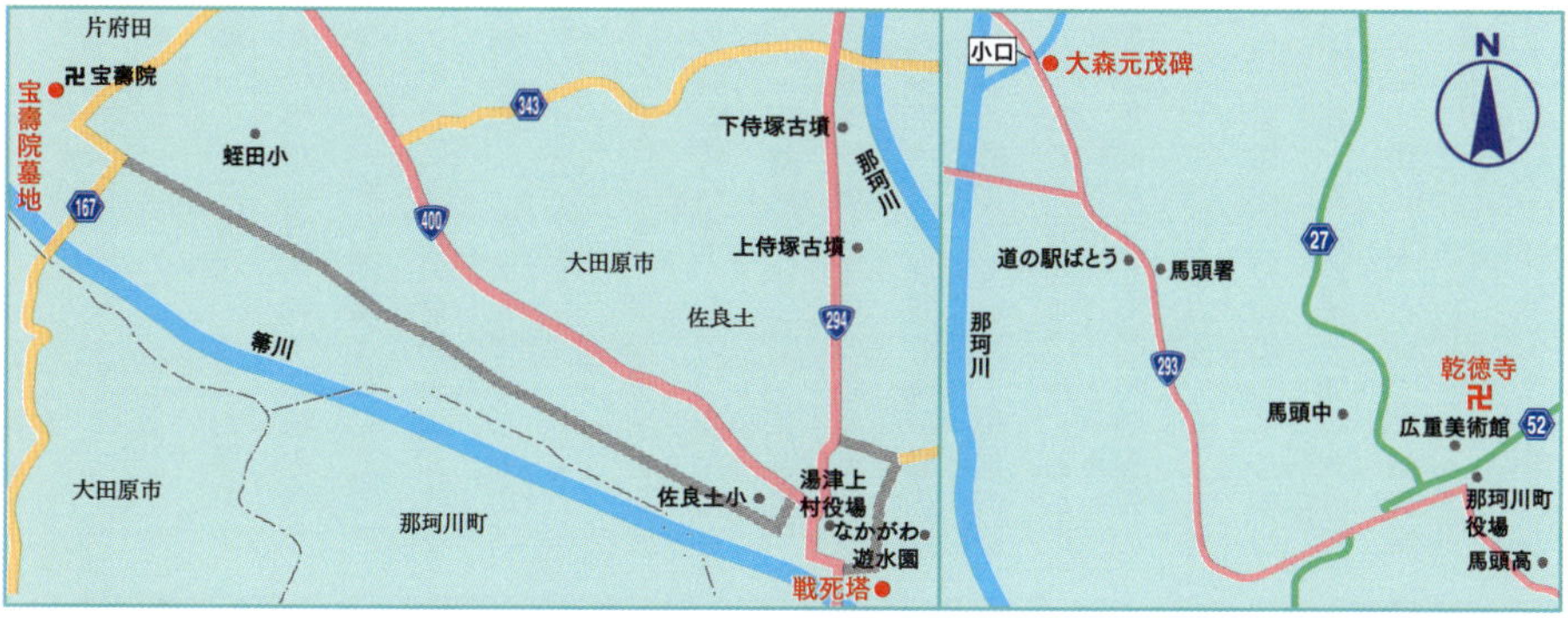

コラム
Column

諸生党　鷲子村薄井友右衛門家の滅亡

常陸《ひたち》国那珂《なか》郡鷲子《とりのこ》村（茨城県常陸大宮市）薄井《うすい》友《とも》右衛門《えもん》家は、水戸藩領の代表的な豪農であった。紙問屋に加え砂金《さきん》などでも巨利を蓄え、文政年間（一八一八〜一八三〇）には藩に二〇〇〇両を献金して一五〇石取りの郷士《ごうし》となった。また同じ頃、下野国烏山《からすやま》藩の藩政改革では御用商人に就任し、同藩とも深く関わった。しかし、藩政に関われば関わるほど、藩内抗争に巻き込まれざるをえない矛盾を負った。幕末の水戸藩では徳川斉昭《なりあき》の藩政改革が挫折したあとに、改革派と保守派の藩内抗争が激化して、いわゆる天狗―諸生の抗争へと発展していった。

そのため薄井家は、一五代友衛門昌敏《まさとし》・一六代友衛門昌脩《まさなが》の時に激動期を迎えた。昌敏と昌脩は安政年間の藩内抗争に連座して、郷士取り下げの処罰を受けた。諸生党に与していた薄井家は天狗党が孤立すると復権したが、戊辰戦争のさなかに再び天狗党が新政府の後押しで力を得ると、藩内では粛清《しゅくせい》の嵐が、村々では諸生党郷士への打ちこわしが吹き荒れた。

慶応四年（一八六八）三月、新政府の勅書を抱いた天狗党が藩主慶篤《よしあつ》とともに水戸入城を強行すると、諸生党は会津へ逃亡し会幕軍に合流した。諸生狩りの危機が迫ったため薄井家は、家財一式を領分違いの下野那須郡烏山に運んだ。協力してくれる村民はなく、大沢《おおさわ》村（那須烏山市）の農民に依頼し、数日間をかけ夜通しの運搬となった。本宅・向新宅《むかいしんたく》・中《なか》新宅《しんたく》という薄井三家も烏山の知人宅に向かったが、天狗党の知れるところとなって、烏山藩と町に圧力がかかった。婦女子以外を匿《かくま》うことはならぬとか運搬荷物の船留めを要求してきた。この間薄井宅は打ちこわしにあい、残ったのは柱のみで障子一枚もないという有様であった。富山《とみやま》村（那珂川町）や大沢村には天狗党兵士が出撃して、大沢村では烏山藩の洋式武装した小隊が派兵されてにらみ合う事態までなった。幸い両藩とも勤王で一致していたために薄井の荷物を返却することで合意に達し、こうしてさしもの薄井家は没落したのである。

その後、一六代友衛門昌脩は旧将軍慶《よし》喜《のぶ》に従って静岡に行き、そこで死んだといわれる。一家離散した薄井家の墓は、最初一六代昌脩の娘で江戸の酒屋加藤家に嫁いだとしによって浅草の高徳寺《こうとくじ》の加藤家墓所に仮合葬されていた。酒屋の経営が苦しかったこともあってか、としの長男伝太郎《でんたろう》は芝居好きが高じて歌舞伎《かぶき》の狂言《きょうげん》作者になっただけでなく、長女を除いて子どもたちをみな役者にしてしまった。沢村国太郎《さわむらくにたろう》・沢村貞子《さわむらさだこ》・加藤大介《かとうだいすけ》である。長女は矢島《やじま》せい子といって教育学者で社会事業家でもある。

薄井家の菩提寺は常陸大宮市鷲子の

照願寺《しょうがんじ》にある。梵鐘《ぼんしょう》は一五代昌敏の代に、薄井三家が寄進したものであったが、太平洋戦争中に強制供出を受けた。昭和四七年（一九七二）、矢島せい子や鷲子にあって薄井家の墓を守ってきた薄《うす》井《い》雄二《ゆうじ》（写真）らによって復元され、梵鐘の落《らっ》慶法要《けいほうよう》が営まれた。今、薄井家に関わるものは墓と井戸跡だけで、屋敷跡の広さが往時を偲ばせる。

一方、沢村国太郎・沢村貞子・加藤大介を知らない人も多くなり、時の経過だけが厳然と佇んでいる。

薄井家の旗印

トピックス
Topics

山国隊と利鎌隊─草莽隊として戊辰戦争に参加

京都三大祭の一つである時代祭りは、一〇月二二日に行われる。平安時代から明治維新までの時代行列で、平安遷都一一〇〇年を記念して始まったものだ。その先頭を行くのが山国隊《やまぐにたい》で、戊辰戦争時の姿で隊列を組み行進する（写真）。

丹波《たんば》山国村（京都市右京区京北町）は京都市より北へ三〇キロのところにある。延暦一三年（七九四）、平安遷都が行われた際に大内裏造営のため、当地より杉・桧・松などの材木を提供したことが契機となり、その後も皇室との繋がりを持ち続けた土地柄であった。

慶応三年（一八六七）一二月王政復古の宣言がなされた際、山陰道鎮撫使西園《さいおん》寺公望《じきんもち》の檄文が山国にも廻った。内容は「新政府に加わった村には当年限り年貢半減を約束する」というもので、八三名の農兵がただちに結成された。これが後の山国隊になる。翌年一月、八三名の隊士

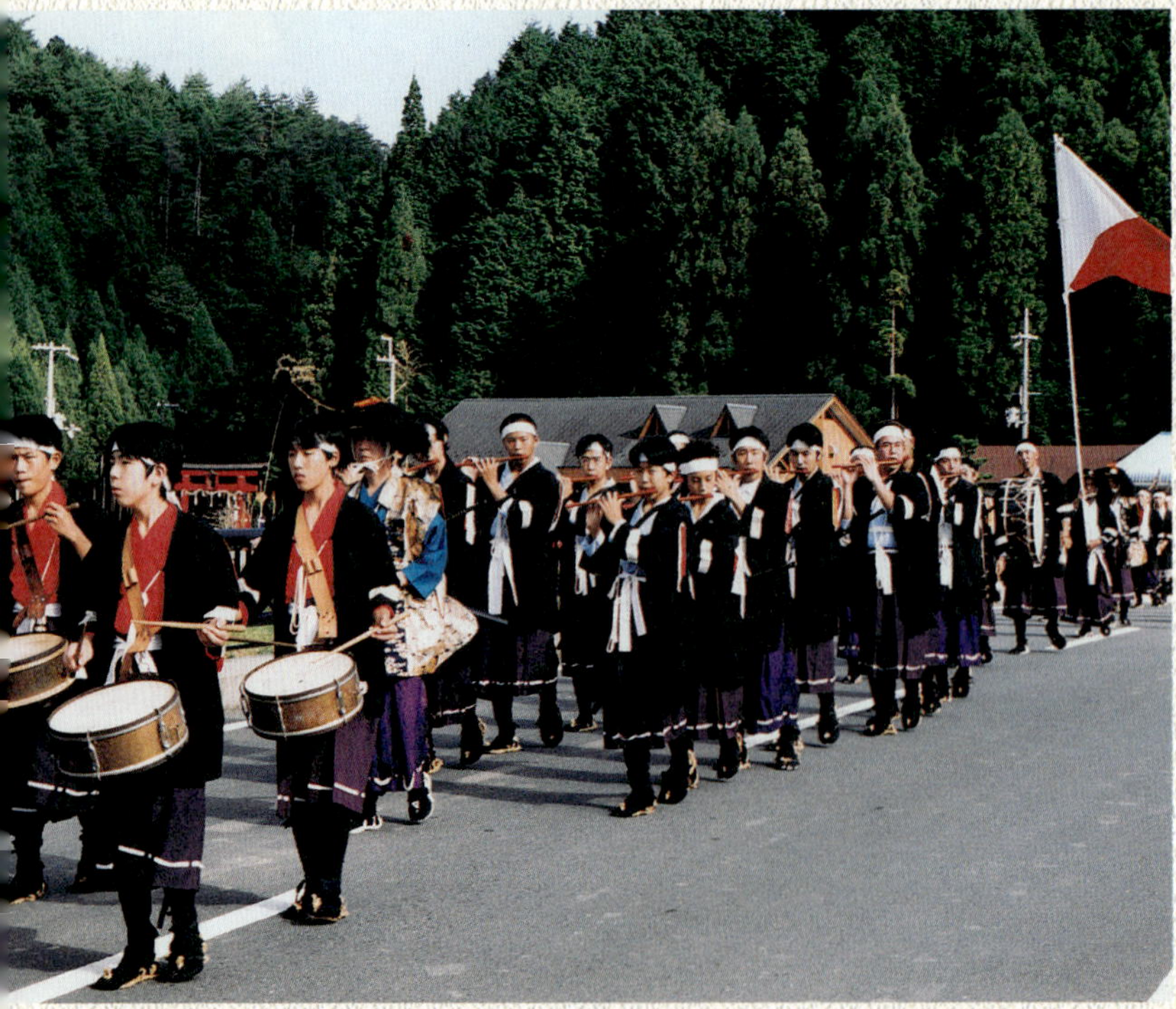

83 名の農兵により組織された山国隊。写真は毎年 10 月 11 日に山国隊発祥の地・京都府右京区京北町で行われる「山国さきがけフェスタ」での山国隊に扮した人たちの行進の様子（写真提供・山国さきがけフェスタ実行委員会）

は上京し、四八名は御所や市中警護につき、三五名の隊士は、鳥取因幡藩士と共に関東や東北地方に出陣し五か月間の激戦を重ね、明治二年二月に故郷山国へ帰ったのである。現在も六名の戦死者を出した下野安塚《やすづか》の戦いの日（四月二二日）に山国護国神社では慰霊祭が行われている。
ところで山国隊の隊歌は「トコトンヤレ節」（作詞品川弥二郎）の替え歌である。一番は同じだが二、三番の出だしは以下の歌詞である。

（一）宮さん宮さんお馬の前にきらきら光はなんじゃいな　トコトンヤレトンヤレナ
あれは朝敵征伐せよとの錦の御旗じゃ知らないか　トコトンヤレナ
（二）威風凛々《いふうりんりん》山国隊の戦の仕方を知らないな　トコトンヤレ　トンヤレナ
（三）雨と降りくる矢玉の中を先駆《さきが》けするのじゃないかいな　トコトンヤレ　トンヤレナ

二番以降は、山国隊の指揮を執った因州藩士河田左久馬が、隊員の士気を鼓舞するため安塚戦の直後に作ったといわれる。激戦だった安塚の戦いが謳い込まれている。

さて山国隊のような民間で、しかも自分たちの費用で結成された部隊、豪農・村役人層や神官・脱藩浪士などの諸階層出身者で構成され、倒幕の旗印を掲げて行動した部隊を一般に草莽隊《そうもうたい》と呼んでいる。草莽とは草はらとか在野の意味で、草莽の臣とは官に仕えないで民間の志士を指した。ところで、草莽隊に限らず幕末から戊辰戦争時にかけて結成された諸隊数は、五、六〇〇になるといわれる。戊辰戦争期だけで見ても約三〇〇隊で、そのうち半数以上の一八〇隊あまりは新政府軍に属し、残りは幕府側に属して戦った。

利鎌隊の使用した旗（壬生町立歴史民俗資料館蔵）

下野を代表する草莽隊は、壬生を中心に結成された利鎌隊《とがまたい》であった。慶応四年（一八六八）四月一五日で、壬生雄琴《おごと》明神神職の黒川豊麿《くろかわとよまる》は同職者の集会を呼びかけた。江戸開城、旧幕兵の脱走という不穏な軍事情勢に対応するためである。二一日、東征大総督有栖川宮熾仁親王《ありすがわのみやたるひとしんのう》が江戸に入城した当日、宮付属の部隊として蒼龍隊《そうりゅうたい》が結成され下野からは鹿沼の神職柿沼広身《かきぬまひろみ》・鹿沼社人常住長胤《とこずみながたね》・家中村《いえなか》（栃木市）割元名主刑部善十郎《おさかべぜんじゅうろう》・下稲葉村（壬生町）鯉沼貫一郎《こいぬまかんいちろう》が入隊した。前年、有栖川宮家に出入りする機会を持っていた黒川は、五月その縁を頼り、利鎌隊と称して同志とともに江戸に出た。一五日の上野戦争には斥候として参加し、彰義隊首領格の首を討ちとっている。

帰国後たびたび出府し、蒼龍隊と同様の役に任ぜられることを出願している。九月大総督府応接方から通知があり、治安維持と残兵討伐の任が命ぜられた。これを受けて黒川は自らが隊長となり、六〇名の神職を隊員に結集し利鎌隊と称した。利鎌とはよく切れる鎌を意味する。組織は隊長・金穀方・応接方・書記の指導部と隊員からなり、隊員は五人で組を作り、各組に長士一人を置いた。一〇月には蒼龍隊から常住と刑部が監査役として利鎌隊に加わった。残兵追討用の武器を調達するため、鉄砲二〇挺と火薬を一〇四両で購入したが、費用は全員割りで賄った。

しかし、会津落城で奥羽における戊辰戦争が終息すると、一一月に蒼龍隊は解散帰国が命ぜられ、利鎌隊にも金一〇〇〇疋が下賜されて任務終了が暗示された。政治情勢の変化に対応すべく、日光県に「利鎌隊文武稽古所《ぶんぶけいこじょ》」設立を出願した。戊辰戦争が終了した今、文武修練に組織替えを図り、あわせて民衆教化に努めるとしたのである。この文武修練所の設立をめぐり、日光県は冷淡な態度

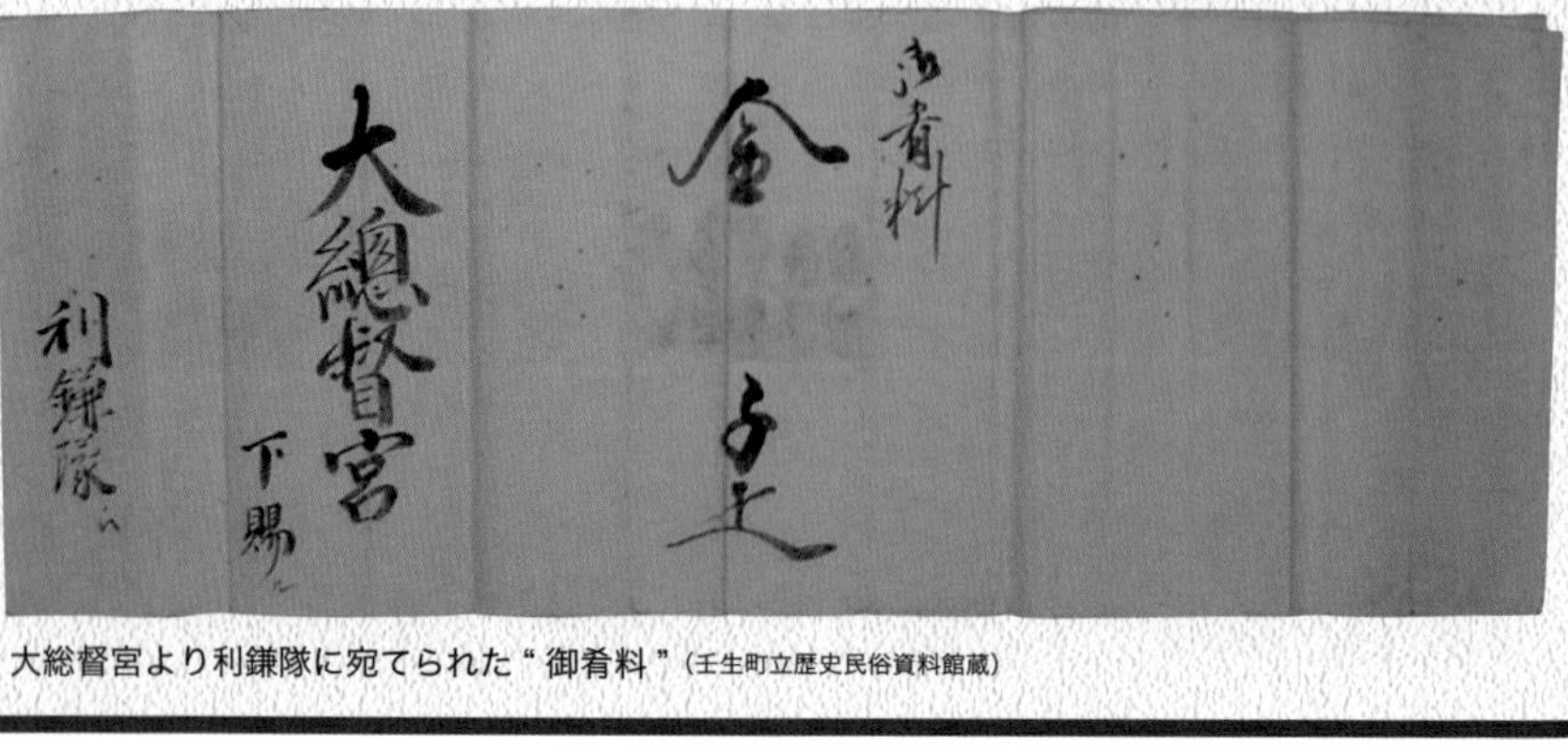

大総督宮より利鎌隊に宛てられた " 御肴料 "（壬生町立歴史民俗資料館蔵）

をとった。善後策として、隊組織から講舎組織に態勢を切り替え、維新政府の教育政策に対応しようとした。自分たちの目指す国学（皇学）の展開を図ろうとしたのである。この企図にも日光県は弾圧的姿勢で臨み、届けに出かけた二名の代表を宿預けの処分とした。政府への出訴へと発展し処分は解かれたが、講舎は解体され、旧利鎌隊も明治三年（一八七〇）一月に解散した。

草莽隊の積極的、主体的なエネルギーは、新政府軍が有利な軍事情勢を作るのに貢献した。しかし政治局面に見通しがついた段階では、新政府の指導に服さないものは切り捨てられたり、容赦なく弾圧された。この傾向は年貢半減を掲げ先《せん》鋒隊《ぼうたい》として東山道を進軍し、「偽官軍《にせかんぐん》」として処刑された赤報隊《せきほうたい》の例を引くまでもなく、新政府の指導に対して独自な動きに出た隊ほど、きびしく弾圧され悲劇的な結末を迎えることになった。

安塚の戦いで戦死した山国隊士の墓（壬生町通町・興光寺）

文献紹介

今市市歴史民俗資料館『写真集　戊辰戦争日光山麓の戦い』（昭和六三年）

戊辰戦争一二〇年を記念して、今市市歴史民俗資料館は「戊辰戦争—日光山麓の戦い」という企画展を行った。本書はその図録である。日光山麓の戊辰戦争がどのようなものであったか、その実態を地元に残る資料を中心に跡づけたもの。杉並木に打ち込まれた銃弾、猟師鉄砲隊のいでたち、会幕軍の陣地跡など迫力あるものが掲載されている。地元の戊辰戦争関連史料も収録されており役に立つ。「はじめに」には「硝煙にまみれた村々には、直接体験に基づく生々しい話が伝えられ、山野には多くの戦跡も残されています」と記し、当時まで体験談が残っていた状況を綴っている。

人物紹介

鯉沼貫一郎《こいぬまかんいちろう》（1842〜?）

天保一三年（一八四二）、都賀郡下稲葉村《しもいなば》（壬生町）の豪農に生まれた。慶応四年（一八六八）、二六歳で平田篤胤《ひらたあつたね》の気吹舎《いぶきのや》に入門、国学を学ぶ。ここで尊王討幕運動に触れ、草莽《そうもう》を自覚した。戊辰戦争が始まると、柳川藩八幡社宮司広田彦麿《ひろたひこまろ》が組織した大総督府附属の蒼龍隊《そうりゅうたい》に入隊し、一一月に有栖川宮《ありすがわのみや》が帰京した際には、同郷の隊員柿沼広身《かきぬまいろみ》とともに随行している。蒼龍隊は有栖川宮熾仁《たるひと》親王守衛の役割を勤めたが、戊辰戦争が終了すると解散を命ぜられた。

その後明治政府の樺太外交団の随員として訪露するも、明治三年（一八七〇）に起きた参議広沢真臣《ひろさわさねおみ》暗殺事件に連坐し捕縛され、禁獄七〇日の処罰を受けた。その後は不明だが、加波山《かばさん》事件を起こした甥の鯉沼九八郎《くはちろう》へは、貫一郎の反政府的言動が大きな影響を与えたと推定される。九八郎は爆裂弾製造中に事故を起こし右足を失ったが、同事件関係者として連累し投獄された。

17

Shimotsukeno
Boshinsensou
Chapter 17

宇都宮市西原「戊辰之役戦士墓」と壬生町民が建てた旧幕府軍戦死者碑

誰が「戊辰之役戦士墓」を建てたか

　宇都宮市西原一丁目五の二三、六道《ろくどう》の辻《つじ》には「戊辰之役戦士墓《ぼしんのえきせんしぼ》」が激しい交通量にもめげず、手入れの行き届いた樹木に囲まれて、地域にとけ込んだ景観を作っている。墓前の供花には四季折々の花々がいけられ、時には墓前で合掌する通行人の姿を目にすることもある。この墓の被葬者と建立経過については、五〇年くらい前まで謎とされてきた。この点を解明したのは故小林友雄《こばやしともお》氏で、著書『宇都宮藩を中心とする戊辰戦史』（昭和四五年）によってである。以下、氏が解明した点を紹介し、若干の補足を加える。

　墓域には現在、三基の墓碑があるが、左側の説明碑と右側の「戊辰役戦士墓明治百年祭記念碑」は、明治一〇〇年を記念して昭和四二年（一九六七）に建てられたから、メインは中央の「戊辰之役戦士墓」と刻まれた墓碑である。墓碑の右面は「明治七季《とき》第六月建立」とあって、明治七年（一八七四）に建碑されたことがわかる。左面には次の一四名の名が刻まれている。

旧宇都宮藩　戸田三男・前橋徳蔵・中島与七郎・本田一男・古川太八・長谷川政吉・伊藤良栄、茂破町　相良卯之吉・田村留吉、大工町　吉成清平、伝馬町　林庄平、材木町　松田玄真、西原下組　守田雄道・武田久次

　普通、墓碑に刻銘された名前は、戦死者か建碑者と考えるのが妥当だろう。戸田から伊藤までは旧宇都宮藩士、相良から武田までは町民と読めるが、戸田三男《とだみつお》と中島与七郎《なかじまよしちろう》は戊辰戦争に出陣し、帰還しているからこれらの名は建碑者で旧藩士と地元住民が協力して明治七年に建てたと考えられてきた。

ところが、地元住民の中では旧幕府軍兵士の墓との言い伝えがあった。遺棄《いき》された旧幕府軍の戦死者を、ひそかにこの地に埋葬したというのである。被葬者を住民は「賊神《ぞくしん》」とか「賊神様」と呼んだ。「賊軍兵士を官軍兵士が祀る」これはあり得ないことで、中間をとって新政府・旧幕府兵士双方が被葬されたのではという説もでたが、前者は官修墓で丁重に祀られていたからこれは否定された。

『河井継之助伝』に戸田三男の証言が

昭和四〇年（一九六五）に解決の手がかりがついた。長岡市から宇都宮市を経て小林氏に問い合わせがあった。今泉鐸次郎《いまいずみたくじろう》の『河井《かわい》継之助《つぐのすけ》伝《でん》』（明治四二年発刊）に戸田三男の証言があった。『河井継之助伝』は長岡藩軍事総督河井継之助の生涯を描いた名著であるが、この中に戊辰戦争中、会津の飯《にい》寺《でら》で会津方に与する長岡藩兵と宇都宮藩戸田三男隊が濃霧の中で遭遇する場面が登場する。味方と勘違いした家老山本帯刀《やまもとたてわき》率いる長岡藩兵は、あっけなく捕まってしまう。知らせを受けた軍監中村半次郎《なかむらはんじろう》（薩摩藩士）の判断で、山本と部下は分けられて処刑されるが、その直前、死を覚悟した山本たちは自らの愛刀と部下が所持していた軍用金を集めて「これを貴藩に提供す。相当の費用に充てられんこと」（『河井継之助伝』）を嘆願し、従容《しょうよう》と死についた。帰藩後、戸田三男は受け取った二〇〇両を有志の賛同を得て、旧幕府軍戦死者の墓地を整理して建碑した。以上の証言が今泉の著書に登場していた。早速、小林氏は佩刀《はいとう》の行方を調査し、昭和一四年（一九三九）に二荒山神社から護国神社に移管されたことを突き止め、証言通り白鞘《しろさや》の一刀を発見したのである（次頁写真）。以上から氏は、地元民によって仮埋葬された旧幕府軍戦死者墓は、武門の面目をもった戸田により、明治七年住民の協力を得て整地され、建碑されたと結論づけた。

以降、住民の中から世話人がうまれ、近辺篤志《とくし》家の協力も得て、旧暦四月二三日（宇都宮戦争Ⅲ）には墓前供養が営まれるようになった。子供相撲や紙芝居も行われ、親たちは子どもに伝える機会とした。大正六年（一九一七）には「戊辰之役五十周年記念法要」も行われたが、この頃に道路拡張工事が行われ、墓所の南側と西南側が大幅に切り取られて今日の三角形の狭い形となったのである（一〇九頁概略図）。

（今泉鐸次郎『河井継之助伝』）

昭和四二年（一九六七）五月、墓前祭に参列した歴史家大町雅美氏は『戊辰戦争』の冒頭に、「維新より百年、私はこの町民たちによって年々供養の式が行われてきたことに深く心を打たれた。その行為は敗れていったものに対する同情の発露であり、暖かい人間の心の存在を示す庶民の姿なのであろう」と記した。

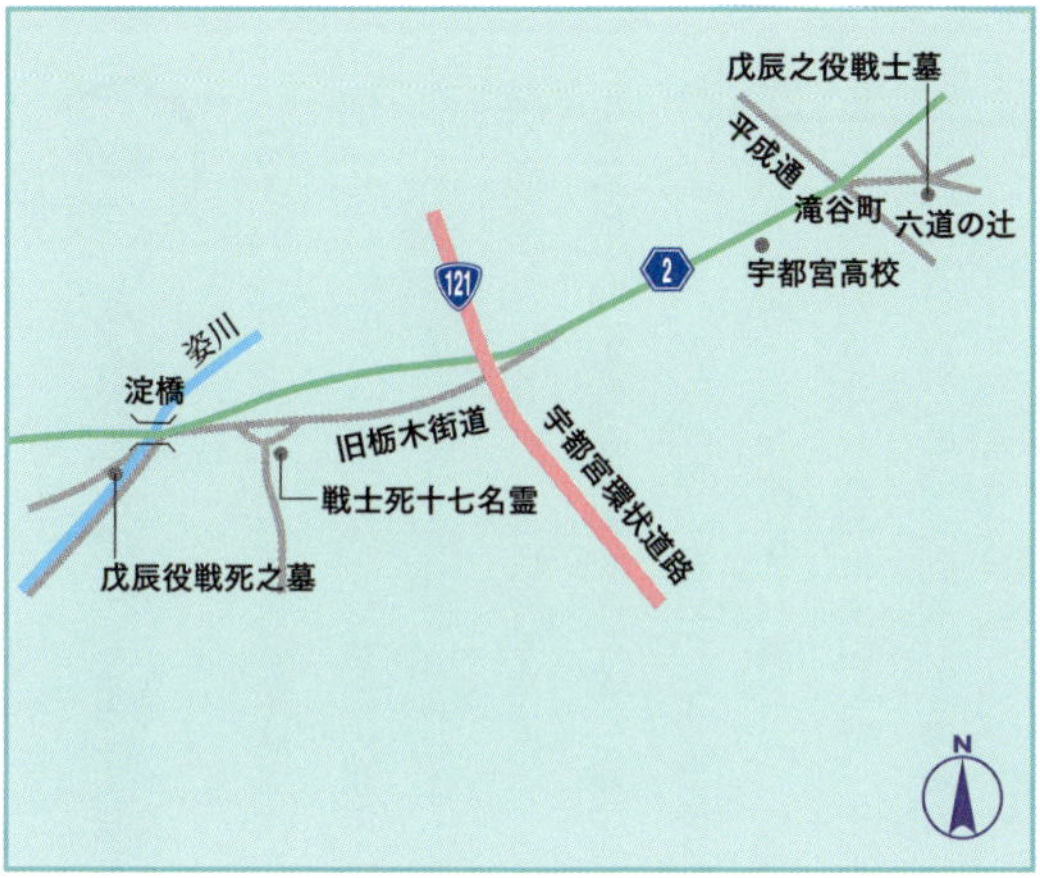

参考写真01

山本帯刀の佩刀

宇都宮市六道辻の「戊辰役戦士墓」の建碑の実状が市民に明らかにされたのは、昭和四二年（一九六七）の明治百年祭においてであった（小林友雄『宇都宮藩を中心とする戊辰戦史』）。と同時に山本帯刀捕縛の際、宇都宮藩が預かった佩刀は永らく護国神社蔵であったが、このことが伝わると、同社の粋な計らいで長岡市に返還され、現在は長岡市郷土資料館に展示中である。このことは宇都宮市民もほとんど知らされておらず、私は隠れた美談だと思っている。なお佩刀とは「刀を帯びること」という意味だが、刀そのものをさす場合にも使われる。招魂社宝物台帳に「一、白鞘刀　長岡藩山本帯刀生補《いけどり》之《の》節携劒《せつけいけん》、但無銘、長二尺七分（八九・一センチ—筆者）、小身四寸三分（二〇・三センチ）、目釘孔二」と記されてある。

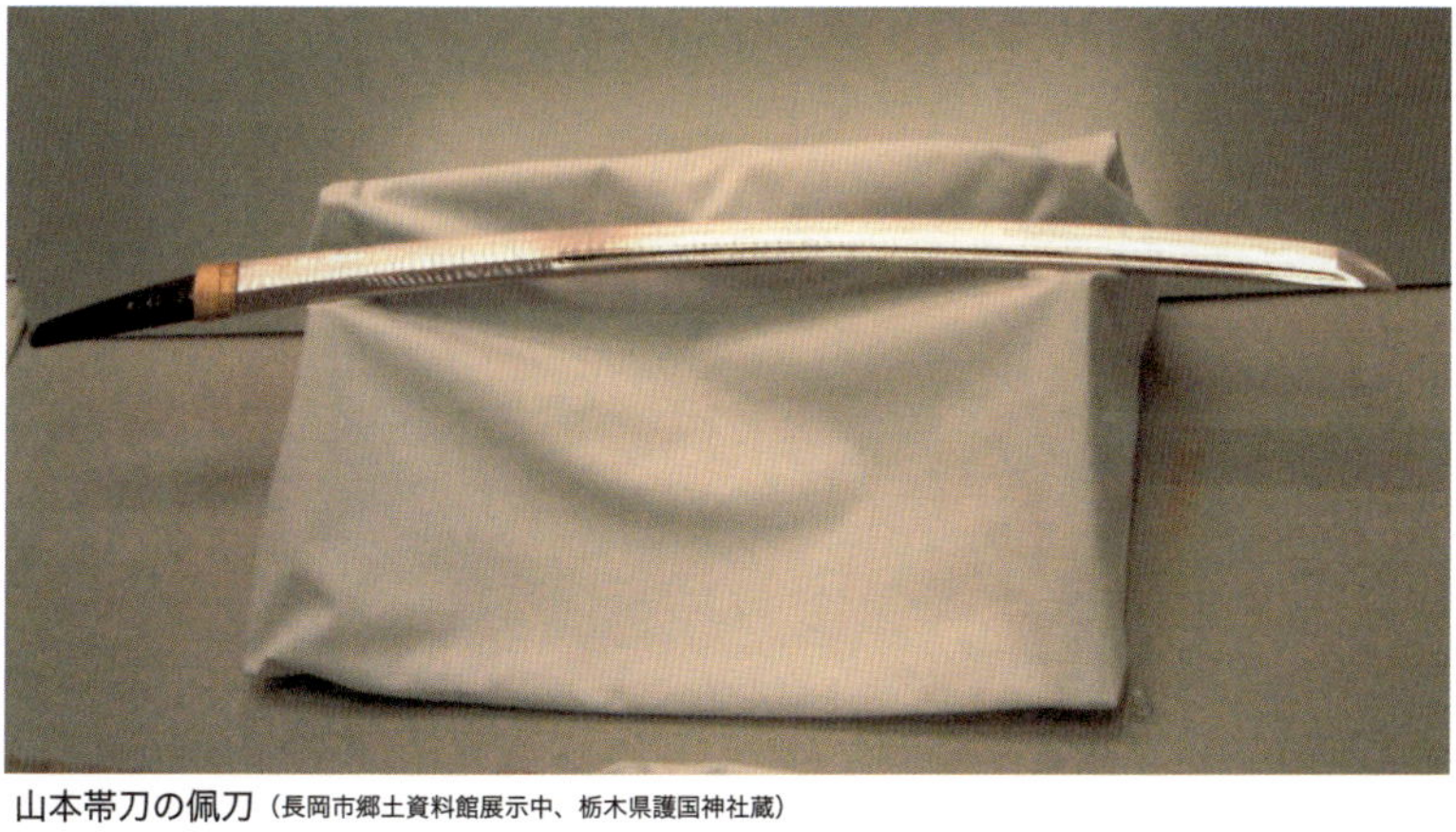
山本帯刀の佩刀（長岡市郷土資料館展示中、栃木県護国神社蔵）

文献紹介

今泉鐸次郎『河井継之助伝』（昭和六年、目黒書店　※初版は明治四二年）

越後国（新潟県）長岡藩牧野家は譜代大名七万四千石。河井継之助（一八二七～一八六八）は重臣の家に生まれ家老職を務めた。若くして備中《びっちゅう》（岡山県）松山《まつやま》の山田方谷《やまだほうこく》に学び、長崎にも遊学した。慶応四年（一八六八）の戊辰戦争に当たっては、江戸で新鋭の大砲・小銃を購入、軍制を刷新する一方、藩主牧野忠訓《ただくに》をして中立を唱えせしめたが、新政府軍の接近により態度決定を迫られ、五月二日小《お》千谷《ぢや》の慈眼寺《じげんじ》にいた軍監岩村高俊《いわむらたかとし》（土佐藩士）を訪ねて趣旨を弁明したが容れられず、談判は決裂した。その後一旦政府軍に占領された長岡城を、継之助の周到な計画のもとに再び奪還したが、その際に負った傷がもとで八十里越《はつじゅうりごえ》を経て会津に退く途中、陸奥国（福島県）大沼郡塩沢《しおざわ》村で没した。その生涯を描いた名著で、地元目黒書店から刊行された。

著者今泉鐸次郎は明治六年生れで、地方紙記者などを務めた郷土史家。明治四二年（一九〇九）に初版が刊行され、四回の増刷を経て昭和六年（一九三一）年、増補改訂版となった（目黒書店版）。刊行以来五十年、入手不可能となり昭和五五年（一九八〇）年復刻版が東京の象山社から発刊された。値段は一万二千円もしたが売れたという。筆者が入手したのは長岡市の古書店の書棚で目黒書店版である。司馬遼太郎の『峠』は河井継之助を描いた作品である。司馬の没後私邸は記念館となり膨大な書籍が収められた書斎は一般公開されているが、二階まで突抜《つきぬけ》の書庫には『河井継之助伝』がしっかり収まっていて、熟読吟味して河井の生涯を描いた同書を執筆したことが判る。

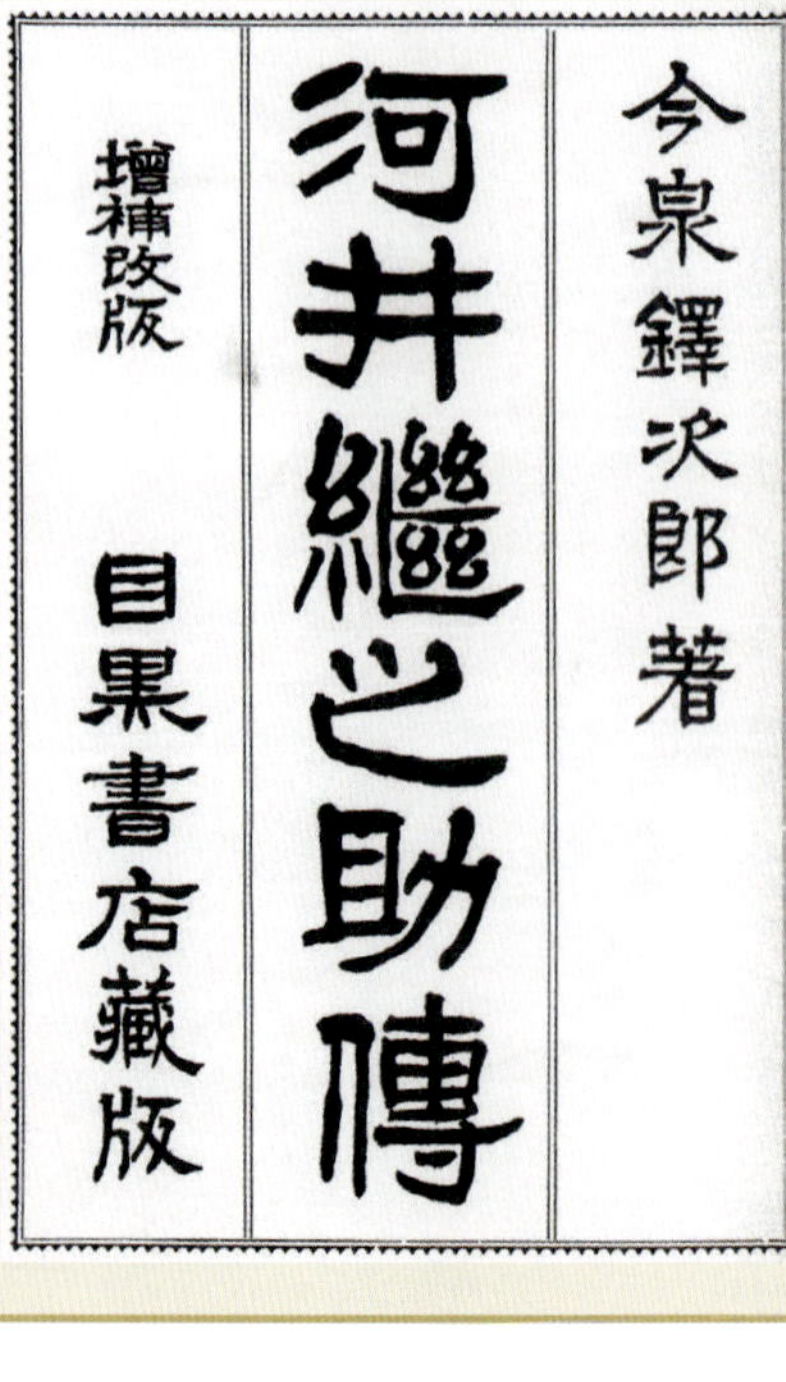
今泉鐸次郎著
河井繼之助傳
增補改版
目黒書店藏版

今泉鐸次郎『河井継之助伝』

文献紹介

阿部俊夫

『写真で探訪戊辰戦争史跡　維新黎明慶應四年　日光口探訪記』

著者は今市出身の銀行マン。同市出身の田辺昇吉氏の著書から大きな影響を受け小林友雄氏の著書も読み触発された。退職後下野各地の戊辰戦争史跡を本格的に探訪し、その成果を平成二一年（二〇〇九）に上梓された。カラー印刷で県内各地に残る墓所が地図入りで紹介されていて、史跡案内の決定版といえる。私も同書から啓発を受け、時間が許せばもう一度見て回りたいとの刺激を受けた墓所が何か所もある。私家版であり、市販されてないが県内各地図書館に収蔵されているから関心のある方にはご一読を薦める。

ただ難点をいえば校正不十分のまま出版を急いだようで誤字脱字が沢山ある。正誤表を追加されたが、それを最初に確認して読まれると良い。

人物紹介

戸田三男《とだみつお》（1842～1923）

家老戸田光利《とだみつとし》（生年不明～一八六四）の三男で明治三年（一八七〇）頃までは内匠《たくみ》を名乗った。以降三男《みつお》と改名するが、天狗党に加盟し死去した次男光形《みつがた》に代わって家督を相続している。兄への配慮のためか「光」の字は使っていない。しかし父光利の墓碑には「戸田内匠光一建之」とあり、一時期は光一を名乗ったのかもしれない。戊辰戦争では藩隊を率いて活躍し、明治七年には「戊辰之役戦士墓」の建碑建立発起人の筆頭を飾った。維新以後は旧藩士で結成した宇都宮信友会総裁を務めたり、徳田浩淳『宇都宮郷土史』には「明治三年、旧藩士戸田三男、宇都宮町で初めてギヤマン（ガラス製品）店開催」とあるから、士族の商法に転じたのかもしれない。戸田家墓所は市内西原の報恩寺にあり、遺族は現在、静岡県焼津市に在住。

戸田家墓所（左手前が戸田三男墓）

コラム

Column

山本帯刀を捕縛せる旧宇都宮藩士戸田三男の談

今泉鐸次郎『河井継之助伝』(昭和六年版)に山本帯刀を捕縛した戸田三男の談が記されている。名文なのでそのまま紹介しよう(傍線は筆者)。

(九月)八日朝七時頃濃霧に乗じ、飯《にい》寺《でら》村に進軍す。会津勢は右方より、長岡勢は左方より西軍を挟撃し、市川隊は後方より来援する計画なりしに、右方の会津勢、先ず敗れて敗走せしも、陰霧冥漠《いんむめいばく》(黒い霧で前がはっきり見えないこと—筆者)、長岡勢は之を覚《さと》らず、会兵を一ノ関に追撃して引返せる西軍を市川隊の来援と誤認し、諸隊直進、遂に其の包囲する所となりて、士卒驚愕《きょうがく》四散、山本帯刀を始め十数名、西軍の縛《ばく》する所となり、長澤金太郎等十数人戦死せり

山本帯刀を捕縛せる舊《きゅう》宇都宮藩士戸田三男(当時大隊長)の談に依れば、長岡勢を生捕りたる後、其中に重役山本帯刀《たてわき》のあるを知り、其処分方を軍監中村半二郎(桐野利秋)に稟申《りんしん》せしに、山本は越後口より入りたる軍監に引渡し、他は斬首《ざんしゅ》せよとの命令なれば、宇都宮五番隊の手にて、山本には一人の兵を附添《つきそ》はせて其手続をなし、他は不《ふ》憫《びん》ながら之を決行したり。是に先《さきだ》ち、一同は何事か歎願せんとする模様なりしも、事の成らざるを察したるか、見合せたり。其態度頗《すこぶ》る沈着にして、且つ服装佩刀も立派なりし。最後に臨み、一同唯だ一言せるは、各自所持する所の軍用金あり、之を貴藩に提供す、相当の費用に充てられんことを乞うと。余《よ》其《その》意《い》を領し、合計金二百両余を請取り、帰藩の後、評議の結果、此金にて東軍戦死者の墓地を整理して建碑することとなし、尚ほ有志の賛成を得て之を竣功せりと。又曰く、長岡勢の武具は、藩の武具掛《かかり》に引渡せしが、山本の分は大に目立ち、銀の半太刀造り、刀身は見事なるより、特に藩主戸田子爵《ししゃく》の手元に差出せしが、其の後、右の名刀は白鞘となし、招魂社に奉納せしも、同社には倉庫なき為め、国幣中社二荒神社の宝蔵に依託せり。招魂社宝物台帳に『一、白鞘刀 長岡藩山本帯刀生補之節携劔《けいけん》、但無銘、長二尺七分、小身四寸三分、目釘孔《めくぎあな》二』と記しありて、中には正宗ならんと云へる者もありと。石碑は今に存し、東軍戦死者の墳墓と共に、香華を供するもの殆んど絶えずといふ。

戸田三男は「戊辰之役戦士墓」の建碑に際し、このことを誰にもいわず名前だ

け記した。戊辰後七年しか経ておらず、維新政権が創られつつあった時代、口外はばからざるを得なかった政治状況下であったかも知れないが、私には敵の墓を建てるという約束を果たした戸田の心持ちをくみ取ると、志士仁人の精神を貫いた人物と考えられる。志士仁人とは身を犠牲にして国や社会のため尽くす高い志を持った人と一般的には解釈されるが、仁の精神で相手を慈しむ姿勢を貫いたと評価できよう。また旧幕府軍兵士墓は「戦死墓」と普通呼ばれるが、「戦士墓」としたところにも「敵ながらあっぱれ」という心持ちが込められ尊崇の念を込めて建碑したとと思える。

　宇都宮藩の戊辰戦役は、時代後れの旧式兵備、指揮能力の欠如等々、様々な問題点を指摘されるが、私はこの一点を以て武人の面目を発揮したと後世に誇るべき精神と評価したい。

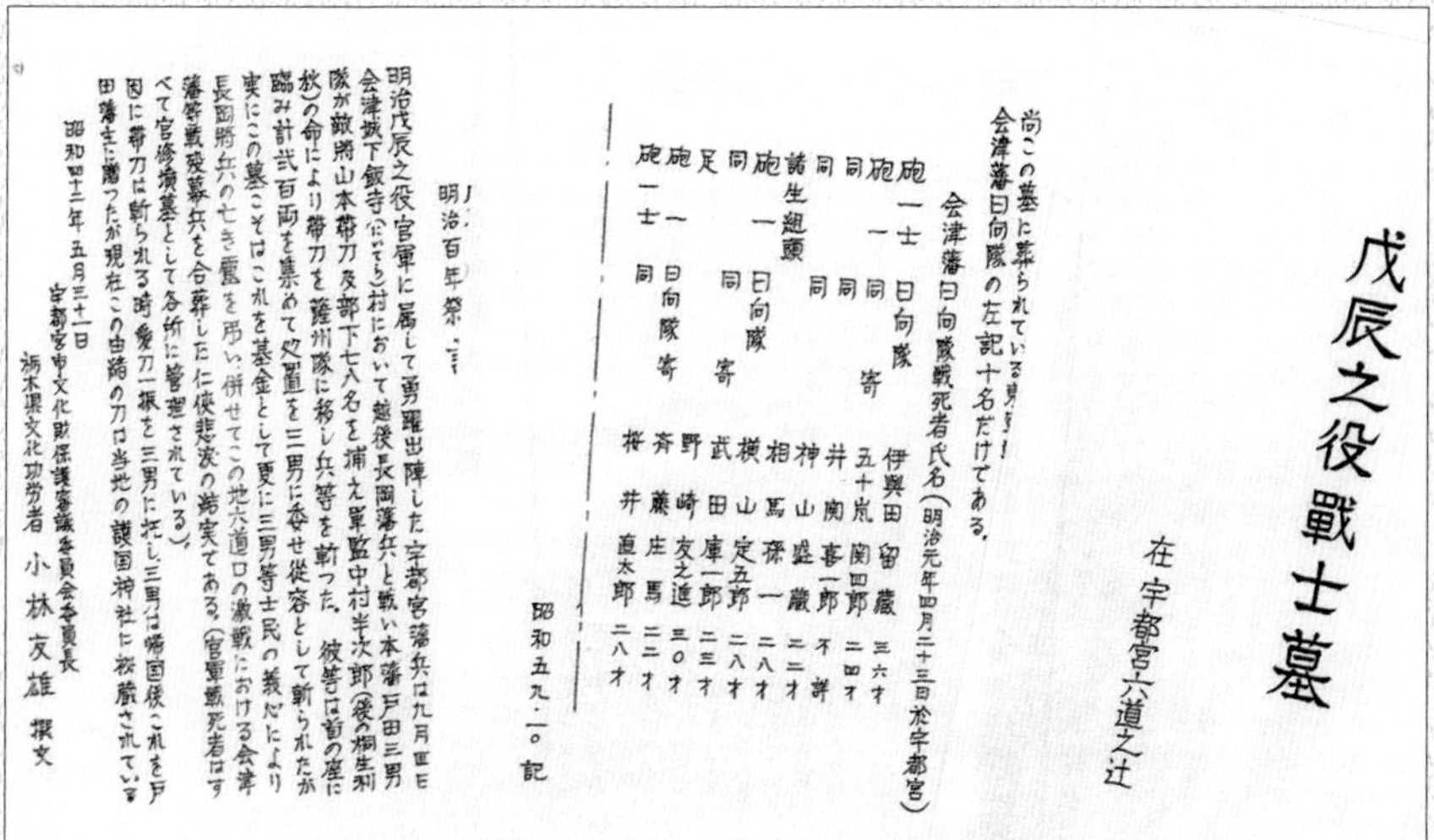
戊辰之役戰士墓

在宇都宮六道之辻

尚この墓に葬られている勇士!
会津藩日向隊の左記十名だけである。

会津藩日向隊戦死者氏名(明治元年四月二十三日於宇都宮)

砲一士	日向隊	伊與田留藏	三六才
砲一	同　寄	五十嵐関四郎	二四才
同	同	井関喜一郎	不詳
同	同	神山盛藏	二二才
諸生組頭		相馬孫一	二八才
砲一	日向隊	横山定五郎	二八才
同	同　寄	武田庫一郎	二三才
足		野崎友之進	三〇才
砲一	日向隊　寄	斉藤庄馬	二二才
砲一士	同	桜井直太郎	二八才

昭和五九・一〇　記

明治百年祭

明治戊辰之役官軍に属して勇躍出陣した宇都宮藩兵は九月四日会津城下飯寺(にいでら)村において越後長岡藩兵と戦い本藩戸田三男隊が敵将山本帯刀及部下七八名を捕え軍監中村半次郎(後の桐生利秋)の命により帯刀を薩州隊に移し兵等を斬った。彼等は首の座に臨み計弐百両を集めて処置を三男に委せ従容として斬られたが実にこの墓こそはこれを基金として更に三男等士民の義心により長岡将兵の亡き霊を弔い併せてこの地六道口の激戦における会津藩等戦死幕兵を合葬した仁侠悲壮の端実である。(官軍戦死者はすべて官修墳墓として各所に管理されている)。因に帯刀は斬られる時愛刀一振を三男に托し三男は帰国後これを戸田藩主に贈ったが現在この由緒の刀は当地の護国神社に秘蔵されています

昭和四十二年五月三十一日
宇都宮市文化財保護審議委員会委員長
栃木県文化功労者　小林友雄　撰文

地元民が著した「戊辰之役戦士墓」(昭和 59 年)
判明した戦死者 10 名の名前も記載

コラム
Column

山本帯刀従卒渡辺豹吉の最期

飯寺《にいでら》で捕らえられた山本帯刀の最期はもの悲しい。そして処刑される最期まで付き従った家士（山本家に仕える家来）豹吉《ひょうきち》の忠節ぶりもまた涙を誘う。以下、この場面を描いた二著を紹介する。今泉鐸次郎『河井継之助伝』（昭和六年版）は読者には読みにくい用語も多々あるが名文なのでそのまま引用する。

斯《か》くて帯刀等は、宇都宮藩兵に護せられて飯寺に在る西軍の本営に送られしが、其夜軍監三宮幸庵、藤田四郎、淵辺直右衛門及び薩長の諸将列席の上、山本を糺問《きゅうもん》す。帯刀、従容自若《しょうようじじゃく》（ゆったりと落ち着き物事に動じない）長岡藩が兵を起こすに至れる理由を述べ、暗に薩長諸藩の行動は、矯勅《きょうちょく》（偽りの詔）の疑ひありとなして、昂然《こうぜん》（意気を揚げて）屈せず。西軍の諸将、其有為《ゆうい》（才能のあること）の人物なるを惜み、交々降服を勧むと雖も、山本は、断固として之を拒みて曰く、吾は藩主の戦を命ずるを聞けるも、未だ降服を命ぜしを聞かずと。遂に斬らる、年二十四。帯刀の家士豹吉、帯刀と同庚（同年）、幼より帯刀に奉侍し、恰も影の形に随ふが如し。乃《すなわ》ち乞ふて曰く、下僕、命惜むに足らずと雖も、主人帯刀の遺骸を空しく原野に曝すは忍びざる所なり、願わくば之を埋葬し、然る後に死を賜はらんことをと、哀願已まず。然《しか》れども遂に許されずして亦斬らる。伝ふ、豹吉涕泣《ていきゅう》して西軍に乞ふて云く、今宵主人の傍に在りて、今生の看護を為したし、是れ下僕最後の願なりと。諸将其忠を憐みて、之を許す。夜に入り、寒風骨を徹す、而も帯刀は身体疲労、夢を結んで前後を知らず。豹吉、双手を縛せられて、身体自由を得ずと雖も、両足を以て毛氈《もうせん》類を引寄せ、之を主人帯刀の身体に被せて寒気を防ぐ等、終夜看護に労し、見るものをして暗涙に咽《むせ》ばしめしといふ。

※（　）内の表記は筆者

心を打たれた小林友雄氏も著書『宇都宮藩を中心とする戊辰戦史』（昭和四五年）に次のように記した。

かくて捕えられた兵たちは宇都宮藩の兵によって斬られ、隊長山本帯刀はその従卒と共に薩藩の本営に送られて九月八日のころに斬られた。その時のことが、長岡藩では今なお涙ぐましい美談として次のように伝えられている。

捕えられた帯刀主従は、隣りあった樹木にきびしく縛りつけられていたが、時は旧九月会津の秋はすでに寒く、夜ともなれば従兵は体にかけられていた蓆のようなものを足で引きずりおろして帯刀の体にかけてやるなど、やがて訪れる首の座を前にして互に深い信頼と慰めの眼を交していた。

　いよいよ首の座に引かれた時、さすがに名門の光をたたえて悪びれもしない帯刀の姿を目前にして敵ながらも深く惜しまれ―どうだ降参してわれらの軍に加わる気はないか―などとすすめたが、彼は微笑をたたえながら―藩侯からは戦えといわれたが降参せよとはいわれなかった―とかたく好意を断って従容として斬られた。年未だ二十二歳。

　従兵の名は渡辺豹吉。初め二人が首の座に引き出された時、主人帯刀の態度に比べるとあまりにも違い、一見卑怯と思われる態度に出て、帯刀より先に斬られようとした時、―おれは武士ではない。取るに足らぬ下男奉公の身だ。どうか命ばかりは助けてくれえ―と泣かんばかりに訴えるではないか。

　あまりのことに処刑人らはこれをいぶかり、これを嘲笑しながら、ともかく後回しにせよということになって帯刀が先に斬られたが、その時豹吉は合掌してこれを見守りながら、その堂々として斬られた姿を拝し終わると、その死体のあとかたづけを請うて、かいがいしく始末し終る。と、その時、今までの女々しげな態度がたちまちにして消え失せ、にわかに開き直って一同を見廻しながら―先ほどの虚言お許し下されい。何を隠そう、拙者は武士でござる。郷国を出づる時、主人の最期を見届けることを堅く誓った身、先に斬られては破約の罪を作ることに相成る。しかしここですべては終った。すみやかに主人の跡を追いたいから、一刻も早く斬ってくれ― と首をさしのべ悠々として斬られたという（長岡市、高島一男氏談）。

　まさに清冽にして凄然、随夫＊をして起たしむとはこれであろう。

＊随夫＝家来をして奮い立たせる、という意味の「随身」という言葉はあるが、随夫は不明。

『週刊新潮』（1999年11月17日号）

　豹吉の最後について両者の描写について差異がある。小林氏は長岡の高島一男氏から聞き取りをし掲載した。より美しく描かんとするための違いかもしれないが、どちらにせよ胸を打ち、この場面はいくつかの時代小説にも紹介されてきた。

トピックス
Topics

長岡藩兵と遭遇した飯寺での状況—宇都宮藩側の記録—

九月八日、飯寺での遭遇と長岡藩兵捕縛を記した史料がある。宇都宮藩が新政府に提出した報告書であるが、どう記されているか。

（表紙）

「　会津戦争記　」

（慶応四年六月）藤原・大原辺屯集之賊徒《ぞくと》為追討《ついとうのため》、当廿五日早天ヨリ肥前兵隊一同出張、大砲二隊ト高徳口へ発向、（中略）辰九月八日飯寺村ニおゐて戦争之節怪我人左之通り

一、薄手　戸田内匠隊大橋亘理
一、同　軍事局下役松沼堅次
一、深手　七番大屋五左衛門・
一、同　二番角田十郎・野沢湧之丞隊
石原鑑次郎隊　太田順吉
長谷川直七

（原文は一段書、以下同）

右之通御座候、以上

九月八日

宇都宮藩
戸田小膳
戸田内匠

まず宇都宮藩兵は敵兵を簡単に捕まえたのではなく、八名が負傷し、内六名は重傷を負った。少々の小競り合いがあったのであり、濃霧の中ではあったが必死に捕まえたのである。

一、高弐千石　長岡藩　山本帯刀、
一、同百石　山本帯刀家来渡辺三平
一、米拾六俵　安田大太郎、

一、高七拾五石　寺田善右衛門
一、同三拾五石　松井松五郎、
一、同四拾石　長門九郎右衛門
一、　篠崎重右衛門
一、　岡本勘十郎
一、同三拾五石　中川音三郎
一、同百石　銃隊頭千本木章吉
一、米弐拾俵　銃隊頭鍬沢弥五郎
一、　中間　辰次
一、米拾五俵　足軽　吉田重太郎、
右者生捕之もの名前如是御座候、以上
辰九月八日
軍事局

分捕覚
一、小銃　弐拾挺
一、鎗　壱筋
一、刀　弐拾弐本
一、脇差　七本
一、胴乱　拾壱
一、差図旗　壱本
右之通御座候、以上
辰九月九日
宇都宮藩
戸田小膳
戸田内匠

大内宿（福島県南会津郡下郷町大内）
大内宿は焼き打ちに遭う寸前、名主阿部大五郎が両軍の将に懇願し、焼亡を免れたといわれ、旧街道宿場町の面影を今に残す。

山本帯刀他一二名を生捕りにしたあと、武装解除をさせ小銃・鎗・刀・脇差し等を捕獲している。徳田浩淳『宇都宮郷土史』の「藩人名帳」（幕末期）によれば、戸田小膳は「御番頭、高六百五十石」で藩士中禄高は二位、戸田内匠は「御取次列、高四百石」で四位という最上級武士であり、両戸田が宇都宮藩兵のリーダーであったことが判明する。なお内匠は後に三男と改名し、「戊辰之役戦士墓」の建立人物の一人であることは前述した通りである。

昨八日朝四時前、若松近郷飯寺村宿陣所南ノ方ヨリ賊徒俄ニ襲来、中津並弊藩番兵ニテ暫時打防候内、諸隊応援、津川之方へ追打候処、賊徒狼狽散乱仕候、弊藩手負打取、分捕、生捕等委細別紙ニ申上候、此段不取敢御届申上候、

以上

辰九月

宇都宮藩

戸田小膳

戸田内匠

「戦死二十四人墓」（大内峠）

宇都宮藩士大沢富三郎ら二四名らが葬られた新政府軍兵士墓所。明治四一年（一九〇八）九月建立。最初は別な場所にあったが、大内ダム建設で現在地に移転。なぜ官修墓でないのか疑問に思われる方もあろうが、それは戦死者がそれぞれ国元で官修墓とし祀られていたからである。大沢の墓所は宇都宮市塙田、慈光寺にある。

覚

元長岡藩長沢金太郎

一、首級　壱　八嶋雄吉

同鳥居藤太郎

一、同　大屋真亀太

同増井録兵衛

一、同　内藤鏗《こう》之助

同山本敬太

一、同　加藤鎬之進

同桑田安作

一、同　古川和太夫

同山本帯刀家来

一、同　本多七郎

同山口辰次郎

一、同　保田織之助

同名前不知

一、同　伊藤房之助

同雨宮兵吉

一、同　小湊熊六

同長島兵八
一、同　　弐番隊之内
同大高兵太郎・山本帯刀従僕
一、同　　七番隊之内
右之通討取申上候、以上
辰九月九日
宇都宮藩
戸田小膳
戸田内匠
『宇都宮市史』第五巻近世史料編Ⅱ）

しばしの防戦や宇都宮藩兵も怪我を負い、濃霧の文言はないが敵兵が狼狽しその中で生け捕られたことが記されていて、『河井継之助伝』の叙述は間違いない。問題はその後の「八嶋雄吉」の部分だ。これをどう解釈するかだが、さきほどの「藩人名帳」をみれば二人目の大屋真亀太は「御床几廻り　十両三人扶持」、次の内藤鏗《こう》之助は「一番隊編入　二人扶持」とあるから、首をはねた宇都宮藩士であったことが判る。ここに山本帯刀が出てこないのは、さらなる上級機関がかかわったからであろう。結局、宇都宮藩は一一名の長岡藩士を処刑するが、処刑は藩士一人がそれぞれ一人を担当したことが判る。ただし、公的な報告書であるが故に、長岡藩士より二〇〇両を差し出された等のことは勿論一行も記されていない。公文書はこのような性格のものと考えて読まなくてはならない。

「戦死四十人墓」（会津美里町関山）
氷玉峠から関山までの戦いで散乱していた会津藩兵士らの遺体四〇柱を地元民らがまとめて造墓した。建立年不詳。

トピックス Topics

近年、新たに作られた安塚の碑—平成二七（二〇一五）年四月—

宇都宮市と壬生町の境界を姿川が流れ、旧栃木街道の淀橋を渡るとすぐ左手に「戊辰役戦死之墓」が建つ。大谷石のためか永年の風雨で脆《もろ》くなり、一部は剥落して読めないところもある。近年、地元住民により雨覆いが掛けられ、新たにここで死去した三四名の幕府軍死者名を記した墓碑が建てられた。全文を記そう。

鎮魂　戊辰戦争・安塚の碑
幕府軍戦亡者氏名（三十四名）
浅野金之助　伝習第二大隊歩兵小頭
伊三郎　伝習第二大隊歩兵
岩吉　〃
江川征十郎　伝習第二大隊歩兵小頭
遠藤権之助　〃
音吉　伝習第二大隊歩兵
音蔵　〃
嘉助　〃
亀吉　〃

金次郎　〃
小八　〃
佐吉　〃
定吉　〃
庄二郎　〃
新之助　伝習第二大隊歩兵小頭
清吉　〃
千蔵　伝習第二大隊歩兵
高橋銈之助　伝習第七連隊中隊長
多助　伝習第二大隊歩兵
辰五郎　〃
忠二郎　〃
長吉　〃
常吉　〃
恒二郎　〃
常之助　〃
藤吉　〃
友二郎　〃
八蔵　〃
林富士太郎　〃

弁吉　〃
芳二郎　〃
力蔵　〃
米澤昌平　大鳥圭介軍付
（会津藩士二十九歳）
神山金次郎　幕府新任官隊
（桑名藩士二十三歳）
以上
結合　ヒストリアン倉金信正
平成二十七年四月
奉納・施工（有）カワショー　刻料戊辰
基金より
戊辰戦役之碑
保存事業完成記念
平成二十七年四月　安塚一自治会
事業尽力者
〔保存処理〕
栃木県埋蔵文化センター、壬生町歴史

民俗資料館
〔寄贈　土留工事一式及び案内版作成〕
神興機械サービス株式会社　代表取締役
社長　仲田七郎
〔奉納　完成記念　寄贈石材製品〕
有限会社　カワショー　代表取締役社長

小川　正
〔奉納　御堂銅板屋根施工一式〕
佐藤医院　院長　佐藤恵子、嶋田医院
院長　島田克己
〔奉納　案内版取付台座設置〕
松本石材店　代表　松本富夫

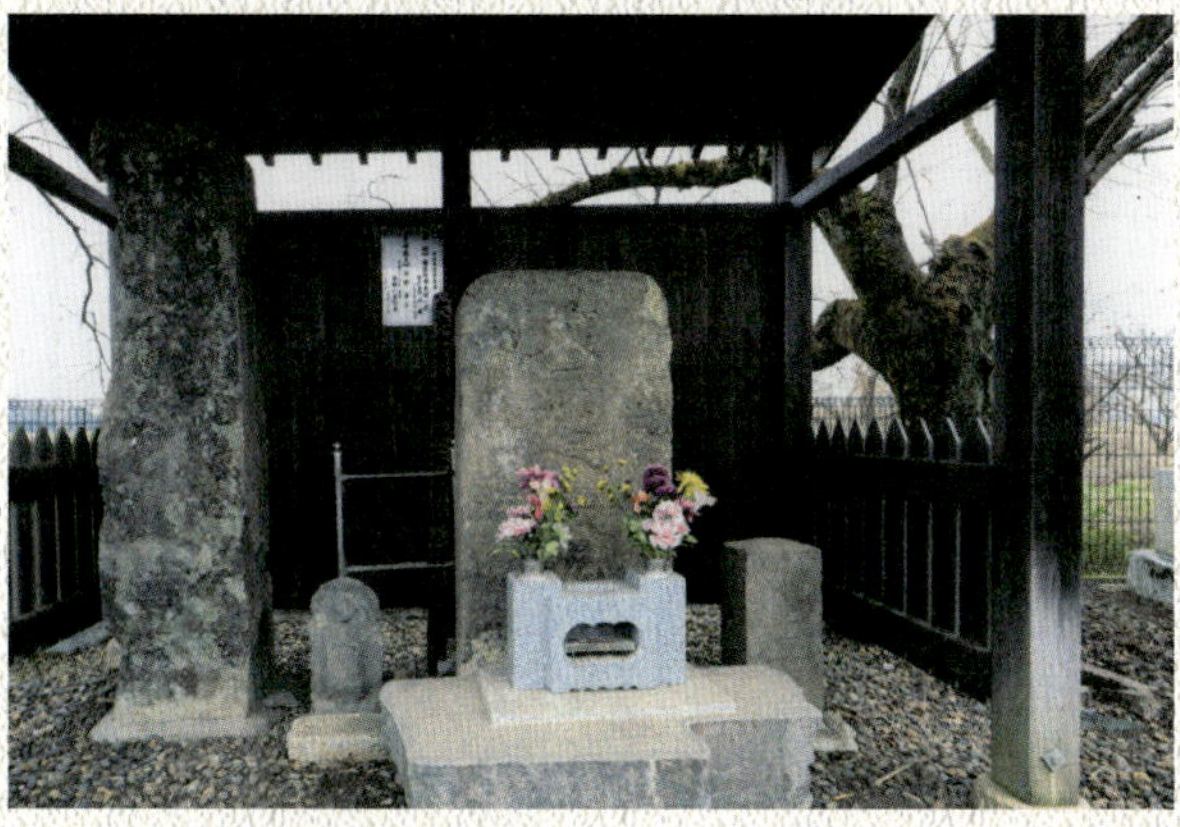

〔永年功労〕
矢倉市太（初期整備実施者）　亀井久夫
〔敷石提供〕
佐久間信男　鈴木郁夫　中村朋子
篠原　守　小林弘美　小野崎正雄
〔奉仕作業〕

成見 安 戸室満明 矢倉一男
鈴木日出夫 中村正明 浜野敏夫
福田 誠 益子秀洋 樋口弘隆
安納三郎
この事業にご協力を頂きました全ての
皆様に心から感謝を申し上げます
会長 篠崎正美
奉納 施工石材（有）カワショー
文字刻料 戊辰基金より

迂闊《うかつ》にも私が新しい碑を知ったのは令和五（二〇二三）年四月、新幹線の車内誌『トランヴェール』が下野の戊辰戦争を特集に組むべく、カメラマンとライターを現地案内に出向いた際であった。全国各地の戊辰戦争事蹟は旧著を執筆するために二〇数年前に歩いたが、当時において無名の幕府軍戦死者名を記した碑は皆無であった。そういった体験故、新しい碑が地域住民によって建てられたことは驚き以外の何物でもなかったが、戊辰戦争に対する地域住民の歴史意識の高まりを感じざるを得なかった。事業尽力者を見れば官民一体となって行われたことや当時は同地域内で新政府に宿を提供した側と旧幕府軍墓所を秘かに築造した側に立った者が今回は分け隔てなく旧幕府軍戦死者の慰霊と顕彰という一点で一致し出費したことが判る

ところで旧幕府軍戦死者の調査はいつ頃から始まったものだろうか。全貌が明らかになったのは昭和六一（一九八六）年のことである。明田鉄男編『幕末維新全殉難者名鑑』（全四巻、新人物往来社）に安塚の戦いにおける旧幕府軍戦死者三四名の氏名が掲載されているからである。だが、この出版が初めての調査かといえばそうではなく、旧幕府軍戦没者の

維新動乱期殉難者一万八千七百七十二人の全事歴を収録
幕末維新全殉難者名鑑
明田鉄男編
全四巻
本書の特色
◉勤王佐幕、東軍西軍等の差別を廃した。
◉調査は、現地に行き、関係市町村教育委員会、県郡市町村史編纂部局、図書館、博物館、郷土資料館、郷土史研究家に面接調査。
◉収録対象は、嘉永六年（一八五三）から廃藩置県の明治四年（一八七一）まで。
◉『靖国神社忠魂史』（昭和十年・靖国神社編）と『戦亡殉難志士人名録』（明治四十三年・史談会編）を足した人数より二千五百四十三人多く収録。
◉維新史の壮大な歴史的流れを把握しやすいよう年次順、事件別に配列。
◉「各藩の要目と掲載ページ」、「五十音順索引」、「異名一覧」、さらに史蹟踏査のための「旧地名現代表示一覧」を付した。
A5判 豪華函入
定価各巻9800円
◉推薦者
時野谷勝
松平勇雄
奈良本辰也
松下幸之助
小西四郎
綱淵謙錠
第一巻 幕末編Ⅰ
第二巻 幕末編Ⅱ 戊辰戦争編Ⅰ
第三巻 戊辰戦争編Ⅱ
第四巻 戊辰戦争編Ⅲ 新政編
新人物往来社
明田鉄男編『幕末維新全殉難者名鑑』

最初の本格的調査は史談会編纂『戦亡殉難志士人名録』〈明治四一年（一九〇八）〉の発刊を嚆矢《こうし》とする。同書は歴史家が新政府軍関係者しか氏名が明らかにされてない状況を憂い、嘉永元年（一八四八）より明治二三年（一八九〇）までの殉難者を出来うる限り調査して掲載したものである。史談会は同時にこの間の殉国志士の英霊弔慰会を明治三九年（一九〇六）六月二三日に実施したが、同書には「旧幕府軍」との用語は一つも使用されず、「国事上ノ問題ニ基因」した「戦亡殉難志士人名録」を編んだとして、戊辰戦争では初めて旧幕府軍戦死者名が記載された。当時の政治状況下ではまだ使えなかったのであろうが、栃木県については同四九頁に「徳川氏臣属」として伝習隊・純義隊・工兵隊・新撰組《ママ》に属した一〇〇名の名が「明治元年戊申四月二十二日下野安塚、二十三日宇都宮ノ戦闘ニ於テ戦死ス」と記されている。これが契機となり、以降各地で懸命な調査が進み七八年かけて当初に紹介した『名鑑』の刊行に到るのである。

　弔慰会が開催される前年の明治三八年八月末、日露戦争講話反対運動の盛り上がりの中で、日比谷焼打事件がおこった。政府が進める講話に不満な数千の民衆が警察署等を襲撃した事件である。今日の研究ではこの事件が大正デモクラシーの発端になったとの見解が主流である（松尾尊兊『大正デモクラシー』）。大正デモクラシーとは大正期に高まった自由主義・民主主義的風潮で、民本主義思想や普通選挙運動の拡大、社会・労働運動や自由教育運動の活発化などを指す。

　弔慰会はその一〇ヵ月後に開かれた。私はこれも大正デモクラシーの流れの中で解すべきだと考える。どんな戦争でもその死者は平等に弔うべきだとする考えが公的に広まった時期と理解できよう。安塚の戦死墓は建碑後一三五年を経て町民の手により死者名が刻まれたのである。以て瞑すべしである。

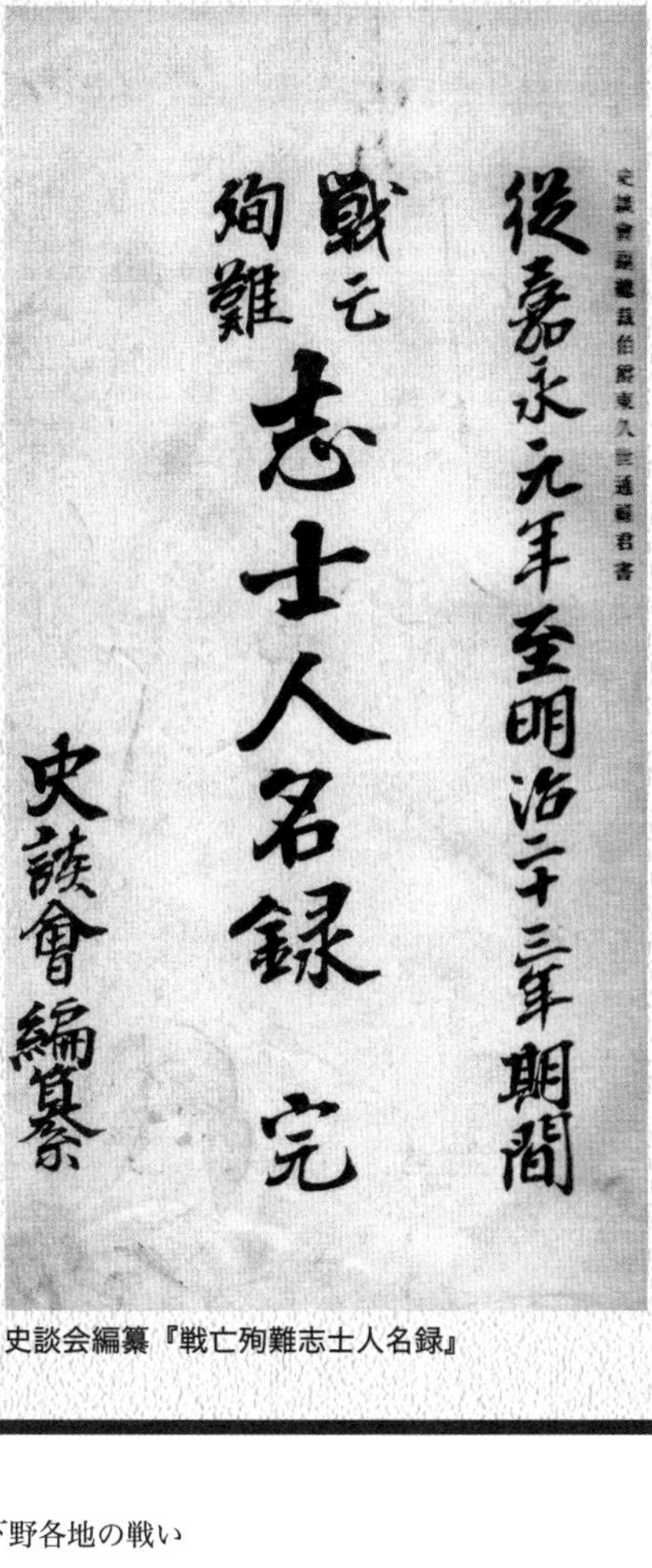

史談会編纂『戦亡殉難志士人名録』

トピックス Topics 戸田内匠改め三男と戸田家について一

藤田好三藩『宇陽風流郷鏡《うようふうりゅうさとかがみ》』（平成二〇年、しもつけの心出版）には氏が蒐集した「藩老戸田光利関係資料」一〇〇点余が収められている。掲載資料を解説すべく、静岡県焼津《やいづ》市在住の遺族を探し出すなどの調査を敢行し、その成果が掲載されている。藩老とは辞書にない言葉で藩の要職という意味であろうが、幕末に三《さん》男《なん》の内匠《たくみ》は（後三男《みつお》と改め）が高四〇〇石取りで宇都宮藩の「御取次列」を務め、次男と推定される光形《みつかた》は天狗党の乱に際し、脱藩して加盟し戦死している。戸田家の墓所は市内報恩寺にある。

父戸田光利《みつとし》（生年不詳～一八六四）は藩主戸田氏が田原（愛知県）に築城以来の家臣で、宇都宮に転封してからは中老（准家老職）などの要職を務めた。江戸詰めが長く定府の重臣であったようだ。和歌を愛し歌稿「霞之和歌草《かすみのわかくさ》」や歌稿綴が残り、赤門《あかもん》で有名な慈光寺《じこうじ》の住職と推定される海禅《かいぜん》から指導を受けた。藤田氏によって「宇陽城下町歌留多《うようじょうかまちかるた》」と名づけられた城下四八町を詠んだ和歌が収められているが、以下の一首は光利作である。

うつの宮

いにしへはあづまえびすをうつの宮
猶《なお》安かれと守る武士《もののふ》

光形は、元治元年（一八六四）三月、攘夷の先鋒を期して水戸藩尊攘激派が筑波山に挙兵すると、宇都宮藩内でも動揺が起き一〇名が脱藩し天狗党に加盟したが、彼もその一員として加わった。戸田次郎（二七歳）、小山剛介《こやまごうすけ》（二四）、杉山粂之助《すぎやまくめのすけ》（不明）、中村平助（二〇）、星野徹之助《てつのすけ》（二五）、星野清次郎（二二）、堀貞道《ほりさだみち》（二一）、松本柳栄《りゅうえい》（二三）、松本亮之介《りょうのすけ》（三六）、水田録三《ろくぞう》（二一）である。戸田次郎が光形で、同年七月二八日常州磯浜《いそはま》（茨城県）で戦死している。

光利関係文書には内匠《たくみ》（三男《みつお》）が遺した戊辰戦争関係文書がある。「会津進撃戦争御届書　注進状　慶応四辰六月ヨリ至九月　九月十六日明治ト改元」の表題で、『宇都宮市史』第五巻近世史料編Ⅱに掲載の「会津戦争記」（宇都宮市明保野町、平賀三郎家文書）と同文のものである。しかし平賀文書の方は写し間違いがあり光利文書の方が原文と考えられる。維新当時、平賀家の当主は嘉久治《かくじ》で、旧《もと》は日光奉行所同心見習であった。戊辰戦争期に政府軍兵士として加わり、明治二年（一八六九）日光県官吏に採用され戸口掛《ここうかかり》を務め、以降同六年の栃木県まで勤務し続けた。その関係で同家に残ったのであり、光利文書が草稿と判断される。

藤田氏は「賊軍兵士が官軍兵士を祀ることが許されない時世に、三男《みつお》は山本帯刀から託された軍用金二〇〇両を使い有志の賛同を得て、地元民によって仮埋葬されていた旧幕府軍戦死者の墓地を調え建碑した」と記し、「当時墓を作ることさえ憚れた亡き兄光形への追慕の想いも籠められているようにも思える」とした。なお戸田次郎光形が名誉を回復し、靖国神社に合祀されたのは明治二二年（一八八九）になってからであった。

三男《みつお》の長子光治《こうじ》も父や伯父光形を尊敬したのか、戊辰戦争の記録「慶応年中下野騒動記」や水戸藩の内訌《ないこう》記録「水戸見聞実記」等を書き写していて、父三男や伯父光形への追慕の念が伝わってくる。その光治は二九歳の若さで亡くなった。

先年、墓参のために帰宇した遺族と藤田氏の仲介でお会いした際、私は戸田光利の子である光形と三男を旧来の封建的理念で評価すべきでなく、それぞれが時代状況の中、自己の信念で懸命に生きた人物と評した。

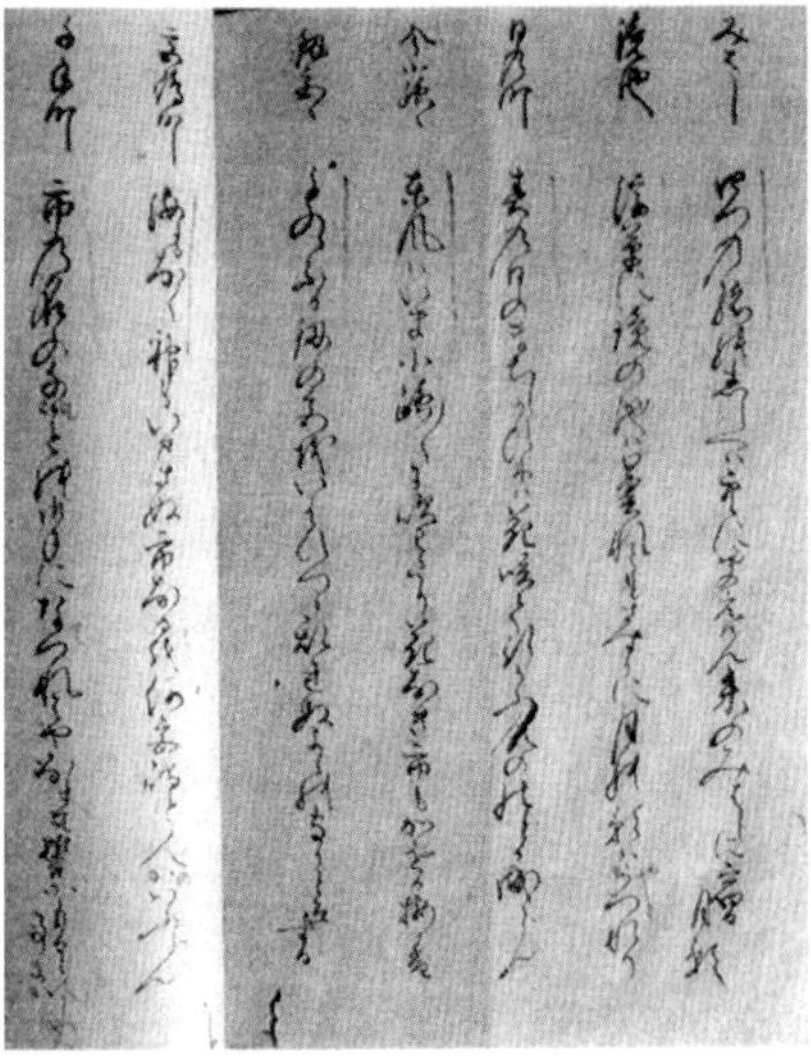

『霞之和歌草』（部分）

読み下し　※〈　〉内は解釈

みはし　四つの緒のしらべは空に聞えけん朱のみはしに宿る月影
〈釜川を渡るため架けられた橋。城主が二荒山神社に参拝するとき渡ったと言う。〉

鏡池　浮草に鏡の池は曇れどもさすがに月の影はうつれり
〈静御前が奥州への途次、宇都宮明神参詣のためこの地で手を洗い懐中の鏡を落とし、後でこの鏡が発見されたことに因る。池は現在埋め立てられて無い。〉

日の町　春の日のまちしかひには花咲きて行きかう人ののどか成るらん
〈蒲生秀行が宇都宮に移封のとき出身地の江州日野の商人が一緒に移り住んだことに由来。〉

今小路町　東風はいま小路〳〵に吹わたり花なき市もかをる梅が香
〈正純が町の割替をしたとき新たに小路が開かれたことに因る。〉

剣宮町　もののふの剣の宮をいはひつつ乱れぬよよの守りとぞする
〈剣宮稲荷の祠堂があった。江戸初期には藪地であったと言う。〉

宮嶋町　海もなく神もいまさぬ市なるを何宮嶋と人はいふらん
〈町の西東から川が流れ、附近に沼地が多く島のように見えたことが町名の起こり。〉

千手町　市の名の千もとの御手になづればやなして朁にもるる事かな
〈昔、東勝寺が建ち千手観音堂があったことに因る。〉

寺町　むつまじく軒を並べて世をそふるてらの市と言うべきものを
〈生福寺、法華寺、妙金寺などが並び門前地で古着屋が多かった。〉

藤田好三『宇陽風流郷鏡』より

III　下野戊辰戦争の特徴

Chapter 3　Shimotsukeboshinsensounotokutyou

慶応四年（一八六八）三月、下野国の情勢は緊迫していた。総督府は東海道・東山道《とうさんどう》・北陸道の諸道から東征軍を派遣し、東山道の政府軍は三月六日に碓氷峠《うすいとうげ》を越え関東に入った。いっぽう、関東の背後を鎮圧するために派遣された奥羽鎮撫使が仙台松島湾の着岸したのは一六日であった。これに対して「朝敵」とされた会津藩は、一五日山川大蔵指揮する一〇〇〇名の部隊を下野会津藩領と日光領境に派兵した。三月九日の下野梁田の戦いは、古屋佐久左衛門指揮する旧幕府歩兵部隊と東山道を下ってきた新政府軍の、関東における最初の軍事衝突であったが、敗北した古屋隊には会津藩士も含まれていたから、山川隊の下野進軍は関東地方に軍事圧力をかける目的があった。二五日、仙台・米沢両藩代表が会津若松に会し、会津藩救解《きゅうかい》について相談している。救解とは人の罪を救うために弁護するという意味であるが、両藩必死の恭順説得にもかかわらず、会津藩は頑強にはねのけ抗戦の姿勢をみせた。それゆえにこの時点の下野は、抗戦の意志を示し軍事圧力をかける会津藩と江戸進軍まぢかの新政府軍に挟まれていた。奥羽や会津藩領と境界を接する黒羽藩や大田原・宇都宮藩がいち早く去就《きょしゅう》を問われ、「奥羽・関東、咽《いん》喉《こう》の城地」の三藩が恭順派に傾斜したことが第一の特徴であった。戊辰戦争下、下野諸藩における三藩の出兵割合は六九パーセント、戦死者に至っては九一パーセントを占めた（次頁表参照）。

　三月六日、新政府軍が関東に入ると、上州《じょうしゅう》の広域にわたる世直し一揆に直面した。岩鼻《いわはな》陣屋の農兵取り立て端を発した農民の打ちこわしは、二月中旬以降、西上州一帯に波及していたが、三月に入ると伊勢崎《いせざき》などの東《ひがし》上州や沼田などの北《きた》上州に拡大していった。三月一一日、桐生新町《きりゅうしんまち》で起きた一揆では世

明治二年殉難義民の碑（足利市島田町・覚醒院）

下野各藩の出兵・戦死者数（大木茂「下野の戊辰戦争」『栃木県立烏山高等学校研究紀要叢生』二号より抜粋）

	藩　名	藩　主	出兵員（数）	戦死者（数）	賞典禄（明治2年）
1	茂　木	細川　興貫	67名	不詳	なし
2	喜連川	足利　縄氏	20名	不詳	150両
3	黒　羽	大関　増勤	417名	34名	15,000石
4	大田原	大田原勝清	527名	14名	5,000両
5	高　徳	戸田　忠至	25名	不詳	褒詞
6	烏　山	大久保忠順	346名	不詳	なし
7	宇都宮	戸田　忠友	1,661名	52名	10,000石
8	壬　生	鳥居　忠宝	360名	3名	2,000両
9	吹　上	有馬　氏弘	65名	4名	2,000両
10	佐　野	堀田　正頌	100名	2名	150両
11	足　利	戸田　忠行	189名	1名	150両

直し勢が下野小俣《おまた》村（足利市）に向かい、国境を固めた足利藩兵と誠心隊《せいしんたい》に追い返された。一揆拡大の背景には、総督府が村々に出した布告（三月八日付）があった。百姓一揆の原因は、民《みん》心《しん》を無視した幕府政治にあるとして理解を示したことである。農民に一定の譲歩をすることが進軍に有利と考えたためであるが、九日の梁田《やなだ》戦争直後には武州羽生《はにゅう》陣屋が新政府軍によって焼打ちされ、それを契機に広範な打ちこわしが発生するなど、呼応するかたちで世直しが勃発した。野州世直しもこれに連動した。三月二九日、宇都宮藩中老縣信緝《あがたのぶつぐ》が援軍を乞うべく武州板橋《いたばし》の東山道総督府に参上したその日、世直し一揆が石橋《いしばし》宿（安塚説もあり）で起き、四月上旬にかけ野州中央部に激しく吹き荒れた。一揆頭取に対し真岡《もおか》町で処刑を行ったように、新政府軍は厳しい態度で臨み、日光領では進駐していた会津藩士が日光奉行所役人とともに鎮圧に当たった。新政府・旧幕府軍双方とも、世直しと対峙《たいじ》し鎮圧に廻ったことが第二の特徴である。それ故に明治に入っても世直しや農民一揆は続発し、日光県が弾圧した梁田郡二四か村の農民闘争（梁田義民《ぎみん》）は悲劇的結末をもって終わるがその代表事例である（前頁写真）。

　四月一一日の江戸無血開城の結果、不満を抱く抗戦派が大鳥圭介《おおとりけいすけ》を将に抱き日光への進軍を決めた。これを追撃すべく新政府軍も数次にわたり兵を派遣したから、下野国内は南部から中央部、そして北西部が戦場となった。個々の戦闘で双方は勝敗を分けることもあったが、大別すると四月一六・一七日の小山の戦いから一九日の宇都宮城占領までは旧幕府軍の勝利、四月二二日の安塚の戦いから五月六日の第二次今市攻防戦にかけては新政府軍の勝利といえるであろう。従来、下野の戦争は研究者によってほとんど無視され、

富士見峠（日光市）

上野戦争から東北戦争へと説明されてきた。その傾向は今でも変わらないが、この点を大町雅美《おおまちまさみ》氏は鋭く批判し、「宇都宮城をめぐる攻防戦は、以後の指導権をめぐる焦点となり（中略）、戊辰戦争の核心はこの宇都宮城をめぐって、ひいては下野全域の攻防戦によって位置づけられる」（『戊辰戦争』）とした。下野の攻防を、以後の指導権をめぐる戊辰戦争の核心と評価したのである。私もこの位置づけを支持したい。

大町氏は上野戦争をめぐる原口・石井論争にも言及した。原口清《はらぐちきよし》氏は上野戦争を鳥羽《とば》・伏見《ふしみ》戦争に次ぐ意義を持ったと主張（『戊辰戦争』塙書房）したのに対して、石井孝《いしいたかし》氏は鳥羽・伏見、北越《ほくえつ》戦争に次ぐ意義を持ったとした（『維新の内乱』至誠堂、『戊辰戦争論』吉川弘文館）。この点についても、大町氏は鳥羽・伏見、下野の内戦に次ぐ意義と強調した。下野攻防が、その後の戦争に決定的な影響を与えたことが、第三の特徴である。

閏四月二一日、五月六日の二度の今市攻防戦、五月一五日の上野戦争で会《かい》幕《ばく》軍や彰義隊《しょうぎたい》は敗北した。この間の閏四月二五日から五月一日にかけ、新政府軍は凄《すさ》まじい追撃の結果、白河城を奪回した。それゆえ、この期間は下野攻防から奥羽戦争への移行期といえる。下野の占領地区は軍政機関である下総野鎮撫府《かそうやちんぶふ》の配下に入り、戦局は白河口へと漸進していった。藤原口の会幕軍は、守戦防衛の戦略にはいったため膠着《こうちゃく》状況にみえた。五月二日の大田原の戦いから八月下旬の三斗小屋《さんどごや》・横川の戦いまで、下野北部の戦争は確かに会津戦争の前哨戦《ぜんしょうせん》的意味を持っていた。これが第四の特徴である。

上野戦争後の二日後、下総野鎮撫府配下の兵によって真岡代官所が襲撃され、幕領支配は終焉《しゅうえん》した。六月三日には鎮撫府が古河《こが》から宇都宮に移され、翌日に下野国真岡知県事が設置され、下野幕領を支配した。占領地は軍政から民政に変わった。九月一日には、日光に出張《でばり》役所が置かれたように、日光が特別重視された。徳川家の聖地であり日光山が旧幕側の反抗拠点になりうるとの疑惑が持たれたこと、神仏分離を推進する必要性等からの施策であったが、やがて租税等の問題も浮かび上がり、下野最初の置県《ちけん》である日光県の開設につながっていった。これが第五の特徴である。

第六の特徴は戊辰戦争で活躍する新政府・旧幕府軍の指導者がほとんど登場することである。下野を舞台にした戊辰戦争では、旧幕府軍では大鳥圭介・会津藩士秋月登之助《あきづきのぼりのすけ》（本名江上太郎《えがみたろう》）・新選組土方歳三《ひじかたとしぞう》、さらに衝鋒隊《しょうほうたい》の古屋佐久左衛門《ふるやさくざえもん》、京都で坂本竜馬を暗殺したといわれる今井信郎《のぶお》、会津藩の山川大蔵《おおくら》、新政府側は近藤勇を下総流山で捕縛した上田楠次《くすじ》、軍史に名を刻む河田左久馬《かわださくま》、「トコトンヤレ節」の山国隊《やまぐにたい》、薩摩藩の伊地知正治《いじちまさはる》・野津《のづ》七次《しちじ》（道貫《みちつら》）・大山弥助《おおやまやすけ》（巌《いわお》）、土佐藩の板垣退助《いたがきたいすけ》・谷守部《たにもりべ》（干城《たてき》）・片岡健吉など明治時代の軍人・政治家の錚々《そうそう》たる人物が登場する。登場しないのは長岡藩の河井継之助《かわいつぐのすけ》や開陽丸で蝦夷地に向かった榎本武揚《えのもとたけあき》くらいである。その長岡藩とは下野戦争後、会津に出向いた宇都宮藩兵が遭遇し、河井亡き後のリーダーである山本帯刀《たてわき》を捕縛・処刑している。

第七の特徴は、下野に残した最大の影響といえる。地域と民衆に与えた傷跡である。下野における戊辰戦争が、地域と民衆にどのような負担や苦悩、そして行動をとらせたのかということを、さまざまな事例で紹介してきた。民衆の立場から戊辰戦争を捉えると、新政府軍の北上に最初は期待を寄せたが、それが情報操作であることを認識するのにさほど時間を要しなかった。人馬役や農兵・軍夫を両軍との関

大峠の石仏（那須塩原市）

係で見ても大差はない。兵火で見ると共に勝手気ままであったし、日光山麓の場合は新政府軍の方が多いし、会幕軍は退却に当たり全村焼打ちを蛮行した。同時に一部ではあるが焼失民への救済は双方が行っている。調査を増やすほどに気が滅入る事例とぶつかる。しかし同時に、人間への信頼を育んでくれる事実も二、三発見できた。新政府軍に加わった京都山国隊のモラルの高さ、村を焼かせないため軍夫に志願した瀬尾《せのお》村の事例、戦争終結を知らせ町の復興を勇気づけた大田原町の時の鐘、あるいは古刹の焼亡を憂えて歎願した塩原の事例、そして非業な死者を丁寧に葬る御霊信仰、いずれも民衆の暖かさに触れることができ、歴史の重層性を教えてくれた。また、宇都宮城下六道の辻の「戊辰之役戦士墓」建立の逸話は、宇都宮藩士と町民の隠れた美談である。

　下野の戊辰戦争を戦史の視点で見れば、両軍の間に軍隊の性格や兵士の士気、武器・戦術面でそれほどの差異はなかった。新政府軍の勝因は情報操作や兵隊数と弾薬量、あるいは輜重部門で上回ったことだが、裏を返すと、近世的秩序や倫理に代わる新しい戦争理念や軍隊秩序は、未だどちらにも育っていなかったのである。また軍事史的に見れば県北から北西部の地形を反映して山岳戦が展開されたことである。本文中で触れることができなかったけれども、八月二〇日、芸州《げいしゅう》藩士と会幕軍による日光富士見峠《ふじみとうげ》の戦いは、二〇三六メートルの高度である。さらに会津中街道が走る三斗小屋宿から大峠《おおとうげ》の戦闘も一七〇〇メートル以上の地域であった。国内の山岳戦としては歴史上特筆されるのではなかろうか。これが第八の特徴である。

　当然下野の地域に残した傷跡は深く、そのことは新政府関係者の認識するところであった。日光県知事鍋島《なべしま》道太郎《みちたろう》（幹《かん》）は、その惨状をたびたび政府に具申するところから県政をスタートさせた。

　自由民権運動の指導者板垣退助は、後の政治活動の原点が西洋思想ではなく、戊辰戦争の会津攻めにあり、民衆に支えられない権力がいかに脆《あやう》いかということを後世、再三にわたり論じている。この点に対して歴史研究者は疑義を呈し、民権運動の体験から戊辰戦争を振り返ったものとした。下野の戊辰戦争、なかでも最も激しく戦われた日光山麓の攻防は板垣率いる土佐藩兵が新政府軍の中核を担った。日光山参拝などでいくつかの美談は残るが、日光領民衆への不信と犠牲強要が戦術のベースにあった。私には板垣が負の行動から学び取った教訓ではなかったかと思えるのである。

Ⅳ 戊辰戦争年表

Chapter 4 Boshinsensounenpyou

慶応３年（1867）

月	下野国内の動き	全国の動き
一〇月		一四日　徳川慶喜、大政奉還を上表。薩長両藩主父子に「討幕密勅」（偽勅説あり）下る。 一五日　朝廷、十万石以上の諸侯を召集。 二一日　十万石以下の諸侯も朝召。 二四日　慶喜、将軍職辞表を提出。
一一月	一五日　足利・吹上藩、朝召を辞退。 一六日　壬生・佐野藩、朝召を辞退。 一七日　宇都宮藩、朝召を辞退。 一八日　大関増裕、京都へ密使を派遣。 二四日　寺社奉行戸田忠友（宇都宮藩主）、輪王寺宮に大政奉還を報告。 二八日　浪士隊、出流山に討幕の挙兵。	二三日　薩摩軍京都に入る。つづいて長州軍も二五日三田尻を出発し東上。
一二月	三日　大関増裕帰国。 九日　大関増裕急死。 一一日　出流の浪士隊壊滅。	八日　岩倉具視、三条実美、長州藩主父子ら赦免。 九日　王政復古のクーデター。 一二日　慶喜、二条城を出て翌日大坂城に入る。松平容保、松平定敬ら従う。 一四日　在京中の参与戸田忠至（高徳藩主）、朝廷の資金工作のため大坂城に赴く。 一六日　慶喜、大坂城で英・米・仏・蘭・伊・普の六国代表引見。 一八日　大目付戸川安愛「挙正退奸の表」を持ち入京す。 一九日　戸田忠至、挙正退奸の表を岩倉具視に取り次ぐ。

二五日　江戸三田の薩摩藩邸焼打ち。
二八日　慶喜、上洛を決意す。

慶応4年・明治元年（1868）

一月

九日　真岡代官、幕領から農兵取り立てを指示。
二一日　日光山領で猟師・用心鉄砲調べ。

二日　旧幕府軍、大坂を発し京都に向かう。
三日　鳥羽・伏見戦争おこる。
四日　仁和寺宮嘉彰親王、征討大将軍となる。
五日　薩長軍、淀城に入る。
六日　慶喜、大坂城を脱出。
七日　朝廷、徳川慶喜追討令を出す。
一〇日　徳川慶喜、松平容保、松平定敬、板倉勝静らの官位を奪い、各京都藩邸を没収す。
一二日　慶喜、江戸城に入る。
一五日　新政府、各国代表に王政復古を通告。
一六日　朝廷、秋田藩に奥羽諸藩を糾合し、東征軍応援を内命す。
一七日　仙台藩に会津藩征討を命ずる。
一九日　慶喜、江戸城で仏国公使ロッシュと会見。
二一日　慶喜、書を尾・越・土佐諸侯に送り救解を依頼し、隠退の意志を表す。政府、各国に局外中立を要請。
二三日　旧幕府の職制を改め、徳川家の家職の組織とし、勝海舟、大久保一翁らを登用。
二五日　各国代表、局外中立を宣言。
二八日　政府軍、桑名城を接収する。

二月

七日　旧幕府陸軍歩兵二〇〇〇名脱走して下野へ。日光奉行所、農兵を編制。
一〇日　宇都宮藩主戸田忠友、寺社奉行を辞任。

三日　天皇親征の詔を発し、大総督を設置す。
九日　有栖川宮熾仁親王東征大総督とし、西郷隆盛ら参謀となる。
一一日　新政府、京坂の富商に東征の経費10万両供出を命ずる。

月	下野（栃木）	全国
	一一日　脱走兵、楡木・金崎に泊まる。 一二日　脱走兵進入に備え日光奉行所出動、農兵配置につく。 一四日　脱走兵徳次郎に向かう。 一五日　脱走兵鬼怒川を越える。 一六日　古屋佐久左衛門、鍋掛で脱走歩兵を説得。 一八日　会津藩士とその家族引き揚げを開始。助郷役で下野への影響大。 一九日　宇都宮藩主戸田忠友、慶喜救解のため上京の途につく。 二五日　足利藩主戸田忠行、近隣諸藩に恭順を説く。	東山道軍東征を開始。 一二日　慶喜、上野寛永寺大慈院に謹慎。 一四日　東山道軍総督に岩倉具定、副に岩倉具経、参謀に板垣退助・伊知地正治。 一五日　新政府、各国代表に王政復古を通告・発令。 一六日　会津藩主松平容保、帰国の途につく。 二一日　輪王寺宮、新政府軍の東征中止嘆願のため京都に向かう。 二二日　松平容保帰藩。 二三日　彰義隊結成。 二六日　九条道孝を奥羽鎮撫総督とし、沢為量を副総督とする。
三月	二日　吹上・佐野・壬生など東国四三藩主、慶喜救解の嘆願書提出。 七日　新政府軍、下野諸藩に軍需物資の準備を命令（八日も）。 九日　梁田の戦いで新政府軍、幕府脱走歩兵を破る。 一一日　黒羽藩、大総督府に増勤を奥州鎮撫使に属させることを願い出、許される。 一三日　元老中板倉勝静ら日光に来る。 一四日　東照宮警衛館林藩兵は壬生藩兵に交代。館林藩兵日光を撤する。足利藩誠心隊、小俣の一揆を鎮定。 一五日　壬生藩主謹慎のため藩兵の日光引き揚げ。会津藩隊日	一日　近藤勇ら甲陽鎮撫隊を率いて江戸を出る。 三日　相楽総三、「偽官軍」とされ信州下諏訪で処刑される。 七日　輪王寺宮、大総督宮に東征中止を嘆願、拒否される。 九日　駿府で、西郷隆盛と山岡鉄舟が会見。 一一日　東山道総督府、武州・上州・野州の各藩に幕府脱走兵の逮捕を命令。 一三日　勝・西郷会談。

	光口へ出発する。宇都宮藩主戸田忠友、大津で謹慎。大田原藩、自領付近幕領の鎮撫委任を嘆願。今市御蔵米、日光山本坊に秘匿（〜一六日）。 一六日　上州一揆勢足利に迫る。 二五日　会津藩二〇〇名日光到着の先触れ来る。 二九日　宇都宮藩、東山道総督府に援軍派遣を要請。石橋宿（安塚村説もあり）より世直し一揆起こる。黒羽藩、自領付近幕領の鎮撫委任を嘆願。	一六日　長岡・桑名両藩士、横浜を出港。 一八日　奥羽鎮撫軍、仙台松島湾に到着。 二五日　仙台・米沢両藩代表が会津若松に会し、会津藩救解について相談する。結城藩内紛、旧幕府派が城を占拠。
四月	一日　新政府軍、宇都宮派兵を決定。真岡代官所、物価引き下げを命令。世直し一揆、宇都宮藩領に波及。 二日　新政府軍、宇都宮へ向かう。途中流山で近藤勇を逮捕。前宇都宮藩主戸田忠恕に帰国参政の命令。 三日　戸田忠恕、帰国の途につく。農民三万人、宇都宮領八幡山に集まる。 四日　真岡に打ちこわし起こり、芳賀郡一帯に広がる。 五日　文挟の打ちこわしで、日光奉行所出動。徳次郎から鹿沼宿に押し寄せた一揆勢を宇都宮藩兵が鎮圧。 六日　戸田忠恕帰藩。 七日　新政府軍監香川敬三ら宇都宮へ入城。奥羽鎮撫総督、会津に対し兵備を厳戒にするよう黒羽藩に指令。 八日　香川ら日光へ向かう。新政府軍、壬生・笠間両藩に出兵命令。黒羽藩、一揆鎮圧のため益子へ出兵。 九日　結城の新政府軍、一揆鎮定のため真岡へ出動。 一〇日　板倉勝静父子、今市に来て新政府軍に降伏する。	五日　新政府軍、結城を攻略。 六日　秋田藩に庄内藩征討を命ずる。

一一日　香川ら、今市より宇都宮へ帰る。
一二日　大鳥率いる旧幕府軍、日光を目指して下総国府台を進発。
一五日　利鎌隊結成。
一六日　小山・武井の戦いで新政府軍、大鳥軍に敗北。
一七日　小山の戦いで新政府軍連敗。新政府軍第一次救援隊(土佐・因州・吹上等）宇都宮に向かう。
一八日　壬生藩、大鳥軍に城下宿泊取りやめを懇願。大鳥軍、栃木へ向かう。新政府軍第二次救援隊（長州・薩摩・大垣など）江戸を出発。黒羽・烏山両藩兵、宇都宮藩応援に出発。
一九日　旧幕府軍、宇都宮城を攻略。宇都宮応援の黒羽軍退却。新政府軍第三次救援隊（薩摩・大垣など）宇都宮に向かう。大鳥軍主力鹿沼泊。
二〇日　第一次救援隊、壬生に到着。大鳥軍、宇都宮に入る。
二二日　安塚の戦いで新政府軍、旧幕府軍を撃破。
二三日　新政府軍、宇都宮城を奪還。第四次救援隊（土佐・因州）宇都宮に向かう。
二四日　旧幕府軍、今市に到着。宇都宮城は館林より帰城した家老に引き渡される。
二五日　大鳥圭介日光に至る。
二六日　新政府軍参謀伊地知正治、日光進撃を大総督府に要請。東照宮御神体動座、会津へ向かう。
二七日　板垣退助、壬生に到着。この日館林より忠恕帰城。
二八日　飯塚村の僧厳亮、板垣の命により避戦工作のため日

一一日　江戸開城。慶喜、水戸に向かう。大鳥圭介、旧幕軍をひきいて江戸を去り下総国府台へ。榎本武揚ら海軍は館山方面に脱す。
一四日　奥羽鎮撫軍を二分し、沢副総督ら庄内征討のため岩沼から新庄に向かう。
二〇日　新政府軍第二次救援隊、岩井の旧幕府軍を破る。

月	日	事項
		光へ向かう。土佐藩隊士壬生を発し鹿沼に泊まる。松平太郎一行日光に来て大鳥と会見。
	二九日	新政府・旧幕府両軍、瀬川で衝突。日光山の僧侶ら両軍に避戦を説く。大鳥ら日光退去。日光奉行新庄右近将監、栗山へ逃亡。日光奉行所吟味役山口忠兵衛、日光を脱出。
閏四月	一日	土佐藩隊日光山に入る。大鳥軍日向村へ。新政府軍参謀祖式金八郎、佐野藩の銃器引き揚げ。
	二日	因州藩隊日光山に入る。宇都宮藩主戸田忠友の帰国を許可。
	三日	旧幕府軍五十里に入る。
	四日	東照宮御神体、会津城に入る。旧幕府軍田島に入る。
	六日	彦根藩隊日光に入り土佐藩隊と交代。大鳥圭介、田島に到着し部隊再編成に着手。
	一二日	黒羽藩使節三田称平、奥羽列藩同盟加入の勧誘を拒否。
	一六日	関谷・大網の戦い。佐野藩主の謹慎解除。
	一七日	会幕連合軍第三大隊田島発進。
	一八日	会幕連合軍第二大隊田島発進。会幕先遣隊、新政府軍と大桑にて接触交戦。
	一九日	大桑・柄倉の戦い。

月	日	事項
閏四月	四日	大村益次郎、江戸到着。天童、庄内軍の攻撃で落城。白石会議の招集状、奥羽諸藩に回達される。
	一一日	白石列藩会議開かれる。
	一二日	仙台・米沢両藩主、九条総督に会津藩寛典処分の歎願書を提出。
	一四日	常陸野口で北上する撤兵隊と新政府軍交戦。
	一七日	九条総督、歎願書を却下。
	一九日	会津兵、白河城を占拠する。仙台・米沢両藩主、会津征討攻口の解兵を九条総督に届ける。黒田清隆・山県有朋・岩村精一郎、高田に会し、北越鎮撫について会談。

二一日 第一次今市攻防戦、会幕軍敗退す。塩野崎の戦いで宇都宮から進撃の新政府軍、三斗小屋からの幕軍を破る。
二二日 板室の戦いで会幕軍敗れる。
二三日 新政府軍、関谷を攻撃。
二四日 佐野藩兵、三国峠の会津軍を攻撃。

五月

二日 日光奉行新庄右近将監等大総督府に送られる。宇都宮藩主戸田忠友に帰藩防戦の命令。会幕軍、大田原を攻撃。
三日 佐賀藩主鍋島直大、下総野鎮撫使となる。
六日 第二次今市攻防戦で会幕軍敗退。
七日 新政府軍、大桑・小百・高百・高畑を焼く。戸田忠友帰国。
九日 新政府軍、栗原・柄倉・小佐越を焼く。
一一日 古河に下総野鎮撫府設置。
一五日 土佐藩隊は佐賀藩隊と交代して、白河口へ向かう。
一七日 会幕軍、玉生・船生を焼く。元真岡代官山内源七郎処刑される。
二二日 黒羽藩、白河方面出兵。
二四日 黒羽藩、旗宿で戦う。
二六日、二七日 同盟軍、白河を攻撃。黒羽藩は白坂で戦う。
二七日 宇都宮前藩主戸田忠恕病死。
二九日 戸田忠友赦免。
三〇日 会幕軍再び船生村名主宅を焼く。

二〇日 世良修蔵暗殺される。
二二日 白石列藩同盟結成。
二五日 新政府軍、白河を攻撃。
二九日 田安亀之助、徳川家相続決定する。

五月

一日 新政府軍、白河を奪回。
二日 長岡藩河井継之助と新政府軍岩村精一郎の小千谷会談決裂。
三日 奥羽列藩同盟（二五藩）成立。
六日 北越六藩同盟に加入、奥羽越列藩同盟となる。
一五日 上野戦争で彰義隊討伐される。輪王寺宮潜行。
一八日 九条総督、仙台を発し盛岡に向かう。
一九日 新政府軍、長岡を占領。
二四日 徳川亀之助、駿府七〇万石に封ぜられる。
三〇日 米沢藩、新潟港を管理。

六月

三日　下総野鎮撫府、古河から宇都宮に移転。
四日　下野国真岡知県事設置。知事に鍋島道太郎を任命。
八日　戸田忠友に隠居を命令。
二一日　宇都宮藩士ら、忠友赦免を嘆願。
二四日　黒羽藩、棚倉攻略に参加。
二五日　大原の戦いで宇都宮・佐賀藩、会幕軍を破る。
二六日　藤原の戦いで宇都宮・佐賀藩、大敗する。
二七日　彦根藩隊、白河口へ。芸州藩隊日光進駐。
二九日　黒羽藩、川原田を攻撃、続いて石川・白河間の道路を確保。

二日　同盟軍、今町を奪回。
六日　輪王寺宮、会津若松に入る。
一四日　同盟軍、白河を攻撃。
一六日　新政府軍、平潟に上陸。輪王寺宮、奥羽越列藩同盟の盟主となる。
二四日　新政府軍、棚倉を占領。

七月

一日　同盟軍白河を攻撃。新政府軍、磐城平を攻撃。黒羽藩、塙・釜子・浅川の三陣屋、十五万石の管理を命ぜらる。
一五日　喜連川藩元家老二階堂父子の隠謀発覚、服罪。
一六日　浅川の戦いで黒羽藩兵援軍に赴く。
一八日　芸州藩に日光山領の軍政を命ず。
二一日　大鳥圭介は伝習大隊を率い、会津若松へ向かう。
二五日　会幕軍三斗小屋方面より下り、那須郡北部の一三村落を焼く。

一日　九条総督と沢副総督、秋田で合流。
四日　秋田藩士ら仙台藩使者を殺害し、同盟脱退。
一三日　新政府軍、平を攻略。
一七日　江戸を東京と改める。
二四日　同盟軍、長岡城を奪回。
二五日　新政府軍、松ヶ崎に上陸し新潟に向かう。

二六日　藩命により山川大蔵等五十里に退く。
二七日　黒羽軍、本宮攻略に参加。会幕軍、横川村を撤退。

二七日　三春藩降伏。
二九日　二本松城陥落。長岡城陥落。

八月

七日　船生の戦いで宇都宮藩兵を主力とする新政府軍、会幕軍を撃退。
一五日　二階堂一味処刑。
二〇日　芸州藩隊日光出発、五十里に向かう途中、富士見峠で猟師隊と交戦。
二一日　新政府軍、薩摩藩士中村半次郎を藤原口軍監に任命。会幕軍、藤原村に放火して退却。山川大蔵、藩兵を率いて五十里から若松に向かう。この時、五十里焼き払う。
二二日　会幕軍、塩の湯温泉を焼く。黒羽・館林軍、白河を出発。
二三日　東照宮御神体、会津城を去る。会津軍、塩原を焼き払う。黒羽・館林軍、小谷村・那須湯本・三斗小屋に進撃。
二四日　宇都宮・佐賀両藩隊、小百から栗山に向かう。黒羽・館林軍、大峠を占領。
二五日　会幕軍、中三依・上三依を焼く。横川の戦い始まる。
二六日　大田原軍、横川を攻撃。中峠・駒返し坂の戦いで黒羽・館林軍、会幕軍を破る。
二七日　会幕軍、横川村を撤退。中津藩隊日光を出発。大田原兵、芸州軍に合流。日光領、下野国知県事に編入され

一日　新政府軍、新潟占領。
四日　相馬藩降伏。
八日　盛岡藩、秋田進攻のため出兵。
一九日　榎本武揚、旧幕府海軍をひきいて江戸湾を去る。
二〇日　会津攻撃作戦開始する。
二一日　母成峠の戦い。
二二日　猪苗代城陥落。
二三日　新政府軍、会津若松城下に攻め入る。会津藩籠城態勢に入る。
二六日　榎本艦隊仙台領に着く。

	る。 二九日　今治藩隊日光を出発。 三〇日　倉谷の戦いで宇都宮藩軍など会幕軍と交戦。	二八日　米沢藩、降伏の意を示す。
九月	一日　大内峠の戦い。旧日光奉行所に下野国真岡知県事鍋島道太郎着任。 二日　関山の戦い。黒羽・館林軍、大内村で藤原口の新政府軍に合流。 八日　宇都宮藩、飯寺で長岡藩兵を捕虜とする。 一四日　東照宮御神体、立石寺に到着。 一七日　若松の黒羽・大田原軍に帰藩命令。 二三日　若松の宇都宮軍に帰藩命令。 二七日　旧日光同心隊、新政府軍に随従して小佐越より三依方面に出動。片府田・佐良土の戦い。	三日　榎本武揚と仙台藩士ら軍議す。 四日　米沢藩降伏。 五日　若松城下材木町・川原町の戦い。 八日　明治と改元。 九日　会津軍、田島再占領。 一四日　若松城総攻撃。 一五日　仙台藩降伏。 二二日　会津落城。松平容保城を出る。輪王寺宮、仙台で帰順。
一〇月	一日　日光同心隊帰る。 八日　東照宮御神体、仙台に到着。 二九日　東照宮御神体、日光に還座。	一二日　榎本、艦隊をひきいて石巻湾を発し、蝦夷地に向かう。 二〇日　榎本艦隊、蝦夷地鷲ノ木到着。 二六日　榎本軍、箱館を占領。 二八日　藩治職制の制定。

	月		
	一一月	四日　戸田忠友赦免。	五日　松前城陥落。 一五日　江差湾で、軍艦開陽丸座礁。
	一二月		一五日　榎本政権誕生。 二八日　各国、局外中立撤廃を告示。
明治２年（1869）	一月		二〇日　薩摩土肥四藩主、版籍奉還を建白。
	二月	一五日　日光県設置。	
	三月	二日　吹上藩主の奉還建白。 一九日　黒羽藩主の奉還建白。 二三日　吹上藩主に差し控え命令。 二七日　喜連川藩主の奉還建白。	九日　新政府軍艦隊、品川出帆。 二五日　宮古湾海戦。
	四月	二日　壬生藩主の奉還建白。 三日　茂木・佐野・高徳藩主の奉還建白。 二三日　足利・大田原藩主の奉還建白。	九日　新政府軍、蝦夷地乙部に上陸。 一七日　新政府軍、松前攻略。
	五月		一一日　新政府軍、函館占領。土方歳三戦死。 一三日　黒田清隆、榎本武揚に降伏を勧告。 一四日　諸藩の叛逆首謀の臣一一名に切腹を命ずる。 一八日　五稜郭開城。戊辰戦争終わる。

年	月	（上段）	（下段）
	六月	二〇日 烏山・壬生藩に版籍奉還許可。 二二日 黒羽・茂木・佐野藩に版籍奉還許可。 二三日 大田原・足利・吹上藩に版籍奉還を許可。 二四日 宇都宮藩に版籍奉還命令。	二日 戊辰戦功の賞典を行う。 一七日 諸藩主の版籍奉還を許し、各知藩事に任命する。 二五日 諸務変革の命令。
	一二月		二日 禄制改革の命令。
明治３年（1870）	五月		一五日 旧会津松平家が、斗南藩に移封される。
	六月	喜連川藩、廃藩願い上申。	
	九月		一〇日 藩政改革布告。
	一一月	喜連川藩、日光県に合併。	
	一二月		二八日 雲井龍雄、徳川家の復活を企てたとして処刑される。
明治４年（1871）	七月		一〇日 盛岡藩、自ら廃藩を願い出て許される。 一四日 廃藩置県を断行、三府三〇二県となる。
	一〇月		二二日 長岡藩、廃藩を願い出許される。
	一一月	一三・一四日 下野国内は栃木。宇都宮県に整理統合。	

参考文献

■**単行本**（本文中の「文献紹介」コーナーに掲載した本は省略する。）

・太政官修史局編『栃木県史附録　宇都宮県史兵制』
・太政官修史局編『栃木県史材料　政治部祭典』
・栗原亮一・宇田友猪編『板垣退助君伝』（自由新聞社）明治二六年
・田代音吉『三斗小屋誌（黒磯市図書館所蔵本復刻）』（黒磯郷土史研究会）明治三四年
・森鷗外『能久親王事蹟』（春陽堂）明治四一年
・日本史籍協会『続日本史籍協会叢書　谷干城遺稿一』（東京大学出版会）明治四五年
・小林華平『黒羽藩戊辰戦史資料』（自家版）大正七年
・会津戊辰戦史編纂会『会津戊辰戦史』（井田書店）昭和一六年
・佐久間男留『戊辰白河口戦争記』（堀川古楓堂）昭和一六年
・小林友雄『県六石の研究』（興亜書院）昭和一六年
・原口清『戊辰戦争』（塙書房）昭和三八年
・藤田清雄『鶴ヶ城を陥すな―戊辰戦犯の悲歌、凌霜隊始末記』（謙光社）昭和三七年
・水口民次郎『丹波山国隊史』（山国護国神社）昭和四一年
・石井孝『維新の内乱』（至誠堂）昭和四三年
・徳田浩淳『史料宇都宮藩史』（柏書房）昭和四六年
・鹿野政直・高木俊輔『維新変革における在村的諸潮流』（三一書房）昭和四七年
・栃木県史さん委員会編『栃木県史』史料編・近代一（栃木県）昭和五一年
・佐々木克『戊辰戦争』（中公新書、中央公論）昭和五二年
・橋本素助・川合鱗三編『芸藩志』第一九巻（文献出版）昭和五二年
・下野烏山農民一揆記念会『圃租法変更記念碑実記』（自家版）昭和五二年
・栃木県史さん委員会編『栃木県史』史料編・近世七（栃木県）昭和五三年
・宇都宮市史編さん委員会編『宇都宮市史』第五巻近世史料編Ⅱ（宇都宮市）昭和五六年
・柴田豊久『近世日光・下野刀剣考　柴田豊久著作集』（柴田豊久著作刊行会）昭和五八年
・石井孝『戊辰戦争論』（吉川弘文館）昭和五九年
・真岡市史編さん委員会編『真岡市史』第三巻近世史料編（真岡市）昭和六〇年
・大町雅美『栃木県の百年』（山川出版社）昭和六一年
・田島町史編纂委員会編『田島町史』近世史料Ⅱ（田島町）昭和六二年
・二荒山神社編『宇都宮二荒山神社誌』資料編（宇都宮二荒山神社）昭和六三年
・真岡市史編さん委員会編『真岡市史』第七巻近世通史編（真岡

市）昭和六三年
・三斗小屋温泉誌刊行委員会編『三斗小屋温泉誌』（随想舎）平成元年
・壬生町史編さん委員会編『壬生町史』史料編近現代Ⅰ（壬生町）平成元年
・馬頭町史編さん委員会編『馬頭町史』（馬頭町）平成二年
・中央大学人文科学研究所編『近代日本の形成と宗教問題』（中央大学出版部）平成四年
・岩本由輝『東北開発一二〇年』（刀水書房）平成六年
・松尾正人『維新政権』（吉川弘文館）平成七年
・地方史研究協議会『宗教・民衆・伝統　社会の歴史的構造と変容』（雄山閣）平成七年
・中島明『上州の明治維新』（みやま文庫）平成八年
・郡義武『桑名藩戊辰戦記』（新人物往来社）平成八年
・阿部昭・橋本澄朗・千田孝明・大嶽浩良『栃木県の歴史』（山川出版社）平成九年
・大田原尋常高等小学校ほか編『新大田原読本（再編復刻版）』（ヨークベニマル）平成九年
・角館町教育委員会『戊辰戦争130年in角館』（角館町）平成一一年
・芳賀町史編さん委員会編『芳賀町史』史料編近現代（芳賀町）平成一二年
・いまいち市史編さん委員会編『いまいち市史』史料編・近代Ⅶ（今市市）平成一二年
・林英夫編『土佐藩戊辰戦争資料集成』（高知市民図書館）平成一二年
・星亮一『よみなおし戊辰戦争―幕末の東西対立』（筑摩書房）平成一三年
・菊池卓『慶応四年の田崎草雲』（下野新聞社）平成一四年

■論文

・矢島せい子「鷲子薄井家のことなど」（『茨城県史研究』第二号）昭和四〇年
・大町雅美「草莽隊と維新政府」（『地方史研究』八七号）昭和四二年
・君島一郎「凌霜隊塩原始末記」（下野史学会『下野史学』第二四号）昭和四二年
・矢島せい子「もう一人の友衛門」（『茨城県史研究』第三一号）昭和五〇年
・高橋実「戊辰期関東の民衆支配の展開とその特質」（『栃木県史研究』第二一号）昭和五六年
・田辺昇吉「日光の板垣退助像」（土佐市談会『土佐史談』一六一号）昭和五七年
・松尾正人「下野小山における戊辰戦争」（『歴史手帖』一一―六）昭和五八年
・松尾正人「明治初年の関東支配―下野国小山を中心として―」（東海大学史学会『東海史学』第一九号）昭和五九年
・阿部昭「日記・覚書から見た真岡の慶応四年」（『真岡市史案内』

第三号）昭和五九年
・柴田宜久「明治維新と日光奉行所」（『日光山輪王寺』第五一号）昭和六二年
・大木茂「下野の戊辰戦争の展開」（『栃木県立烏山高等学校研究紀要叢生』二二号）平成二年
・飯島章「戊辰戦争期の常総地域」（『茨城県史研究』七七号）平成八年
・飯島章「戊辰戦争期旧幕府軍通行の一考察」（『交通死研究』四二号）平成一一年
・佐藤権司「日光領農民の戊辰戦争」（『鹿沼史林』三九号）平成一一年
・大嶽浩良「兵賦・農兵・軍夫―幕末期軍制改革と下野農村」（『歴史と文化』第八号）平成一一年
・石川明範「幕末における四斤山砲の国産化と関係する現存資料」（『栃木県立博物館研究紀要』第一七号）平成一二年
・大嶽浩良「下野の戊辰戦争と民衆」（『栃木県立文書館研究紀要』第五号）平成一三年

■参考文献（追加分）

・京都国立博物館『特別陳列　新選組―史料が語る新選組の実像―』（平成一五年度企画展図録）
・日野市ふるさと博物館『新選組のふるさと日野市―甲州道中日野宿と新選組―』（平成一〇・一三年度企画展を一五年に図録化）
・田中正造全集編纂会『田中正造全集第一巻』（岩波書店）昭和五二年
・真下菊五郎『明治戊辰梁田戦蹟史』（梁田戦蹟史編纂後援会）大正一二年
・藤田倉雄『県令北島秀朝』（北辰図書出版）昭和五六年
・日本史籍協会叢書一一六『坂本龍馬関係文書二』（東京大学出版会）大正一五年
・東京大学史料編纂所編纂『復古記　東山道戦記』（内外書籍）昭和五年
・東京大学史料編纂所編纂『復古記 第四冊』（内外書籍）昭和五年
・真岡市史編さん委員会編『真岡市史　第三巻近世史料編』昭和六〇年
・芳賀町史編さん専門委員会編『芳賀町史　史料編近現代』平成一二年、『芳賀町史　通史編原始古代中世』平成一五年
・菊地明・伊東成郎編『戊辰戦争全史　上下』（新人物往来社）昭和六三年
・宇都宮市史編さん委員会編『宇都宮市史　第五巻近世史料編Ⅱ』昭和五五年
・永野賢『山本有三正伝　上巻』（未来社）昭和六二年
・長岡市『米百俵　小林虎三郎の思想』（頒布会）昭和五〇年
・藤野斎『征東日誌―丹波山国農兵隊日誌』（図書刊行会）昭和五五年
・木村幸比古『新選組隊士永倉新八・島田魁日記を読む』（ＰＨＰ研究所）平成二五年

・菊地明『土方歳三の35年』（新人物往来社）平成一五年
・文藝別冊『土方歳三　新選組の組織者』（河出書房新社）平成一四年
・柴田宜久『明治維新と日光』（随想舎）平成一七年
・東京大学史料編纂所編纂『復古記 第十一冊』（内外書籍）昭和五年
・今市市史編さん委員会『いまいち市史　史料編・近世Ⅶ』（しもつけ出版）平成二〇年
・藤田好三『宇陽風流郷鏡』（しもつけ出版）平成二〇年
・今泉鐸次郎『河井継之助伝』（象山社）昭和五五年
・徳田浩淳『宇都宮郷土史（再編復刻版）』（ヨークベニマル）平成八年
・栃木県立博物館『大関増裕―動乱の幕末となぞの死―』（平成一六年度企画展図録）
・大田原市黒羽芭蕉の館『幕末維新期の黒羽藩』（平成三〇年企画展図録）
・栃木県立博物館『戊辰戦争―慶応四年下野の戦場―』（平成二四年度企画展図録）
・大嶽浩良『下野の明治維新』（下野新聞社）平成二六年
・小山市立博物館『幕末維新期の点描　その時小山は』（平成二八年度企画展図録）
・芳賀町総合情報館『幕末維新期の芳賀町』（令和四年度企画展図録）
・宇都宮市教育委員会『宇都宮の幕末と戊辰戦争』（宇都宮城址公園清明館企画展図録）　令和四年
・阿部俊夫『写真で探訪戊辰戦争史跡　維新黎明慶應四年　日光口探訪記』（私家版）平成二一年
・ＪＲ東日本『トランヴェール』二〇二三年二月号「特集　土方歳三、栃木で奮闘す」
・早川喜代次、宮崎長八『写真でみる会津戦争』（新人物往来社）昭和五八年

■協力機関・協力者

・宇都宮市教育委員会
・日光市歴史民俗資料館
・さくら市ミュージアム ―荒井寛方記念館―
・函館市観光課
・藤田義明氏（鹿沼市）
・藤田好三氏（壬生町）
・柴田宜久氏（東京都）
・大嶽宏介氏（千葉県）
・宇都宮市民大学講座企画・運営ボランティアスタッフ「ともしび」（代表花積和子）
・令和五年度前期宇都宮市民大学「下野の戊辰戦争～宇都宮藩を中心に～」受講生
・鴇田幹氏
・ときた洸一氏

あとがき

私の父は愛知県出身、一五歳で「尾張屋」という宇都宮市の呉服商に奉公し、以来一介の商人として生きた。父の歴史話に登場する人物名はだいたい知っていたが、一人だけ教科書に登場しない人物がいた。その名は大鳥圭介、彼を知ったのはずっと後のことであった。

高校時代、勉強に疲れると自転車をあてもなく乗り回した。日光駅まで行ったこともあり、その途中の今市で砲弾打ち込み杉を眺めた思い出がある。自宅付近の姿川辺や栃木街道沿い、新聞部活動でよく通った六道口には戊辰戦争の墓碑があった。上京した浪人時代、通学駅であった赤羽線板橋駅前には、新選組近藤勇の墓があった。

大学で初めて明治維新史を勉強した。維新史論争をかじった際に、戊辰戦争時に宇都宮の民衆が一揆を起こして、新政府軍の通過を助けたという記述に惹かれた。この解釈は、後の研究で否定されたが、父たちに連なる民衆の視点で戊辰戦争を考えていきたいと思った。教員になって本格的な歴史研究の途についたのは四〇歳を過ぎてからである。私の関心は民衆運動で、烏山の百姓一揆、芳賀郡の世直し一揆を追いかけていたが、本文中でも触れた通り、両一揆とも戊辰戦争と関係を持っていて、大きな歴史のうねりの中で位置づける必要を痛感した。その頃から私の関心は、近世社会の原則である兵農分離を曲げてでも民衆に武装化を強いていく幕末社会、民衆や地域と戊辰戦争の関係、あるいは戊辰戦争の中で創られていく新しい地方権力機構を探ることに向かった。

これらはいずれも論文発表や研究会報告の機会を得て、得難い体験となった。そのような折り、下野新聞社から戊辰戦争をまとめないかというお誘いをいただいた。戦争そのものについては先学の研究があり、屋上屋を架すことにならないかと尻込みもしたが、ここ数年間に時間を見つけては県内外の戊辰戦争史跡を歩き考えたこともあって、私なりの史論提示も一つの役割と思い出版することにした。

歴史研究に当たり、私は多くの方々のご指導を得てきたが、ここでは四人のお名前を挙げさせていただきたい。阿部昭氏には史料論から始まり、編集の仕方、研究会活動のあり方までと学んだ分野は数限りない。大町雅美氏、笛木隆氏には近代史研究の面白さと学問研究の厳しさを、塙静夫氏には分野の違いを超えて研究する者の姿勢を日々叱咤されている。この欄を借り日頃の学恩に感謝申しあげたい。本書は多くの方々のお力添えをいただいている。小林健次郎氏には宇都宮市の関係墓所を、半田慶恭氏には今市市域を教えていただき、柴田宜久氏には史料紹介だけでなく日光山岳地帯を愛車で御案内いただいた。本来ならばお世話になった寺社名もあげねばならないが、優に一〇〇を超えるので本文中の写真紹介に名を記すに留めた。最後に下野新聞社出版本部齋藤晴彦氏とフォトジェニックのカメラマン小池亮輔氏には、厳しくも思い出深い体験が共有できたことに御礼を申し上げる。

平成一六年（二〇〇四）一月五日

著者

増補改訂版　あとがき

絶版になっていた本書を数年前に某書店から復刊しないかとの誘いを受けた。もちろん下野新聞社へは恩義もあるから、このことを相談したが私自身も単なる増刷で納得するものではなかった。はしがきにも書いたように刊行後も調査と研究を続けていたからである。

古書店がある時に数万円の値を付け販売していること等を編集の齋藤晴彦氏と話しあううちに新たな研究部分を追加した増補本のイメージが膨れあがってきた。これなら出来ると思うと再びエネルギーがわいてきた。執筆に一年は要すと考え、令和五年（二〇二三）一二月末を執筆完了と予定した。

ところが夏以来、執筆が全く頓挫してしまった。思いもよらぬ栃木県文化功労者に推挙されたのである。新聞に発表されるや、幼年時代以来今日までの友人、教員仲間、教え子、研究仲間からの祝賀会が一〇数回も続いた。人生をもう一回繰り返したような不思議な体験であった。これが終了し、再び机に向かえるかと思っていた矢先、今度は健康診断でひっかかり、栃木県がんセンターでの精密検査となった。さくら市で続けている医療史研究会で研究仲間の医師二人から「人間そう簡単に癌になんかならないよ」と励まされて安心したが、その直後次姉が同じ部位の初期癌を患ったと聞かされ、観念もした。検査で幸い良性のポリープとわかり切除していただいたが、つくづく残された余生は大切に過ごしたいと思った。八十路を前に体力はとみに落ちる一方だが、長年調査してきた古文書は今が一番読めるようになった。特に御家流の筆記体が崩れていく明治二〇年代以降の書簡類の判読が一番難しい。我流で書かれるからだ。何を隠そう、私の書体がその典型で上手に書けない。今年は前半だけで三件の解読依頼があった。これからは一時一時を大切に生き、社会に役立つ生き方をしようと思う。

下野新聞社出版部の齋藤晴彦氏とは旧書以来の付き合いで、この間『下野の明治維新』他数冊の出版で御世話となり、今回も何かと迷惑をお掛けしたが、彼の丁寧かつ親切な激励がなければ本書は日の目は見なかったであろう。後任の嶋田一雄氏、株式会社コンパス・ポイントの村松隆太氏にも何かと御苦労をお掛けし、生まれ変わった本となった。カメラマンの小池亮輔氏には今回も協力をお願いした。記して謝意を表したい。

最後ではあるが、私の歴史研究の下地を作って下さった方と云えば、大学の恩師遠山茂樹・辻達也両先生である。学生時代は私的会話などほとんどなかったが、卒業してからは何時も気に掛けて下さり、温かく見守って下さった。本県で日本史研究室の古文書合宿を何回も開催して下さり、解読指導のお手伝いをさせていただいた。さらに主任教官であった遠山先生にはいくつかの拙稿をお送りすると、きちんと読んで下さり評価もいただいた。私が郷里栃木県の高校教師となり、苦戦しながらもなんとか頑張っていることが先生の耳に伝わるや、横浜の開港資料館に御招きいただき慰労下さったこと、同級生数人と遠山邸を訪問し種々談話させていただ際に垣間見た温顔は生涯忘れられない。私の最後の著書となるであろうこの欄で、既に故人となられた両先生ではあるが、霊前に衷心より感謝の念を捧げたい。

令和六年（二〇二四）七月一五日

著者

大嶽 浩良（おおたけ ひろよし）

昭和20年（1945）3月15日生まれ

横浜市立大学文理学部人文学科日本史課程卒業
栃木県立烏山女子・鹿沼商工・真岡女子高校教諭
元栃木県歴史文化研究会常任委員長、現顧問
元宇都宮市文化財保護審議委員会委員長
栃木県文化功労者受賞（令和５年）

主な著書

『おはなし歴史風土記９栃木県』（共著、岩崎書店 1984 年）
『江戸時代　人づくり風土記９栃木』（共著、農文協 1989 年）
『図説　栃木県の歴史』（共著、河出書房新社 1993 年）
『宗教・民衆・伝統ー社会の歴史的構造と変容』（共著、雄山閣 1995 年）
『栃木県の歴史』（共著、山川出版 1998 年）
『戦災記録保存事業報告書うつのみやの空襲』（共著、宇都宮市教育委員会 2001 年）
『日光道中と那須野ヶ原』（共著　吉川弘文館 2002 年）
『栃木県の近代化遺産』（共著、栃木県教育委員会 2003 年）
『下野の戊辰戦争』（下野新聞社 2004 年）
『栃木県歴史の道調査報告集第一集　日光道中　日光道中壬生通り　関宿通り多功道』（共著　栃木県教育委員会　2008 年）
『人物でみる栃木の歴史』（共著、随想舎 2011 年）
『とちぎ・メディカルヒストリー』（共著、獨協出版会 2013 年）
『下野の明治維新』（下野新聞社 2015 年）
『若き日の野口雨情』（共著、下野新聞社 2016 年）
『近世下野の生業・文化と領主支配』（共著、岩田書店 2018 年）
『栃木の流行り病　伝染病　感染症』（編著、下野新聞社 2021 年）
『天然痘との闘いⅣー東日本の種痘』（共著、岩田書店 2023 年）
真岡市史・南河内町史・芳賀町史・今市市史・二宮町史・氏家町史編纂に参加（真岡市史・南河内町史は近世部会、それ以外は近現代部会所属、氏家町史は編纂専門委員長）

増補改訂版　下野の戊辰戦争

2024（令和６）年 11 月 23 日初版　第１刷発行

著　者　　大嶽 浩良
発　行　　下野新聞社
〒 320-8686 栃木県宇都宮市昭和 1-8-11
電　話 028-625-1135
F A X 028-625-9619
https://www.shimotsuke.co.jp/
装　丁　　㈱コンパス・ポイント
印　刷　　㈱松井ピ・テ・オ・印刷

平尾左金吾
安岡亮太郎
祖父江可成